相続・贈与の58事例でわかる

土地評価の基礎と実務

税理士 豊岡 清行　　税理士 山宅 孝道 著

税務経理協会

は し が き

　平成27年分の相続から、基礎控除額が60％に引き下げられました。

　その結果、法定相続人が3人の場合には、改正前は相続財産から債務及び葬式費用を控除した残額に相続開始前3年以内の贈与財産の価額を加算した金額が8,000万円以下であれば、相続税の申告の必要はありませんでしたが、改正後は、同金額が4,800万円以上の場合には相続税の申告が必要となりました。

　国税庁が発表した統計資料によりますと、平成26年分の相続税が課税となった相続人数は155,889人（被相続人数56,289人）で、平成29年分の相続税が課税となった相続人数は352,957人（被相続人数111,728人）となっており、相続人数で226.4％、被相続人数で198.5％となっていることから、従前に比して相続税が身近なものとなっていることが窺えます。また、同統計によりますと、相続により取得した財産のうち土地（借地権等の土地の上に存する権利を含みます。）の占める割合（価額）が36.48％で、相続税の課税価格が1億以下の被相続人数が全体の26.4％となっております。

　そのような状況を踏まえて、国税庁では、ホームページに「相続税の申告要否判定コーナー」を設けていますが、そのコーナーを活用する場合であっても相続により取得した財産の価額等を入力する必要があります。

　そこで、本書では、土地の価額（相続税評価額）を算定するための基本となる事項について、国税庁の質疑応答事例等を参考事項として掲載し、読者の方にわかりやすく説明しています。

　最近は、種々の会計ソフト等が開発され、所定の数値等を入力すれば評価対象地の価額が算定できるようになっていますが、その場合であっても、入力の基礎となる土地の評価単位、地目の判定、間口及び奥行等については、個々の判断が必要となることから、本書では、それらの事項に主眼を置いて説明しています。

　また、相続税評価額は、実勢価格（1月1日の公示価格）の80％を目途に定められているとされていることから、土地の賃貸料（地代）を算出する際に、相続税評価額を参考にする方もおられると伺っています。

　本書を通じて、事前に相続税の対策を検討される方、相続人、地主及び税務に携わる税理士の方々に、土地の評価を行う上で、少しでもお役にたつことができれば幸いです。終わりに、本書刊行の機会を与えていただいた株式会社税務経理協会 編集長吉冨智子様をはじめ、編集部の皆様に心から感謝申し上げます。

税理士　豊岡　清行

税理士　山宅　孝道

目　次

第4章　宅地の評価

第5章　宅地の上に存する権利の評価

第10章　参考資料・様式

凡　　例

評価通達…　財産評価基本通達
法令…　法人税法施行令
法基通…　法人税法基本通達
国税庁ホームページ・質疑応答事例…　国税庁ホームページ・質疑応答事例・財産評
　　　　　　　　　　　　　　　　　　　　価

〔財産評価に関する質疑応答事例の検索方法〕

　「国税庁ホームページ」⇒「税について調べる」⇒「税目別情報」⇒「専門的な税の取扱いを調べる場合」⇒「質疑応答事例」⇒「財産評価」で検索することができます。

　なお、国税庁ホームページ・質疑応答事例には、次の注記が付されていることを申し添えます。

注記

　平成30年7月1日現在の法令・通達等に基づいて作成しています。

　この質疑事例は、照会に係る事実関係を前提とした一般的な回答であり、必ずしも事案の内容の全部を表現したものではありませんから、納税者の方々が行う具体的な取引等に適用する場合においては、この回答内容と異なる課税関係が生ずる場合があることにご注意ください。

第1章

土地の評価を行う前に

1 ……土地の評価に当たって

　相続税法第22条（第3章　財産の評価）は、「この章で特別の定めのあるものを除くほか、相続、遺贈又は贈与により取得した財産の価額は、当該財産の取得の時における時価により、その財産の価額から控除すべき債務の金額は、その時の現況による。」旨定めており、同章では、地上権及び永小作権の評価（第23条）、定期金に関する権利の評価（第24条及び第25条）、立木の評価（第26条）及び土地評価審議会（第27条）について定めていますが、その余の定めはありません。

　「時価」とは、その財産の客観的な交換価値をいうものと解されていますが、相続税及び贈与税等の課税価格及び税額を算出するためには、その客観的な交換価値を数値として表すことが必要であり、その数値として表すことを財産の評価といいます。

　財産の評価は、課税実務上、財産評価基本通達（以下「評価通達」といいます。）の定めに基づいて行われており、そのことについては、最高裁平成20年（行ヒ）第241号同22年7月16日第二小法廷判決等においても合理性があるとされています。

最高裁平成20年（行ヒ）第241号　同22年7月16日第二小法廷判決要旨

　客観的な交換価値は、必ずしも一義的に確定されるものではなく、これを個別に評価すると、その評価方法及び基礎資料の選択の仕方等によっては異なる評価額が生じることが避け難いし、また、課税庁の事務負担が重くなり、課税実務の迅速な処理が困難となるおそれがある。

　そこで、課税実務上は、法に特別の定めのあるものを除き、財産評価の一般的基準が評価通達によって定められ、原則としてこれに定められて画一的な評価方法によって、当該財産の評価を行うこととされている。

　この取扱いは、税負担の公平、納税者の便宜、徴税費用の節減といった観点からみて合理的であり、これを形式的にすべての納税者に適用して財産の評価を行うことは、通常、税負担の実質的な公平を実現し、租税平等主義にかなうものである。

　そして、評価通達の内容自体が財産の「時価」を算定する上での一般的な合理性を有していると認められる限りは、評価通達の定める評価方法に従って算定された財産の評価額をもって、相続税法上の「時価」であると事実上推認することができるものと解される。

　もっとも、評価通達の上記のような趣旨からすれば、評価通達に定める評価方法を画一的に適用することによって、当該財産の「時価」を超える評価額となり、適正な時価を求めることができない結果となるなど、評価通達に定める方法によっては財産の時価を適切に評価することができない特別の事情がある場合には、不動産鑑定士による不動産鑑定評価額によ

るなどの他の合理的な評価方法により「時価」を評価するのを相当とする場合があると解されるものであり、このことは、評価通達6が、「この通達の定めによって評価することが著しく不適当と認められる財産の価額は、国税庁長官の指示を受けて評価する。」と定め、評価通達自らが例外的に評価通達に定める評価方法以外の方法をとり得るものとしていることからも明らかである。

　以上によれば、評価通達に定める方法によって財産の価額を適切に評価することのできない特別の事情のない限り、評価通達の定める方法によって相続財産を評価することには合理性があるというべきである（民集234号2631頁参照）。

　そこで、本書では、評価通達に定める不動産（土地）の評価方法等について、評価の根底をなす地目の判定及び評価単位に主眼を置いて説明しますが、土地を評価するに当たっては、次の事項について事前に把握していただくことが必要となります。

■ 評価対象地の把握（特定）

　贈与の場合にあっては、贈与する土地が特定されていますが、相続の場合にあっては、相続人等が、被相続人（亡くなられた方）の所有する土地を必ずしもすべて把握しているとは限りません。

　そこで、相続の場合には、登記事項証明書（登記簿謄本）、固定資産税の名寄帳、固定資産税評価証明書、固定資産税の納付状況等により、被相続人の所有する土地を把握することが必要となります。

　場合によっては、未登記の土地（売買契約書等で把握）、共有する土地、被相続人の先代名義の土地及び住所地以外の市町村等に存在する土地の所有状況についても把握する必要があります。

■ 評価対象地についての法的規制等の有無の把握

　課税庁は、評価基準書（路線価・評価倍率）の作成に当たって、原則として都市計画法等の法的規制等を盛り込んでいますが、一般的には、個別の土地についての固有の法的規制等までは盛り込まれていません。

　従いまして、土地の価額に影響を及ぼすべき評価対象地についての固有の法的規制等、例えば、セットバックの必要性、文化財保護法上の規制、高圧線下の建築制限等、余剰容積率の移転、都市計画道路予定の有無等について把握することが必要となります。

3 評価対象地の地積（面積）の把握

　土地の登記上の面積（以下「登記面積」といいます。）は、必ずしも実際の面積を正確に反映しているとは言えませんので、実測図等により実際の面積を把握する必要があります（特段、実測が義務付けられている訳ではありません。）。

　例えば、過去に土地を分筆して譲渡している場合には、譲渡する土地のみを実測して、分筆前の土地の登記面積から分筆（譲渡）した土地の実測面積を差し引いた後の面積が残りの土地の面積となっていることが見受けられ、登記面積が実際の面積を反映していないことがありますので、登記面積と実際の面積との整合性についても検討する必要があります。

　宅地に比して、農地及び山林については、縄伸びがあることが多く見受けられることから、特に、縄伸びの有無について把握する必要があります。

4 評価対象地の地形の把握

　路線価は、標準的な画地を有する1㎡当たりの価額であることから、評価対象地の評価額を算定するためには、評価対象地を標準的な画地と比較して画地調整を行う必要があります。

　そのためには、評価対象地の地形を公図若しくは実測図等で把握することが必要となります。

評価通達14　路線価

　「路線価」は、宅地の価額がおおむね同一と認められる一連の宅地が面している路線（不特定多数の者の通行の用に供されている道路をいう。以下同じ。）ごとに設定する。

　路線価は、路線に接する宅地で、次に掲げるすべての事項に該当するものについて、売買実例価格、公示価格（地価公示法第6条《標準地の価格等の公示》の規定により公示された標準地の価格をいう。以下同じ。）、不動産鑑定士等による鑑定評価額（不動産鑑定士又は不動産鑑定士補が国税局長の委嘱により鑑定評価した価額をいう。以下同じ。）、精通者意見価格等を基として国税局長がその路線ごとに評定した1㎡当たりの価格とする。

(1)　その路線のほぼ中央部にあること。

(2)　その一連の宅地に共通している地勢にあること。

(3)　その路線だけに接していること。

(4)　その路線に面している宅地の標準的な間口距離及び奥行距離を有するく形または正方形のものであること。

(注)　(4)の「標準的な間口距離及び奥行距離」には、それぞれ付表1「奥行価格補正率表」

に定める補正率（以下「奥行価格補正率」という。）及び付表6「間口狭小補正率表」に定める補正率（以下「間口狭小補正率」という。）がいずれも1.00であり、かつ、付表7「奥行長大補正率表」に定める補正率（以下「奥行長大補正率」という。）の適用を要しないものが該当する。

5 評価対象地の権利関係（利用状況）の把握

　路線価に基づいて評価した価額は、評価対象地を自ら使用（利用）している場合（他の者の権利が設定されていない場合）の価額であることから、評価対象地を賃貸している場合などには、その権利関係（例えば、借地権、地上権、永小作権、賃借権、区分地上権等が設定されている場合）に応じた斟酌を行う必要があります。

　そこで、評価対象地が自ら使用するもの（自用地）でない場合には、評価対象地の権利関係を把握する必要があります。

6 評価対象地についての特例適用の有無の把握

　相続税の課税価格を算出する上での特例（例えば、小規模宅地等についての相続税の課税価格の計算の特例、農地又は山林の納税猶予の特例）が、租税特別措置法に定められていますので、評価対象地についての特例の適用の有無についても併せて把握する必要があります。

2 ……評価の原則

1 評価の原則（評価通達1）

　財産の評価については、次により行います。

（1）評価単位

　財産の価額は、評価通達第2章以下に定める評価単位ごとに評価します。

（2）時価の意義

　財産の価額は、時価によるものとし、時価とは、課税時期（相続、遺贈若しくは贈与により財産を取得した日若しくは相続税法の規定により相続、遺贈若しくは贈与により取得したものとみなされた財産のその取得の日又は地価税法第2条《定義》第4号に規定する課税時期をいいます。以下同じです。）において、それぞれの財産の現況に応じ、不特定多数の当事者間で自由な取引が行われる場合に通常成立すると認めら

れる価額をいい、その価額は、評価通達の定めによって評価した価額によります。

(3) 財産の評価

　財産の評価に当たっては、その財産の価額に影響を及ぼすべきすべての事情を考慮します。

② 共有財産（評価通達2）

　共有財産の持分の価額は、その財産の価額をその共有者の持分に応じてあん分した価額によって評価します。

③ 区分所有財産（評価通達3）

　区分所有に係る財産の各部分の価額は、評価通達の定めによって評価したその財産の価額を基とし、各部分の使用収益等の状況を勘案して計算した各部分に対応する価額によって評価します。

④ 不動産のうちたな卸資産に該当するものの評価（評価通達4-2）

　土地、家屋その他の不動産のうちたな卸資産に該当するものの価額は、地価税の課税価格計算の基礎となる土地等の価額を評価する場合を除き、評価通達第6章《動産》第2節《たな卸商品等》の定めに準じて評価します。

⑤ 評価通達に評価方法の定めのない財産の評価（評価通達5）

　評価通達に評価方法の定めのない財産の価額は、評価通達に定める評価方法に準じて評価します。

⑥ 国外財産の評価（評価通達5-2）

　国外にある財産の価額についても、評価通達に定める評価方法により評価します。
　なお、評価通達の定めによって評価することができない財産については、評価通達に定める評価方法に準じて、又は売買実例価額、精通者意見価格等を参酌して評価します。

　（注）　評価通達の定めによって評価することができない財産については、課税上弊害がない
　　　　限り、その財産の取得価額を基にその財産が所在する地域若しくは国におけるその財産と
　　　　同一種類の財産の一般的な価格動向に基づき時点修正して求めた価額又は課税時期後にそ
　　　　の財産を譲渡した場合における譲渡価額を基に課税時期現在の価額として算出した価額に
　　　　より評価することができます。

⁊ 評価通達の定めにより難い場合の評価（評価通達６）

　評価通達の定めによって評価することが著しく不適当と認められる財産の価額は、国税庁長官の指示を受けて評価します。

第 2 章

土地評価

土地の価額は、課税時期の現況による地目別に評価することになります（評価通達7）。
なお、地目とは、土地の用途による区分をいいます。

1 ……地目の種類

原則、以下のとおりとなります。
① 宅地…建物の敷地及びその維持若しくは効用を果すために必要な土地
② 田…農耕地で用水を利用して耕作する土地
③ 畑…農耕地で用水を利用しないで耕作する土地
④ 山林…耕作の方法によらないで竹木の生育する土地
　　　森林法（昭和26年法律第249号）に基づき農林水産大臣が指定した保安
　　　林を含む。
⑤ 原野…耕作の方法によらないで雑草、かん木類の生育する土地
⑥ 牧場…家畜を放牧する土地
⑦ 池沼…かんがい用水でない水の貯留池
⑧ 鉱泉地…鉱泉（温泉を含む。）の湧出口及びその維持に必要な土地
⑨ 雑種地…上記のいずれにも該当しない土地

　不動産登記事務取扱手続準則（平成17年2月25日付民二第456号法務省民事局長通
達）第68条及び第69条に準じて行こととされています。ただし、上記④の山林には、
同準則第68条の「(20) 保安林」を含み、また上記⑨の雑種地には、同準則第68条の
「(12) 墓地」から「(19) 井溝」及び「(21) 公衆用道路」から（23）雑種地」までに
掲げるものを含むとされています。

不動産登記事務取扱手続準則

（地目）
第68条
　次の各号に掲げる地目は、当該各号に定める土地について定めるものとする。この場合に
は、土地の現況及び利用目的に重点を置き、部分的にわずかな差異の存するときでも、土地
全体としての状況を観察して定めるものとする。
一　田　農耕地で用水を利用して耕作する土地
二　畑　農耕地で用水を利用しないで耕作する土地
三　宅地　建物の敷地及びその維持若しくは効用を果すために必要な土地

四　学校用地　校舎、附属施設の敷地及び運動場

五　鉄道用地　鉄道の駅舎、附属施設及び路線の敷地

六　塩田　海水を引き入れて塩を採取する土地

七　鉱泉地　鉱泉（温泉を含む。）の湧出口及びその維持に必要な土地

八　池沼　かんがい用水でない水の貯留池

九　山林　耕作の方法によらないで竹木の生育する土地

十　牧場　家畜を放牧する土地

十一　原野　耕作の方法によらないで雑草、かん木類の生育する土地

十二　墓地　人の遺体又は遺骨を埋葬する土地

十三　境内地　境内に属する土地であって、宗教法人法（昭和26年法律第126号）第3条第2号及び第3号に掲げる土地（宗教法人の所有に属しないものを含む。）

十四　運河用地　運河法（大正2年法律第16号）第12条第1項第1号又は第2号に掲げる土地

十五　水道用地　専ら給水の目的で敷設する水道の水源地、貯水池、ろ水場又は水道線路に要する土地

十六　用悪水路　かんがい用又は悪水はいせつ用の水路

十七　ため池　耕地かんがい用の用水貯留池

十八　堤　防水のために築造した堤防

十九　井溝　田畝又は村落の間にある通水路

二十　保安林　森林法（昭和26年法律第249号）に基づき農林水産大臣が保安林として指定した土地

二十一　公衆用道路　一般交通の用に供する道路（道路法（昭和27年法律第180号）による道路であるかどうかを問わない。）

二十二　公園　公衆の遊楽のために供する土地

二十三　雑種地　以上のいずれにも該当しない土地

（地目の認定）

第69条

　土地の地目は、次に掲げるところによって定めるものとする。

一　牧草栽培地は、畑とする。

二　海産物を乾燥する場所の区域内に永久的設備と認められる建物がある場合には、その敷地の区域に属する部分だけを宅地とする。

三　耕作地の区域内にある農具小屋等の敷地は、その建物が永久的設備と認められるものに限り、宅地とする。

四　牧畜のために使用する建物の敷地、牧草栽培地及び林地等で牧場地域内にあるものは、すべて牧場とする。

五　水力発電のための水路又は排水路は、雑種地とする。

六　遊園地、運動場、ゴルフ場又は飛行場において、建物の利用を主とする建物敷地以外の

部分が建物に附随する庭園に過ぎないと認められる場合には、その全部を一団として宅地とする。

七　遊園地、運動場、ゴルフ場又は飛行場において、一部に建物がある場合でも、建物敷地以外の土地の利用を主とし、建物はその附随的なものに過ぎないと認められるときは、その全部を一団として雑種地とする。ただし、道路、溝、堀その他により建物敷地として判然区分することができる状況にあるものは、これを区分して宅地としても差し支えない。

八　競馬場内の土地については、事務所、観覧席及びきゅう舎等永久的設備と認められる建物の敷地及びその附属する土地は宅地とし、馬場は雑種地とし、その他の土地は現況に応じてその地目を定める。

九　テニスコート又はプールについては、宅地に接続するものは宅地とし、その他は雑種地とする。

十　ガスタンク敷地又は石油タンク敷地は、宅地とする。

十一　工場又は営業場に接続する物干場又はさらし場は、宅地とする。

十二　火葬場については、その構内に建物の設備があるときは構内全部を宅地とし、建物の設備のないときは雑種地とする。

十三　高圧線の下の土地で他の目的に使用することができない区域は、雑種地とする。

十四　鉄塔敷地又は変電所敷地は、雑種地とする。

十五　坑口又はやぐら敷地は、雑種地とする。

十六　製錬所の煙道敷地は、雑種地とする。

十七　陶器かまどの設けられた土地については、永久的設備と認められる雨覆いがあるときは宅地とし、その設備がないときは雑種地とする。

十八　木場（木ぼり）の区域内の土地は、建物がない限り、雑種地とする。

2 ……地目の判定

■1 地目（登記地目、課税地目、現況地目）

　地目については、登記簿に表記されている登記地目、固定資産税の課税地目、実際に利用している現況地目があります。土地の価額は、課税時期の現況による地目別に評価することになっています。

（1）登記地目と固定資産税の課税地目が異なる場合

　どちらが課税時期の現況の地目であるかにより判断することになります。登記地目は登記したときの地目であり、土地の利用状況が変化しても、申請人からの申請なしに法務局が地目を変更することはありません。一方、課税地目とは、固定資産税を算

出する際の根拠となる地目のことであり、これも土地の現況及びその利用目的によっ
て定められています。課税地目は適正な課税を目的に定めるものなので、登記地目と
違って、市町村が随時現地調査を行った際に土地の現況に変更があれば申請なくして、
市町村が課税地目を変更しています。地方税法第408条において、「市町村長は、固定
資産評価員又は固定資産評価補助員に当該市町村所在の固定資産の状況を毎年少くと
も一回実地に調査させなければならない。」とされており、固定資産税の課税地目は、
課税年の1月1日における現況により判定されているとことになっております。

　以上のことから、通常は、固定資産税の課税地目が現況の地目になります。

(2) 固定資産税の課税地目と現況地目が異なる場合

　上記の通り、固定資産税の課税地目は市町村が毎年1月1日における現況により判
定されていることになりますが、実際に、すべての土地について現況を確認すること
は困難であります。年の途中で土地の利用状況に変更があった場合など、課税上の地
目と現況の地目が異なることもあります。

　この場合は、実際に利用している現況地目が地目になります。

2 一体利用の土地 【例外】

〔地目の異なる一団の土地が一体利用されている場合〕

　一体利用されている一団の土地が2以上の地目からなる場合は、その一団の土地は、
そのうちの主たる地目からなるものとして、その一団の土地ごとに評価することにな
ります（評価通達7ただし書）。

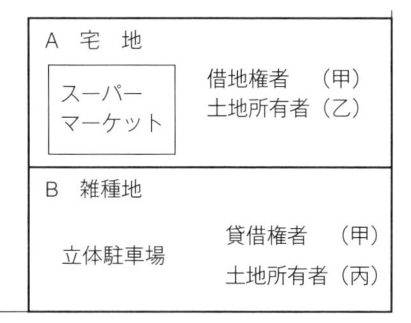

国税庁ホームページ・質疑応答事例
（宅地の評価単位―地目の異なる土地が一体として利用されている場合）

A　宅　地	
スーパーマーケット	借地権者　　（甲） 土地所有者（乙）

B　雑種地	
立体駐車場	貸借権者　　（甲） 土地所有者（丙）

※B土地は、甲が貸借権の登記を行い、2階建立体駐車場（構築物）を設け、スーパーマーケットの買物客の駐車場として利用している。

上記の場合、Ｂ土地は、スーパーマーケットの買物客の駐車場としてＡ土地と一体として利用されていることから、Ａ、Ｂ土地を一団の土地（宅地）として評価し、その価額をそれぞれの土地の地積の割合に応じてあん分してＡ土地とＢ土地の価額を求め、Ａ土地の価額に借地権割合を、Ｂ土地の価額に賃借権割合をそれぞれ乗じて借地権の価額及び賃借権の価額を評価します。

❸ 市街地農地等

〔地目の異なる土地を一団として評価する場合〕

　　市街化調整区域以外の都市計画区域で市街地的形態を形成する地域において、市街地農地（生産緑地を除く）、市街地山林、市街地原野又は近傍の宅地と状況が類似する雑種地のいずれか2以上の地目の土地が隣接しており、その形状、地積の大小、位置等からみてこれらを一団として評価することが合理的と認められる場合には、その一団の土地ごとに評価することになります（評価通達7なお書）。

国税庁ホームページ・質疑応答事例
（土地の評価単位―地目の異なる土地を一団として評価する場合）
　　下記の事例①〜④のような場合に、農地、山林及び雑種地の全体を一団として評すること
が合理的と認められます。なお、事例⑤のような場合はそれぞれを地目の別に評価します。

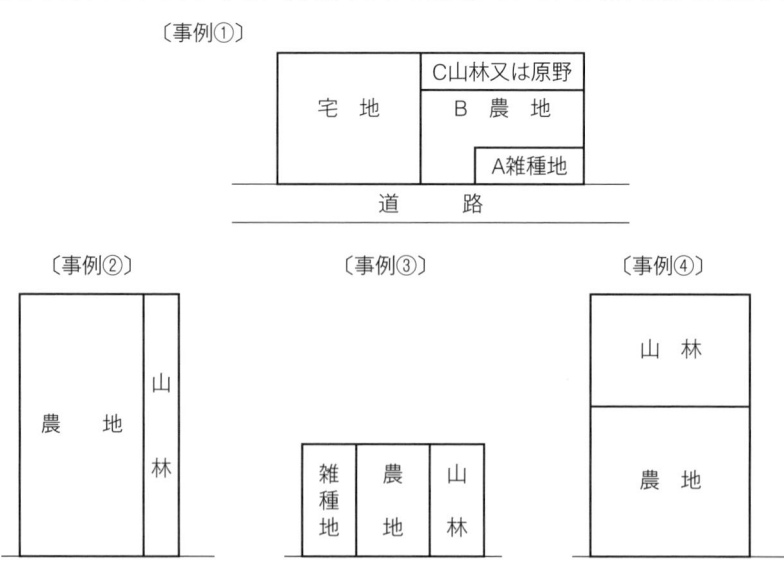

〔事例⑤〕―地目ごとに評価

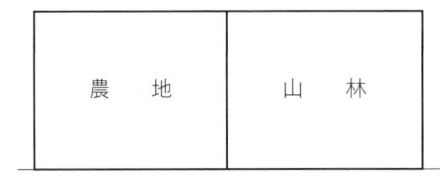

| 農　地 | 山　林 | | 標準的な規模の宅地 |

3 ……地　積

　地積は、課税時期における実際の面積によることとされています（評価通達8）。

　これは土地登記簿に記載されている地積が実際と異なることもあるため、固定資産税の土地課税台帳と実測による実際の面積である実際地積とが異なるものについて、実際地積によることとするという基本的な考え方を打ち出したものであって、すべての土地について、実測を要求しているものではありません。実務上の取扱いとしては、特に縄伸びの多い山林等について、航空写真による地積の測定、その地域における平均的な縄延割合の適用等の方法によって、実際地積を把握することとし、それらの方法によっても、その把握ができないものは、台帳地積によることが他の土地との評価の均衡を著しく失すると認められるものについて、実測を行うことになるとされています（平成30年版「財産評価基本通達逐条解説」P42）。

　ですから、土地との評価の均衡を著しく失すると認められれなければ、台帳地積によることができます。

　なお、本来、地積（ちせき）とは、不動産登記法上の一筆の土地の面積をいい、不動産登記規則（平成17年法務省令第18号）第100条によれば、地積は、水平投影面積により、平方メートルを単位として定め、1平方メートルの100分の1（宅地及び鉱泉地以外の土地で10平方メートルを超えるものについては、1平方メートル）未満の端数は、切り捨てることとされています。水平投影面積とは、土地や建物を真上から見たときの面積で、土地や建物に凸凹や斜面の部分があっても、その土地や建物が水平

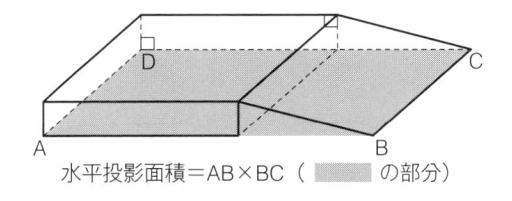

水平投影面積＝AB×BC（　　　　の部分）

だとして測った面積です。

第3章

評価の単位

相続、遺贈又は贈与により取得した土地については、原則としてその<u>取得した土地</u><u>ごと</u>に判定することになります。

1 ……宅地の評価単位

■ 1画地の宅地

　宅地は、1画地の宅地（利用の単位となっている1区画の宅地をいう。）を評価単位とするとされています（評価通達7-2(1)）。

　1画地の宅地とは、利用の単位であり、自用・貸付の用・貸家の用の別となります。

　したがいまして、「1画地の宅地」は、必ずしも1筆の宅地からなるとは限らず、2筆以上の宅地からなる場合もあり、1筆の宅地が2画地以上の宅地として利用されている場合もあります。

　この場合における「1画地の宅地」の判定は、原則として、

① 　宅地の所有者による自由な使用収益を制約する他者の権利（原則として使用貸借による使用借権を除く）の存在の有無により区分

② 　他者の権利が存在する場合には、その権利の種類及び権利者の異なるごとに区分して判定します。

事例 CASE BOOK　**居住の用と事業の用に供している場合**

　所有する宅地を居住の用（甲土地）と事業の用（乙土地）として使用していますが、どちらも自用であるため、全体を1画地の宅地として評価します。

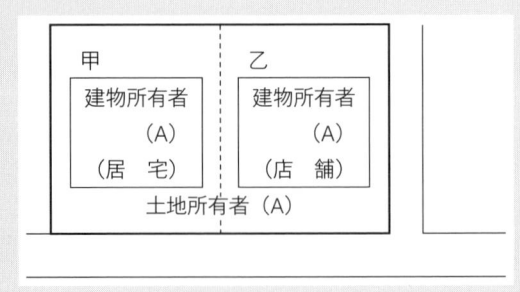

事例 自用の土地と使用貸借に供している土地が隣接する場合

　所有する宅地を自己の居住の用（甲土地）と使用貸借によりBの居住の用（乙土地）として使用している場合、どちらも自用であるため、全体を1画地の宅地として評価します。

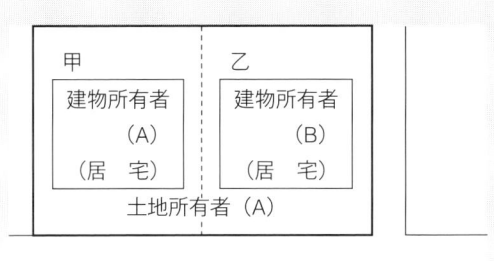

事例 自用の土地と賃貸借に供している土地が隣接する場合

　所有する宅地を自己の居住の用（甲土地）と賃貸借により借地権を設定させてBの居住の用（乙土地）として使用している場合、自用と貸付の用になるため、甲土地、乙土地をそれぞれ1画地の宅地として評価します。

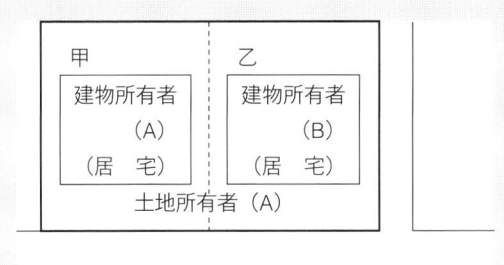

事例 賃貸借に供している土地と貸家の敷地が隣接する場合

　所有する宅地のうち甲土地について賃貸借により借地権を設定させ、乙土地を貸家の敷地に供している場合、権利を有する者が借地権者と借家人となり異なることから、甲土地、乙土地をそれぞれ1画地の宅地として評価します。

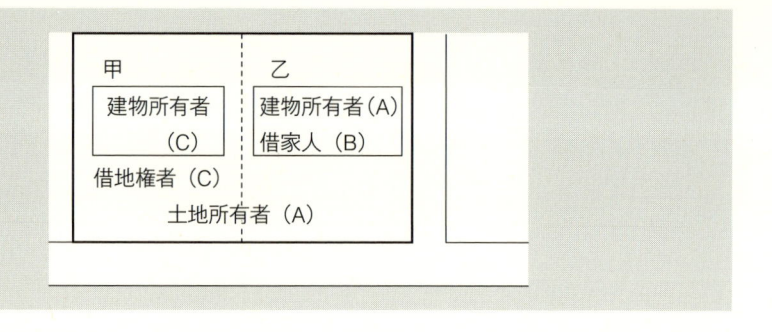

複数の者の借地権の目的となっている場合

　借地権の目的となっている宅地の場合、貸付先が複数であるときは権利者の異なるごとに区分しますので、甲土地、乙土地をそれぞれ1画地の宅地として評価します。

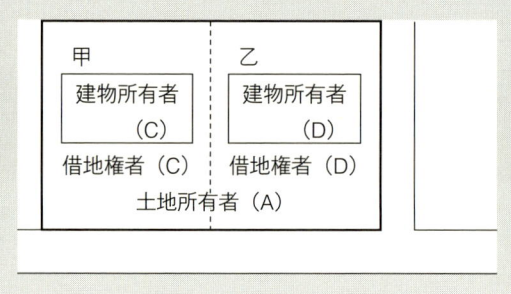

② 不合理分割

　贈与、遺産分割等による宅地の分割が親族間等で行われた場合において、例えば、分割後の画地が宅地として通常の用途に供することができないなど、その分割が著しく不合理であると認められるときは、その分割前の画地を「1画地の宅地」とするとされています。

国税庁ホームページ・質疑応答事例
（宅地の評価単位―不合理分割）

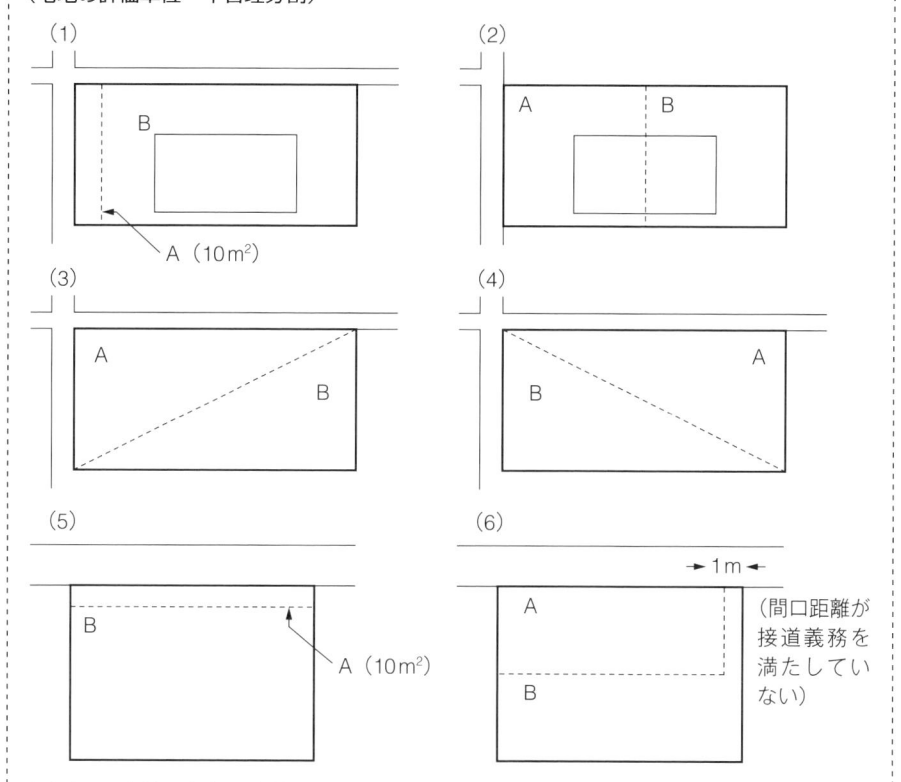

（1）は、A土地は有効な土地利用が図られず通常の用途に供することができないものとなり、現実の利用状況を無視した分割である。

（2）は、B土地は無道路地となる分割である。

（3）は、A土地の不整形地であり、B土地は無道路地及び不整形地となる分割である。

（4）は、A土地及びB土地とも不整形地率が大きくなる分割である。

（5）は、A土地は奥行短小で有効な土地利用が図られず通常の用途に供することができない土地となり、B土地は無道路となる分割である。

（6）は、接道義務を満たさないような間口が狭小な土地を創出する分割である。

　以上のように、上記の（1）～（6）は、分割時のみならず将来においても有効な土地利用が図られず通常の用途に供することができない、著しく不合理な分割と認められるため、全体を1画地の宅地としてその価額を評価した上で、個々の宅地を評価することとすることになります。

　具体的には、原則としてA、B宅地全体を1画地の宅地として評価した価額に、各土地の価額の比を乗じた価額により評価することになります。

❸ 自用地と自用地以外の宅地が隣接している場合

国税庁ホームページ・質疑応答事例
（宅地の評価単位—自用地と自用地以外の宅地が連接している場合）

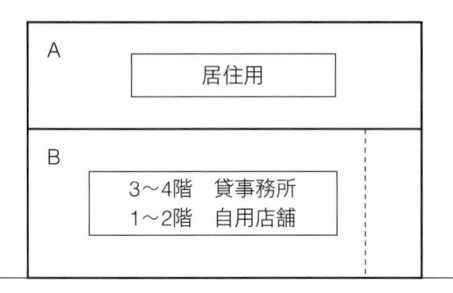

（注）A土地、B土地とも同一の者が所有し、A土地は自用家屋の敷地として、B土地は左のように利用している1棟の建物の敷地として利用している。

　A土地は所有者が自ら使用する他者の権利が存しない土地ですが、B土地は所有者が自ら使用する一方で他人の権利（借家権）も存する土地であり、A、B両土地は利用の単位が異なっているといえますから、別個の評価単位となります。

　なお、これらの土地は次のように評価することになります。

①　A土地については、通路部分が明確に区分されている場合には、その通路部分も含めたところで不整形地としての評価を行います。

　通路部分が明確に区分されていない場合には、原則として、接道義務を満たす最小の幅員の通路が設置されている土地（不整形地）として評価しますが、この場合には、当該通路部分の面積はA土地には算入しません。また、無道路地としての補正は行われませんのでご留意ください。

2 ……田及び畑の評価単位

　田及び畑（以下「農地」という。）は、1枚の農地（耕作の単位となっている1区画の農地をいう。以下同じ。）を評価単位とするとされています。

　「1枚の農地」とは、耕作の単位となっている畦や畝で区分された1区画の農地をいいます。

　したがいまして、「1区画の農地」が1筆の農地からなるとは限らず、2筆以上からなる場合もあり、また、1筆の農地が2枚以上の農地として利用されている場合もあります。

　ただし、市街地周辺農地、市街地農地及び生産緑地は、それぞれを利用の単位と

なっている一団の農地を評価単位とするとされており、この場合においても、不合理分割と認められるときは、その分割前の評価単位によることになります（評価通達7-2(2)）。

3 ……山林の評価単位

山林は、1筆の山林を評価単位とするとされています。

ただし、市街地山林は、市街地周辺農地、市街地農地及び生産緑地と同様に利用の単位となっている一団の山林を評価単位とするとされており、この場合においても、不合理分割と認められるときは、その分割前の評価単位によることになります（評価通達7-2(3)）。

4 ……原野の評価単位

原野は、1筆の原野を評価単位とするとされています。

ただし、市街地原野は、市街地周辺農地、市街地農地、生産緑地及び市街地山林と同様に利用の単位となっている一団の原野を評価単位とするとされており、この場合においても、不合理分割と認められるときは、その分割前の評価単位によることになります（評価通達7-2(4)）。

5 ……牧場及び池沼の評価単位

牧場及び池沼は、原野に準ずる評価単位とするとされています（評価通達7-2(5)）。

6 ……鉱泉地の評価単位

鉱泉地は、原則として、1筆の鉱泉地を評価単位とするとされています（評価通達7-2(6)）。

7 ……雑種地の評価単位

雑種地は、利用の単位となっている一団の雑種地（同一の目的に供されている雑種地をいう。）を評価単位とするとされています。

ただし、市街化調整区域以外の都市計画区域で市街地的形態を形成する地域において、宅地と状況が類似する雑種地が2以上の評価単位により一団となっており、その形状、地積の大小、位置等からみてこれらを一団として評価することが合理的と認められる場合には、その一団の雑種地ごとに評価するとされており、この場合においても、不合理分割と認められるときは、その分割前の評価単位によることになります（評価通達7-2(7)）。

　また、いずれの用にも供されていない一団の雑種地については、その全体を「利用の単位となっている一団の雑種地」とすることになります。

8 ……評価単位に関する多様な事例

事例 CASE BOOK　一団の宅地上に数棟の貸家がある場合

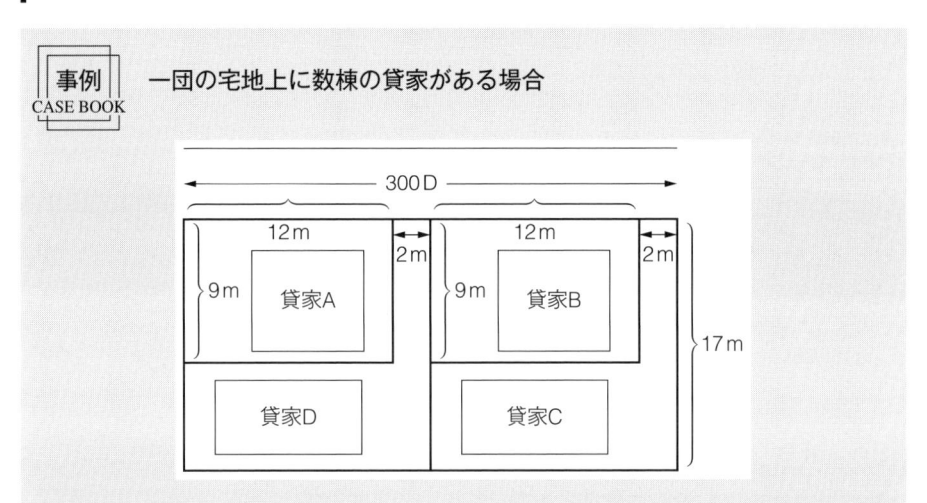

　宅地は、1画地の宅地（利用の単位となっている1区画の宅地をいいます。）を評価単位とします（評価通達7-2(1)）。

　この場合における「1画地の宅地」の判定は、原則として、宅地の所有者による自由な使用収益を制約する他者の権利（原則として使用貸借による使用借権を除きます。）の存在の有無により区分し、他者の権利が存在する場合には、その権利の種類及び権利者の異なるごとに区分することとされており、貸家建付地を評価する場合において、貸家が数棟あるときは、原則として、各棟の敷地ごとに1画地の宅地として評価することとされています。

　貸家が数棟ある場合、一般に、建物の賃借人は、建物の賃貸借契約の性質上当然に、建物使用目的の範囲内においてその敷地の利用権を有するものと解されており、所有する宅地の上に貸家が複数ある場合、各貸家の敷地に、各貸家の使用目的の範

囲内において利用権がそれぞれ生じ、その利用権に基づき各貸家の敷地がそれぞれ利用されることとなるため、貸家建付地における1画地の宅地の判断に当たっては、評価の対象である宅地の上に存する貸家の建物賃借人の敷地利用権の及ぶ範囲を検討する必要があります。また、その敷地利用権の及ぶ範囲の判断に当たっては、当該宅地の上に存する建物がその外観からみて構造上全体が一体のものであるか否かといった物理的な観点はもとより、建物が複数ある場合であっても、例えば母屋と離れのように当該各建物が一体のものとして機能しているか否かといった機能的な観点から検討する必要があり、宅地の所有者がその宅地の上に存する複数の貸家である建物を所有している場合において、当該各建物が外観からみて構造上それぞれ独立したものであるときには、母屋と離れのように当該各建物が一体で機能している特段の事情が認められる場合を除き、各建物の敷地部分をそれぞれ1画地の宅地と見るのが相当であると考えられています。

　したがって、上記の場合、貸家Aの敷地、貸家Bの敷地、貸家Cの敷地、貸家Dの敷地を各々1画地の宅地として評価することになります。

事例 CASE BOOK　一括貸しの共同住宅が複数棟建ち並んでいる場合

　甲社に共同住宅A、共同住宅B、共同住宅C、共同住宅Dを一括貸ししている場合

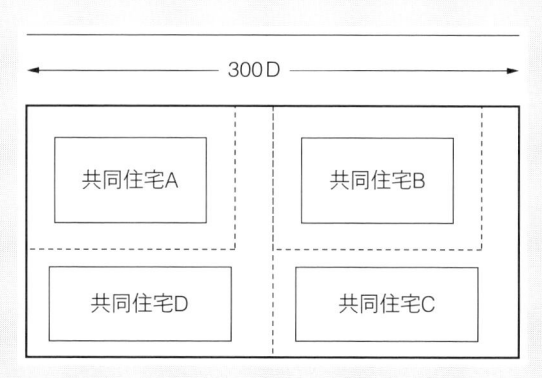

　平成25年5月20日国税不服審判所裁決・東裁（諸）平24-212において、評価をする宅地の所有者がその宅地の上に存する複数の貸家である建物を所有している場合、各建物が外観上それぞれ独立したものであるときには、母屋と離れのように当該各建物が一体で機能している特段の事情が認められる場合を除き、各建物の敷

地部分をそれぞれ1画地の宅地とみるのが相当であるとし、A社に棟ごとに賃貸されている3棟の共同住宅の敷地は、各賃貸借契約が棟ごとに締結されており、相互に関連性を有するものとは認められないことから、他に各共同住宅の敷地全体を1画地とみるべき事情も認められず、3棟からなる各共同住宅の各敷地部分をそれぞれ1画地の宅地とみることが相当であると判断されています、

　一括貸し後に転貸されている複数の貸家の敷地については、平成26年4月25日国税不服審判所裁決・東裁（諸）平25-111において、その契約は、実態において、各共同住宅の棟ごとに締結された賃貸借契約を1通の契約書としたにすぎず、共同住宅は、構造上各棟がそれぞれ独立した建物であり、各棟が一体のものとして機能していた特段の事情があるとも認められないことから、賃借会社の敷地利用権の及ぶ範囲は、本件各共同住宅の敷地ごとに及んでいるものと認めるのが相当であると判断されております。

　したがって、上記の場合、各棟が一体のものとして機能していた特段の事情があると認められない限り共同住宅の敷地全体を1画地の宅地として評価せず、共同住宅Aの敷地、共同住宅Bの敷地、共同住宅Cの敷地、共同住宅Dの敷地を各々1画地の宅地として評価することになります。

事例 **CASE BOOK**　　**建物が複数棟あり、その利用単位が異なる場合等**

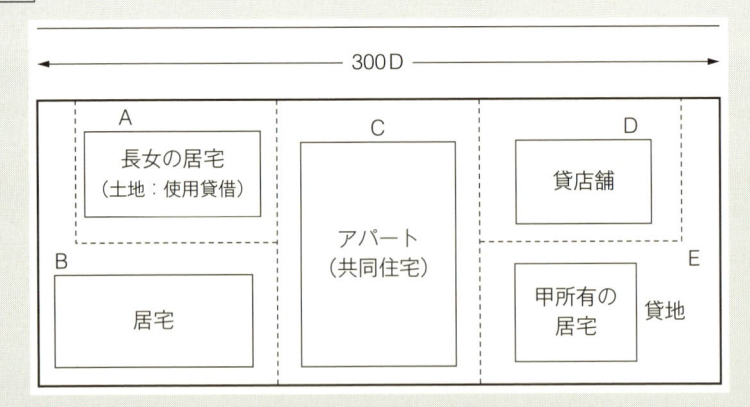

利用状況は、点線（----------）で表示しています。
① A地は、被相続人の長女が被相続人から土地を使用貸借しています。
② B地は、被相続人及び長男の居宅となっています。

③　E地は、甲に土地を貸しており、地代等を受取っています。

　宅地は、利用単位による1画地の宅地ごとに評価します。A宅地は長女に使用貸借で使わせているため自用地であり、B宅地も自用地ですので、A宅地とB宅地は1画地として評価することになります。ただし、A宅地とB宅地の取得者が異なった場合、例えばA宅地は長女が取得し、B宅地は長男が取得した場合には、A宅地、B宅地を各々1画地（不合理分割に該当する場合を除きます。）として評価します。

　C宅地及びD宅地は、貸家建付地ですが、貸家が数棟あるときは、原則として、各棟の敷地ごとに1画地の宅地として評価することとされていますので、C宅地及びD宅地は各々1画地として評価します。

　E宅地は、貸宅地になるため、1画地として評価します。

事例　**共同住宅敷地と駐車場が隣接している場合**

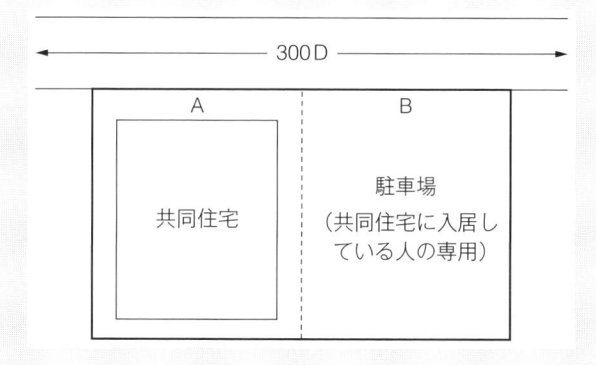

　A土地は共同住宅の敷地となっており地目は宅地です。また、B土地は駐車場として利用しているため地目は雑種地です。

　本来、地目が相違しているのでAの共同住宅の敷地とBの駐車場は各々評価することになります。しかし、駐車場の契約者及び利用者が全て共同住宅の賃借人であって、かつ、共同住宅の敷地内の駐車場であるなど、駐車場の貸付けの状況が共同住宅の賃貸借と一体と認められる場合には、利用単位を同一とみて全体を貸家建付地としても差し支えないものとされています。

　したがって、Aの共同住宅の敷地とBの駐車場全体を1画地として評価します。

事例 共同住宅敷地と駐車場が擁壁で区切られて隣接している場合

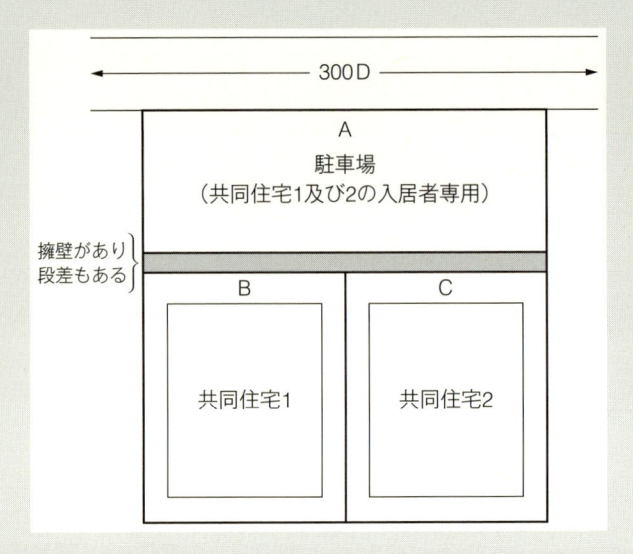

　A土地は駐車場として利用しているため地目は雑種地です。また、B土地とC土地は共同住宅の敷地となっており地目は宅地です。

　駐車場の契約者及び利用者が全て共同住宅の賃借人であって、かつ、共同住宅の敷地内の駐車場であるなど、駐車場の貸付けの状況が共同住宅の賃貸借と一体と認められる場合には、利用単位を同一とみて全体を貸家建付地としても差し支えないものとされております。

　本件の土地は、共同住宅と駐車場が擁壁で明確に区分されており、駐車場は共同住宅1及び2に対応する区分がされておらず貸付状況が各共同住宅と一体と認められないため、原則どおり、地目が相違しているので　Aの駐車場と共同住宅の敷地B、Cは各々評価することになります。また、貸家が数棟あるときは、原則として、各棟の敷地ごとに1画地の宅地として評価することとされていますので、共同住宅の敷地B、Cも各々1画地として評価することになります。

　したがって、Aの駐車場、Bの共同住宅の敷地、Cの共同住宅敷地を各々1画地として評価することになります。

事例 CASE BOOK　借地権・賃借権が設定され一体利用の場合

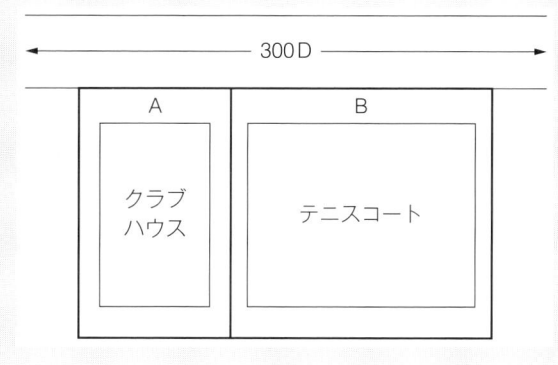

① A土地は建物所有を目的として甲と借地契約を結んでいる。

② B土地は賃貸借契約を甲と結んでいる。

③ クラブハウス及びテニスコート施設は甲が設置して事業の用に供している。

　A土地はクラブハウスの敷地となっており地目は宅地です。また、B土地はテニスコートとして利用されているため地目は雑種地です。

　地目ごとに別々の賃貸借契約を結んでいますが、テニスクラブ事業を目的として一括して賃貸の用に供されており、一体として利用されていることから、複数の地目の土地が同一の者に貸し付けられ、一体としてされている場合には、一体として利用されている一団の土地として評価することになります。

　したがって、A土地とB土地全体を1画地として評価します。

　なお、A土地に設定されている借地権、B土地に設定されている賃借権については、一団の土地として評価した価額をA土地B土地に按分し、権利の価額を控除して評価することになります。

赤道が存する宅地の場合

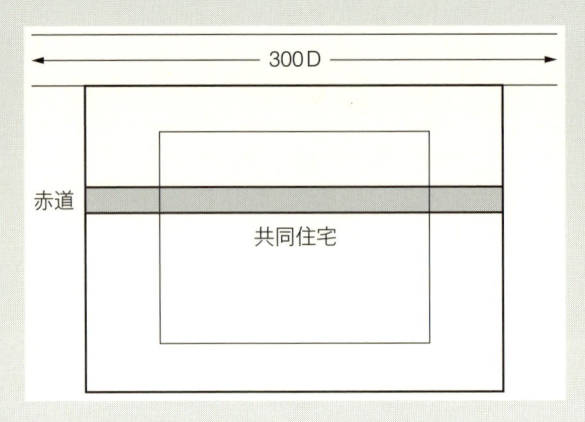

赤道は、道路法や建築基準法の適用のない里道や農道などであり、青道というのは、昔河川や水路であった土地のことをいいます。これらは、法定外公共物といわれ、「地方分権の推進を図るための関係法律の整備等に関する法律」（地方分権一括法）が平成12年4月1日に施行され、国土交通省（旧建設省）所管から市町村へ譲与されることになりました。そのため、現在は、公共用機能があるものは市町村が、公共機能がないものは「旧法定外公共物」として財務省が管轄しているようです。

赤道で土地が分断され、各々利用されている場合には、各々を1画地として評価することになりますが、一体利用している場合には、赤道を含めたところで1画地とすることになります。このような場合には、一体評価した評価額から赤道の払下げに要する費用相当額を控除します。

したがって、上記のように一体利用している場合には、赤道を含めたところで1画地とすることになります。

控除額については、路線価が地価公示価格の80％相当額であることから、実際に払下げを受ける金額の80％相当額とすることが相当とされています。

また、控除額については、国有財産評価基準に一体利用地内に取引事例価格がない場合の算式がありますので参考になるかと思います。

（算式）

$$
\text{数量単位当たりの評価価格} = \left(A - \text{造成・有益費等相当額} \right) \times (1-B) \times \text{需給関係による修正率}
$$

1. 評価土地が、一体利用地内に取引事例価格がない場合に該当する場合は、上記算式のA
   が「相続税評価額を基とした価格」及びBが「借地権等割合」とし、上記算式のAが「相
   続税評価額を基とした価格又は民間精通者等の意見価格」及びB「耕作権割合」とする。
   また、評価土地が崖地等の場合においても、一体利用地について、評価通達で定めるがけ
   地補正率等の修正は行わないことに留意する。

2. 相続税評価額を基とした価格は、一体利用地について、相続税評価額に時価倍率を乗
   じて求める。なお、一体利用地とは、評価土地を含めて一体利用することが適当と認めら
   れる画地をいい、土地所有関係にかかわらず、一画地として利用されているか否か、その
   使用の実態に応じて判定する。

3. 相続税評価額は、評価通達の規定によって算定された価格とする。また、時価倍率は、
   原則として1.00倍とし、財務局長が必要と認める場合においては1.00倍を修正するこ
   とができる。なお、時価倍率の算定に当たり、相続税評価額の調査時点（評価土地の価格
   時点の属する年の相続税評価額の場合においてはその年の1月、前年分の相続税評価額
   の場合においては前年の1月）と評価土地の価格時点との間に価格水準の変動があると
   きは、過去の相続税路線価の変動率を基として決定した率により求め、その間の時点に
   よる修正を行う。

4. 造成・有益費等相当額は、民間精通者等の意見価格により求める。

5. 借地権等割合（借地権割合、借家権割合及び耕作権割合をいう。）及び耕作権割合は、
   原則として財産評価基本通達の規定に基づく割合による。

6. 需給関係による修正率は、評価土地が、私道敷地、高圧線下地又は崖地以外の土地の場
   合は、50%とし、崖地の場合で傾斜度が15度以上30度未満の場合は、40%とする。

| 事例 CASE BOOK | 月極駐車場の中に高低差がある場合 |

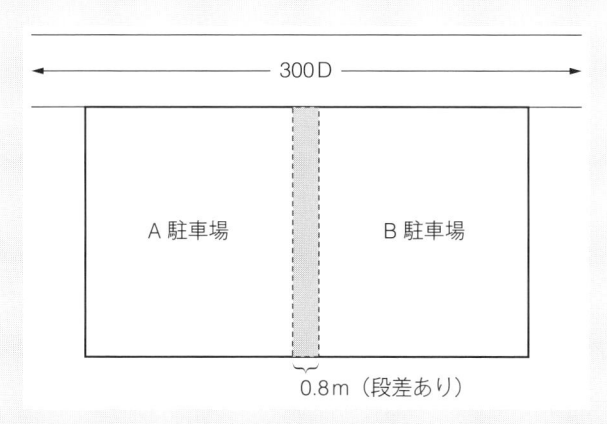

A駐車場の入り口はA駐車場内にあり、B駐車場の入り口はB駐車場内にあります。

駐車場は雑種地として、評価通達82により評価することになります。雑種地は、「利用状況ごと」の評価単位となります。同じ雑種地でも、資材置き場と駐車場の場合、評価単位は別々になります。

　Ａ駐車場の地目は雑種地であり利用状況は駐車場です。Ｂ駐車場も地目は雑種地であり利用状況は駐車場です。地目が雑種地で同一であり、利用状況も駐車場で同一のため、原則的に、Ａ駐車場とＢ駐車場は１画地となります。

　上記事例の場合、真ん中で0.8ｍの段差があり別々に利用されていますが、利用状況は同じであるため、相当かなりの段差（開発行為を行ったとしても一体的な開発が困難な程度の段差）があり物理的な一体性が確保できないという場合を除き、Ａ駐車場とＢ駐車場の全体を一体で評価することになります。

事例
CASE BOOK　宅地と地目の異なる土地（雑種地、畑、山林）が隣接している場合

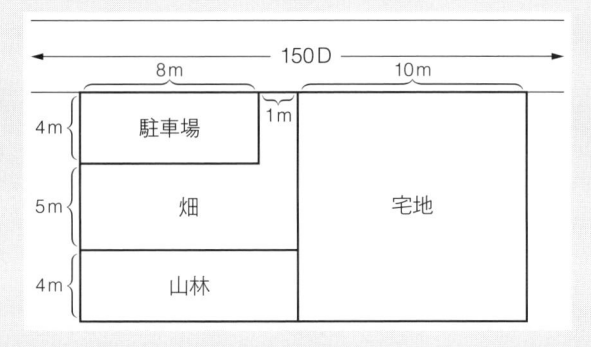

　宅地は単独で評価しますが、駐車場、畑及び山林については宅地化が進展している地域のうちに介在する市街地農地等及び宅地と状況が類似する雑種地が隣接しており、その規模、形状、位置関係等から一団の土地として価格形成がなされるものであり、その形状、地積の大小、位置等からみて一団として評価することが合理的と認められる場合には、その一団の土地ごとに評価することとされています。

　上記事例の場合、標準的な宅地規模を考えた場合に駐車場として使用している土地は地積が小さく、また、形状を考えた場合に畑は単独で評価するのではなく駐車場として使用している土地と合わせて評価するのが妥当と判断されます。山林の土地については、位置を考えた場合に道路に面していない無道路地となり、単独で評価するのは妥当でないと判断されます。以上のことから、駐車場と使用している土地、畑及び山林の土地全体を一団の土地として評価することが合理的であると判断されます。

事例 CASE BOOK　市街地農地等の評価単位（市街地農地と生産緑地）

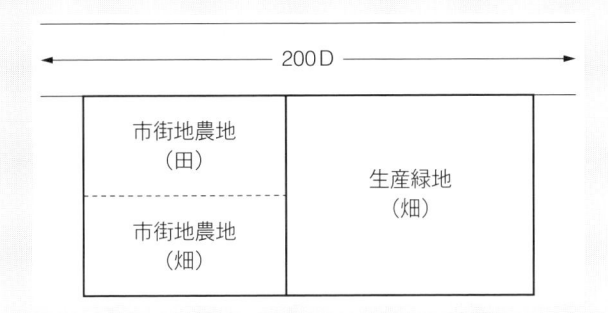

農地（田及び畑）は、耕作の単位となっている1区画の農地を評価単位とします。ただし、市街地周辺農地、市街地農地及び生産緑地は、それぞれを利用の単位となっている一団の農地を評価単位とします（評価通達7-2(2)）。

市街地農地等は所有している農地を自ら使用している場合には、耕作の単位にかかわらず、その全体をその利用の単位となっている一団の農地とします。なぜ、利用の単位とするかは、市街地農地等は、宅地の価額の影響を強く受けることから宅地比準方式により評価することとされており、これとの整合性を図るため、評価の単位についても宅地としての効用を果たす規模での評価を行う必要があるため、市街地農地等については、1枚又は1筆ごとといった評価単位によらず、利用の単位となっている一団の農地を評価単位とすることが相当と考えられているからです。

利用の単位とは、一体として利用される範囲を指し、自用の土地であれば、他人の権利による制約がないので、その全体が一体として利用されるものであり、他人の権利が存する土地とは区分されることになります。したがって、自用の土地は、その全体を利用の単位として評価することになります。

また、他人の権利の存する土地については、貸付先がそれぞれ異なっている場合には、利用についてもそれぞれ異なっているので、同一人に貸し付けられている部分ごとに利用の単位となります。

なお、所有している農地を自ら使用している場合において、その一部が生産緑地である場合には、生産緑地は農地等として管理しなければならないという制約があることから、生産緑地とそれ以外の部分をそれぞれ利用の単位となっている一団の農地として評価することになります。

以上のことから、上記事例の場合、生産緑地は1画地、市街地農地（田及び畑）を1画地として評価することになります。

市街化調整区域の農地の評価単位

市街化調整区域農地 （田）	市街化調整区域農地 （畑）

　農地（田及び畑）は、1枚の農地（耕作の単位となっている1区画の農地）を評価単位とします。

　耕作の単位とは、田・畑の別や畦や畝などにより区分され別の農作物の耕作を行っていた場合の単位になります。2筆以上が農地として利用される場合もありますが耕作の単位が評価単位となります。

　したがって、市街化調整区域の田と畑は各々を1画地として評価することになります。

第4章

宅地の評価

宅地の評価方式には、路線価方式と倍率方式があります（評価通達11）。どちらで評価するかは、各国税局長が定めて公表している財産評価基準（路線価図、倍率表）により確認します。

　倍率表では、路線価地域か倍率地域かを確認することができます。

〔掲載例〕

市区町村名：○○○市　　　　　　　　　　　　　　　　　　　　　　　　　○○○税務署

音順	町（丁目）又は大字名	適用地域名	借地権割合	固定資産税評価額に乗ずる倍率等						
				宅地	田	畑	山林	原野	牧場	池沼
			％	倍	倍	倍	倍	倍	倍	倍
あ	旭町	全域	—	路線	比準	比準	比準	比準	比準	
	東町	全域	—	路線	比準	比準	比準	比準	比準	
	暁町1丁目	全域	—	路線	比準	比準	比準	比準	比準	
	暁町2丁目	全域	—	路線	比準	比準	比準	比準	比準	
	暁町3丁目	全域	60	1.1	比準	比準	比準	比準	比準	
い	石川町	一部	—	路線	比準	比準	比準	比準	比準	
		上記以外の地域	60	1.1	比準	比準	比準	比準	比準	

1 ……路線価図とその見方

　路線価図の見方については、国税庁ホームページ「分類別メニュー」→「関連サイト」の路線価図・評価倍率表」→「このページの使い方」に説明があります。

国税庁ホームページ　財産評価基準書　路線価図・評価倍率表

路線価図の説明

　路線価は、路線（道路）に面する標準的な宅地の1平方メートル当たりの価額（千円単位で表示しています。）のことであり、路線価が定められている地域の土地等を評価する場合に用います。

　なお、路線価が定められていない地域については、その市区町村の「評価倍率表」をご覧ください。

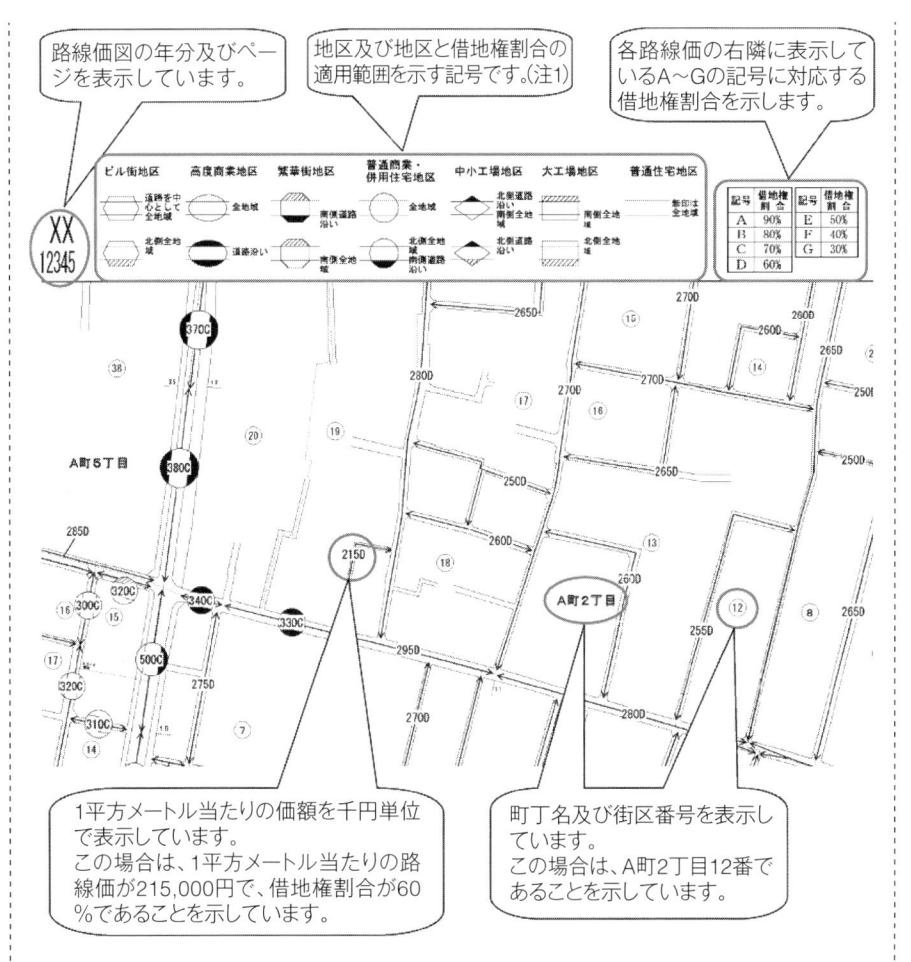

注1：記号の上部又は下部（線路の向きによっては右又は左）が「黒塗り」又は「斜線」で表示されている路線の地区区分は、次のとおりです。

　「黒塗り」の場合、その地区区分は「黒塗り」側の路線の道路沿いのみが該当します。

　「斜線」の場合、その地区区分は「斜線」側の路線には該当しません。

　「黒塗り」又は「斜線」ではない「白抜き」の場合、その地区区分はその路線全域に該当します。

〈路線価の単位〉

　路線価は、1平方メートル当たりの価額を千円単位で表示しています。

2 ……評価倍率表とその見方

その見方については、路線価同様、国税庁ホームページに説明があります。

国税庁ホームページ　財産評価基準書　路線価図・評価倍率表
（評価倍率表（一般の土地利用）の説明）
〔掲載例〕

市区町村名：○○○町　　　　　　　　　　　　　　　　　　○○○税務署

音順	町（丁目）又は大字名	適用地域名	借地権割合	固定資産税評価額に乗ずる倍率等						
				宅地	田	畑	山林	原野	牧場	池沼
			％	倍	倍	倍	倍	倍	倍	倍
ね	根小屋	上記以外の地域	40	1.1	中90	中113	純48	純48		
ま	又野	農業振興地域内の農用地区域			純34	純54				
		上記以外の地域	40	1.1	純48	純67	純46	純46		
み	三ケ木	用途地域の指定されている地域	—	路線	周比準	周比準	比準	比準		
		農業振興地域内の農業地区域			純55	純79				

〔計算例〕
（宅地の固定資産税評価額）（倍率）　　（評価額）
　　10,000,000円　　×　1.1　＝11,000,000円
（田の固定資産税評価額）（倍率）　　（評価額）
　　50,000円　　×　48　＝2,400,000円
※固定資産税評価額は、都税事務所や市（区）役所又は町村役場で確認してください。

---

3 ……路線価方式

　路線価方式とは、その宅地の面する路線に付された路線価を基とし、その宅地が路線に接している状況や形状などに応じた各種補正率で補正した価額によって評価する方法です（評価通達13）。

　「路線価」は、宅地の価額がおおむね同一と認められる一連の宅地が面している路

線（不特定多数の者の通行の用に供されている道路をいう。以下同じ。）ごとに設定されています（評価通達14）。

1 地区区分

路線価方式により評価する地域（以下「路線価地域」という。）については、宅地の利用状況がおおむね同一と認められる一定の地域ごとに、次のように定められています（評価通達14-2）。

(1)　ビル街地区

(2)　高度商業地区

(3)　繁華街地区

(4)　普通商業・併用住宅地区

(5)　普通住宅地区

(6)　中小工場地区

(7)　大工場地区

この地区区分の見方についても、国税庁ホームページに説明があります。

国税庁ホームページ　広島国税局　平成20年分中国5県の路線価について

（【参考】路線価図の説明）

　地区区分については、路線ごとに、次表の記号によりそれぞれ表示したところによる。

地区	表示方法
ビル街地区	12,500 C
高度商業地区	6,200 C
繁華街地区	4,800 C
普通商業・併用住宅地区	900 C
普通住宅地区	400 D

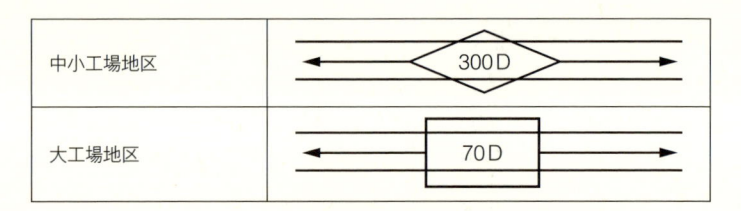

中小工場地区	◀—— ◇ 300D ◇ ——▶
大工場地区	◀—— [70D] ——▶

　その地区区分を道路沿いの宅地に限定する場合等の表示方法を普通商業・併用住宅地区について示せば、次に掲げるとおりである。他の地区区分についてもこの例により表示する。

地区	表示方法
道路を中心として全地域	(900C)
道路を中心として斜線のない側全地域	(900C)
道路沿いのみの地域	(900C)
道路を中心として黒塗り側の道路沿いと反対側全地域	(900C)
道路を中心として黒塗り側の道路沿いのみの地域	(900C)

　下の図の場合、当該土地の接する道路の南側全域の地区区分は「普通商業・併用住宅地区」ですが、北側は斜線であるため「普通商業・併用住宅地区」には該当しないことを表しています。

　したがって、周囲の路線に表示された「普通住宅地区」になります。

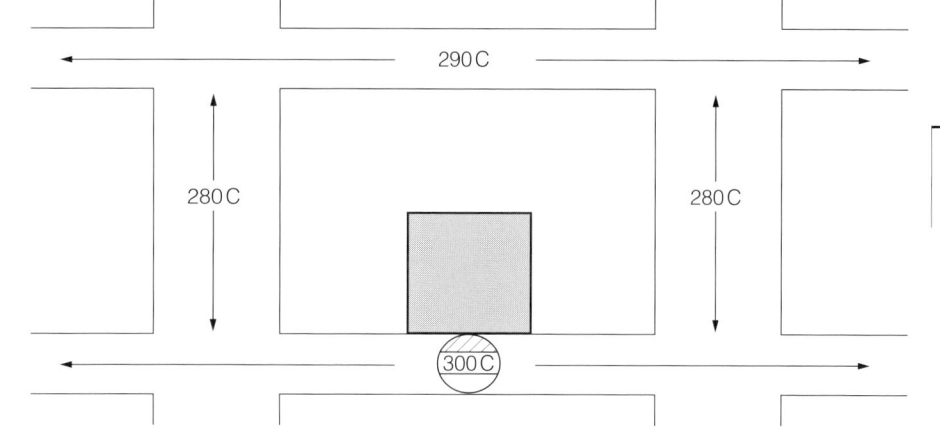

（1）路線価の設定されていない道路のみに接している場合

　路線価地域内において、相続税、贈与税又は地価税の課税上、路線価の設定されていない道路のみに接している宅地を評価する必要がある場合には、当該道路を路線とみなして当該宅地を評価するための路線価（以下「特定路線価」という。）を納税義務者からの申出等に基づき設定することができるとされているため（評価通達14-3）、原則として、納税義務者からの申出等に基づき設定される特定路線価によって評価します。

　特定路線価は、その特定路線価を設定しようとする道路に接続する路線及び当該道路の付近の路線に設定されている路線価を基に、当該道路の状況、前項に定める地区の別等を考慮して税務署長が評定した1m²当たりの価額とされています。

　なお、路線価が付されている道路と路線価の設定されていない道路に接している宅地については、特定路線価が路線価の設定されていない道路に接している宅地を評価するためのものであることから、特定路線価に基づく「側方路線影響加算」、「二方路線影響加算」、「三方又は四方路線影響加算」は行いません。

　特定路線価の申出書などの記載方法については、国税庁のホームページに記載例があります（第10章〔様式〕2参照）。

（2）借地権割合

　借地権割合は、路線ごとにA、B、C……Gの記号により、路線価の右隣に表示してあります。

記号	A	B	C	D	E	F	G
借地権割合	90%	80%	70%	60%	50%	40%	30%

2 奥行距離の求め方

　不整形地の奥行距離の求め方についても、国税庁ホームページ・質疑応答事例（不整形地の奥行距離の求め方）に説明があります。

国税庁ホームページ　質疑応答事例
（不整形地の奥行距離の求め方）
　次の図のような不整形地の奥行距離はどのようにして求めるのでしょうか。

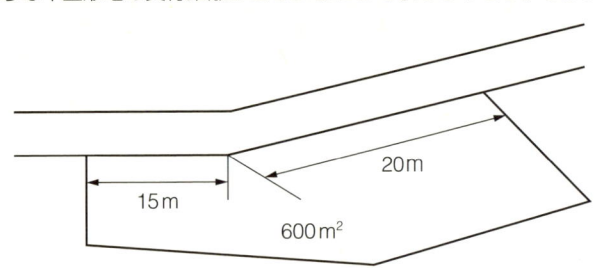

　奥行距離が一様でないものは平均的な奥行距離によります。具体的には、不整形地にかかる想定整形地の奥行距離を限度として、その不整形地の面積をその間口距離で除して得た数値とします。
　上の図のような不整形地にかかる想定整形地は次のとおりとなります。したがって、この不整形地の奥行距離は17.1m（600㎡÷35m＝17.1＜20）となります。

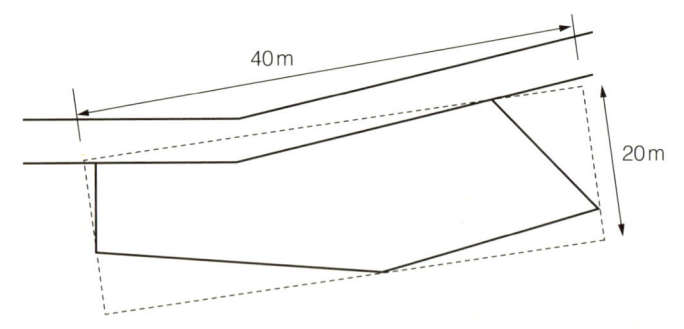

　一般に不整形地について、その奥行距離を図示すれば次のようになります。

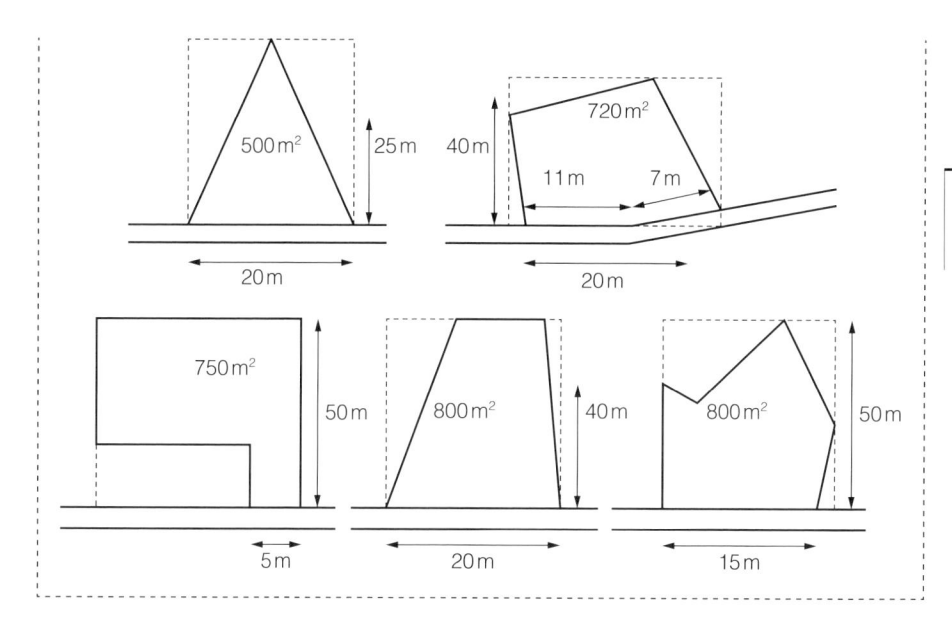

（屈折路に面する不整形地の想定整形地のとり方）

　屈折路に面する不整形地に係る想定整形地は、いずれかの路線からの垂線によって又は路線に接する両端を結ぶ直線によって、評価しようとする宅地の全域を囲む形又は正方形のうち最も面積の小さいものを想定整形地とします。

　次の場合には、AからCまでのく形のうち最も面積の小さいもの、すなわちAが想定整形地となります。

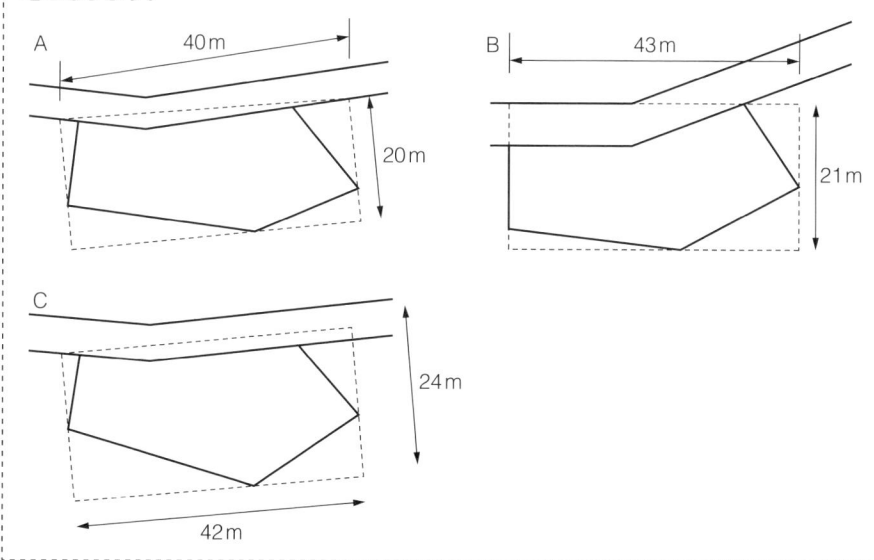

3 間口距離の求め方

　間口距離の求め方についても、国税庁ホームページ・質疑応答事例（間口距離の求め方）に説明があります。

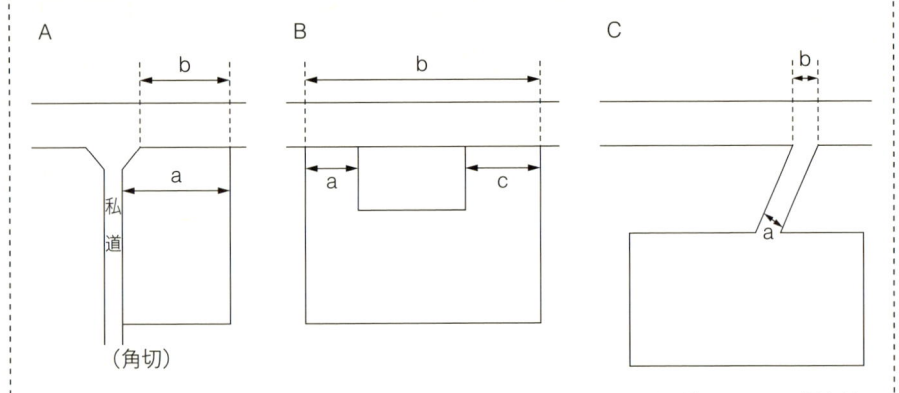

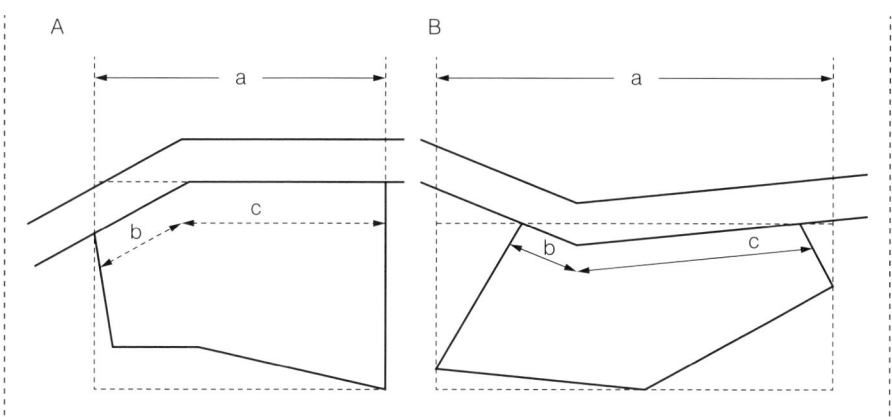

なお、屈折路に面する不整形地に係る想定整形地は、いずれかの路線からの垂線によって又は路線に接する両端を結ぶ直線によって、評価しようとする宅地の全域を囲むく形又は正方形のうち最も面積の小さいものとします。

4 ……路線価方式の評価における具体的な計算例

1 一路線に面している宅地

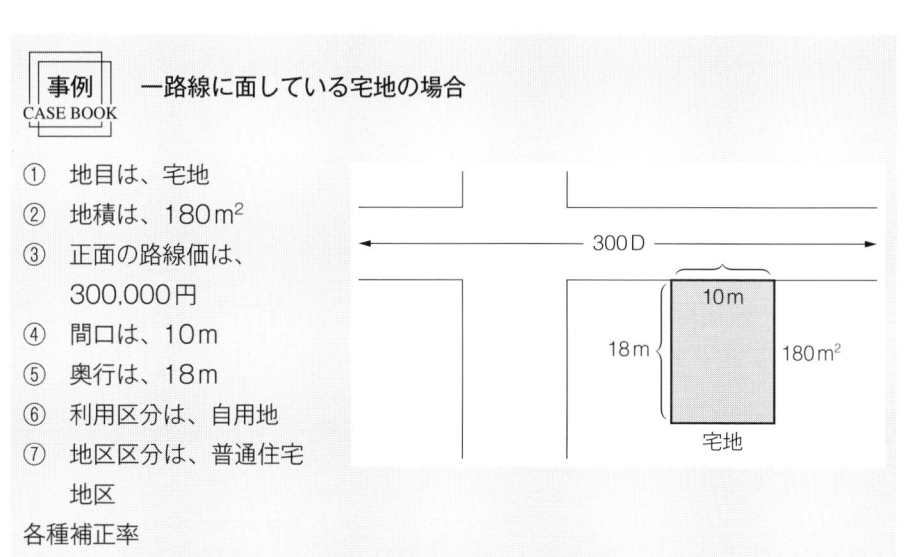

事例 CASE BOOK 　一路線に面している宅地の場合

① 地目は、宅地
② 地積は、180 m²
③ 正面の路線価は、300,000円
④ 間口は、10 m
⑤ 奥行は、18 m
⑥ 利用区分は、自用地
⑦ 地区区分は、普通住宅地区

各種補正率
（ア）　奥行価格補正率…奥行20 mで普通住宅地区の場合、1.00
（イ）　間口狭小補正率…間口10 mで普通住宅地区の場合、1.00

45

（ウ）　奥行長大補正率…奥行率は２未満（18m÷10m）であり、1.00

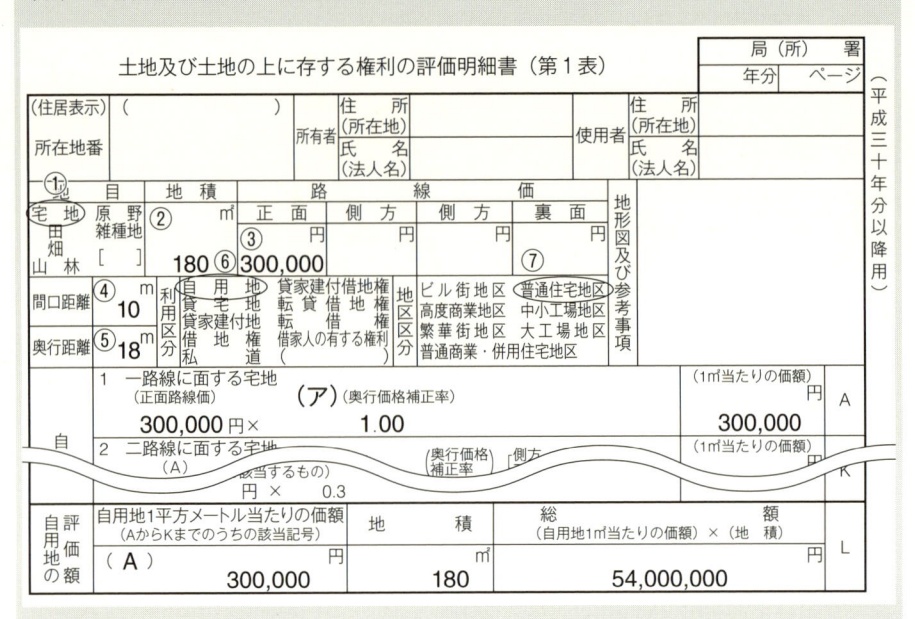

| 土地及び土地の上に存する権利の評価明細書（第１表） | | | | | | | 局（所）署 | | |
| | | | | | | | 年分 | ページ | |

（平成三十年分以降用）

事例 CASE BOOK 　**正面路線に２以上の路線価が付されている場合**

① 　地目は、宅地

② 　地積は、360m²

③ 　正面の路線価は、

$$\frac{300,000円 \times 15m + 250,000円 \times 5m}{15m + 5m}$$

　加重平均により、287,500円

④ 　間口は、20m

⑤ 　奥行は、18m

⑥ 　利用区分は、自用地

⑦ 　地区区分は、普通住宅地区

各種補正率

（ア）　奥行価格補正率…奥行18mで普通住宅地区の場合、1.00

（イ）　間口狭小補正率…間口20mで普通住宅地区の場合、1.00

（ウ）　奥行長大補正率…奥行率は２未満（18m÷20m）であり、1.00

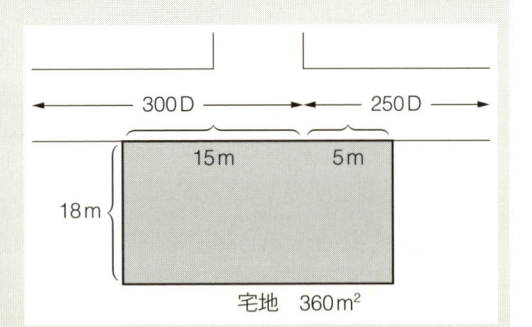

土地及び土地の上に存する権利の評価明細書（第1表）				局（所） 署
				年分 ページ

（平成三十年分以降用）

（住居表示） （ ）		所有者	住 所（所在地）		使用者	住 所（所在地）		
所在地番			氏 名（法人名）			氏 名（法人名）		

①地 目	地 積	路 線 価				地形図及び参考事項
宅 地 田 畑 山 林 原 野 雑種地 ［ ］	② ㎡ 360 ⑥	正面 ③ 円 287,500	側方 円	側方 円	裏面 ⑦ 円	

| 間口距離 ④ 20 m | 利用区分 | 自 用 地 貸 宅 地 貸家建付地 借 地 権 私 道 | 貸家建付借地権 転貸借地権 転 借 地 権 借家人の有する権利 | 地区区分 | ビル街地区 高度商業地区 繁華街地区 普通商業・併用住宅地区 | 普通住宅地区 中小工場地区 大工場地区 |
| 奥行距離 ⑤ 18 m | | | | | | |

自	1 一路線に面する宅地 （正面路線価）	（ア）（奥行価格補正率）		（1㎡当たりの価額） 円	A
	287,500 円×	1.00		287,500	
	2 二路線に面する宅地 （A）		（奥行価格 補正率） 側方	（1㎡当たりの価額）	K
	該当するもの） 円 ×	0.3			

自用地の評価額	自用地1平方メートル当たりの価額 （AからKまでのうちの該当記号）	地 積	総 額 （自用地1㎡当たりの価額）×（地 積）	L
	（ A ） 円 287,500	㎡ 360	円 103,500,000	

2 二路線に面している宅地

（1）正面路線の判定

　正面と側方に路線がある宅地（以下「角地」という。）の価額は、正面路線（原則として、評価通達15の奥行価格補正率により計算した1平方メートル当たりの価額の高い方の路線をいう。以下同じ。）の路線価に基づき計算した価額及び側方路線の路線価を正面路線の路線価とみなし、その路線価に基づき計算した価額に「側方路線影響加算率表」に定める加算率を乗じて計算した価額の合計額にその宅地の地積を乗じて計算した価額によって評価するとされております（評価通達16）。

　つまり、正面路線の判定については、<u>奥行価格補正率により計算した1平方メートル当たりの価額の高い方の路線</u>を判定することになります。

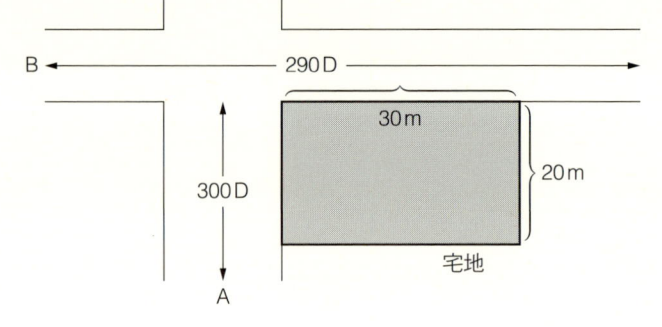

上記の場合、

	路線価		奥行価格補正率	
A路線は、	300,000円	×	0.95	＝285,000円
	路線価		奥行価格補正率	
B路線は、	290,000円	×	1.00	＝290,000円

となり、B路線が正面路線となります。

　角地……2つの道路に接しているわけですから、利便性がよく、評価額も高くなるであろうという考え方であり、上記のような場合を「角地」と呼びます。

　準角地…右の図のように一つの道路が折れ曲がってその内側に土地が接している場合を「準角地」といいます。

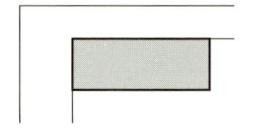

（2）側方路線影響加算率の適用

　地区の異なる2路線に接している場合、地区の判定は、正面路線に付された地区によることになります。

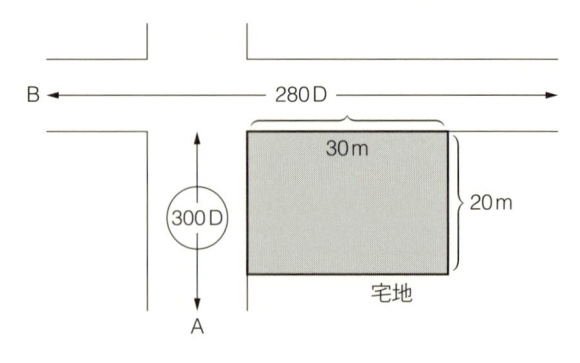

　上記の場合、

$$\begin{array}{ccccc}
 & 路線価 & & 奥行価格補正率 & \\
A路線は、& 300,000円 & × & 1.00 & ＝300,000円 \\
 & 路線価 & & 奥行価格補正率 & \\
B路線は、& 280,000円 & × & 1.00 & ＝280,000円
\end{array}$$

となり、A路線が正面路線となります。

　この場合の<u>正面路線の地区は、普通商業・併用住宅地区</u>になります。したがいまして、側方路線が普通住宅地区でも<u>普通商業・併用住宅地区の奥行価格補正率及び側方路線影響加算率を適用</u>することになります。

事例　二路線に面している宅地の場合
CASE BOOK

① 地目は、宅地
② 地積は、150㎡
③ 正面の路線価は、300,000円
④ 側方の路線価は、290,000円
⑤ 間口は、15m
⑥ 奥行は、10m
⑦ 利用区分は、自用地
⑧ 地区区分は、普通住宅地区
⑨ 側方路線あり、角地

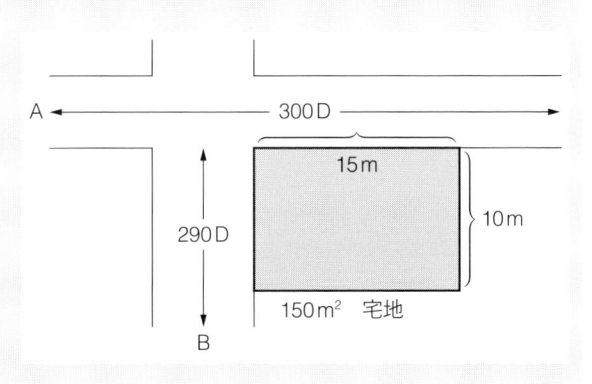

各種補正率

（ア）　正面の奥行価格補正率…奥行10mで普通住宅地区の場合、1.00
（イ）　側方の奥行価格補正率…奥行15mで普通住宅地区の場合、1.00
（ウ）　側方路線影響加算率…角地で普通住宅地区の場合、0.03
（エ）　間口狭小補正率…間口15mで普通住宅地区の場合、1.00
（オ）　奥行長大補正率…奥行率は1未満（10m÷15m）であり、1.00

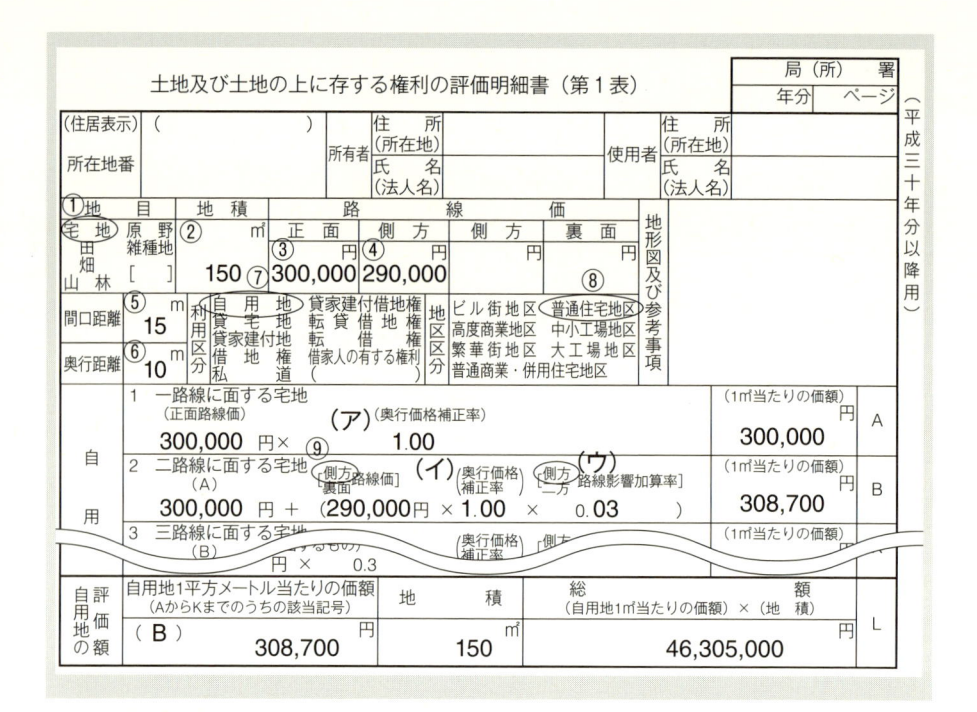

土地及び土地の上に存する権利の評価明細書（第1表）							局（所）　　署	

（住居表示）（　　　　　　　　　）所在地番
所有者 住所（所在地）氏名（法人名）
使用者 住所（所在地）氏名（法人名）

（平成三十年分以降用）

① 地目　宅地　原野　雑種地　田　畑　山林　[　]
② 地積　150㎡
路線価：正面 ③ 300,000円　側方 ④ 290,000円　側方　裏面 ⑧
地形図及び参考事項

間口距離 ⑤ 15m
奥行距離 ⑥ 10m
利用区分：自用地　貸宅地　貸家建付地　借地権　貸家建付借地権　転貸借地権　転借権　借地権　私道　借家人の有する権利
地区区分：ビル街地区　高度商業地区　繁華街地区　普通商業・併用住宅地区　普通住宅地区　中小工場地区　大工場地区

自用

1　一路線に面する宅地（正面路線価）　300,000 円 × （ア）（奥行価格補正率）1.00　… （1㎡当たりの価額）300,000 円　A

2　二路線に面する宅地（A）300,000 円 ＋ （ ⑨（側方・裏面 路線価）290,000円 × （イ）（奥行価格補正率）1.00 × （ウ）（側方・二方 路線影響加算率）0.03 ）　… （1㎡当たりの価額）308,700 円　B

3　三路線に面する宅地（B）　円 × 0.3　（奥行価格補正率）…　（1㎡当たりの価額）

自用地の評価額	自用地1平方メートル当たりの価額（AからKまでのうちの該当記号）（ B ）	地積	総額（自用地1㎡当たりの価額）×（地積）	
	308,700 円	150 ㎡	46,305,000 円	L

二方路線（裏面あり）の宅地の場合

　正面と裏面に路線がある宅地の価額は、正面路線の路線価に基づき計算した価額及び裏面路線の路線価を正面路線の路線価とみなし、その路線価に基づき計算した価額に「二方路線影響加算率表」に定める加算率を乗じて計算した価額の合計額にその宅地の地積を乗じて計算した価額によって評価するとされております（評価通達17）。

① 地目は、宅地
② 地積は、200m²
③ 正面の路線価は、300,000円
④ 側方の路線価は、250,000円
⑤ 間口は、10m
⑥ 奥行は、20m
⑦ 利用区分は、自用地

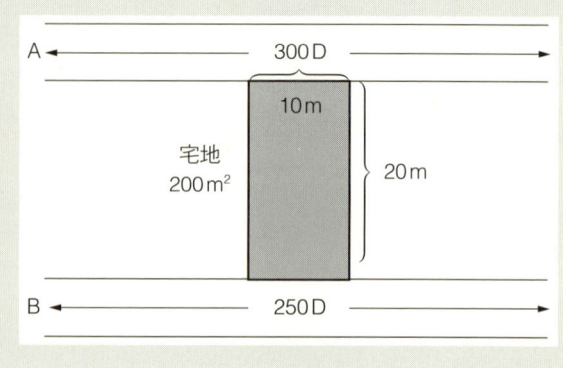

⑧　地区区分は、普通住宅地区

⑨　裏面路線価あり

各種補正率

（ア）　正面の奥行価格補正率…奥行20mで普通住宅地区の場合、1.00

（イ）　裏面の奥行価格補正率…奥行20mで普通住宅地区の場合、1.00

（ウ）　二方路線影響加算率…普通住宅地区の場合、0.02

（エ）　間口狭小補正率…間口15mで普通住宅地区の場合、1.00

（オ）　奥行長大補正率…奥行率は2.0（20m÷10m）であり、普通住宅地区の場合、0.98

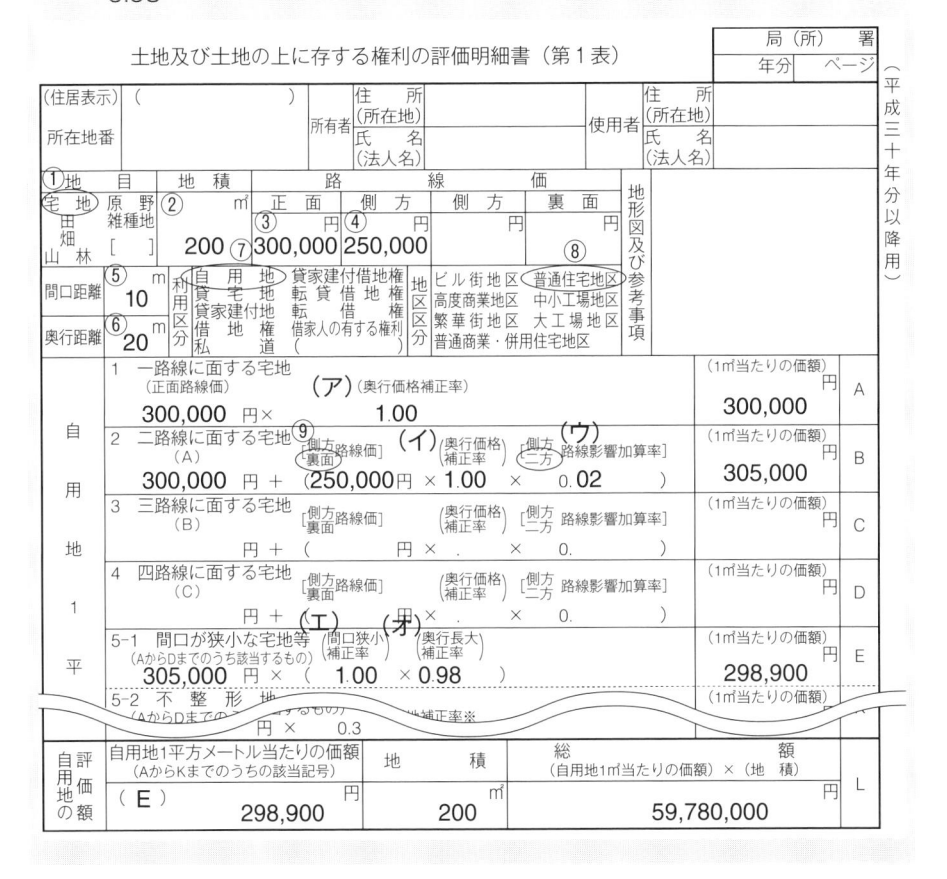

土地及び土地の上に存する権利の評価明細書（第1表）

1	一路線に面する宅地（正面路線価）（ア）（奥行価格補正率）300,000 円 × 1.00	（1㎡当たりの価額）300,000 円	A
2	二路線に面する宅地（A）⑨（側方路線価裏面）（イ）（奥行価格補正率）（ウ）［側方路線影響加算率二方］300,000 円 ＋（250,000円 × 1.00 × 0.02 ）	（1㎡当たりの価額）305,000 円	B
3	三路線に面する宅地（B）（側方路線価裏面）（奥行価格補正率）［側方路線影響加算率二方］円 ＋（ 円 × . × 0. ）	（1㎡当たりの価額）円	C
4	四路線に面する宅地（C）（側方路線価裏面）（エ）（オ）（奥行価格補正率）［側方路線影響加算率二方］円 ＋（ 円 × . × 0. ）	（1㎡当たりの価額）円	D
5-1	間口が狭小な宅地等（AからDまでのうち該当するもの）（間口狭小補正率）（奥行長大補正率）305,000 円 × 1.00 × 0.98	（1㎡当たりの価額）298,900 円	E

自用地1平方メートル当たりの価額（AからKまでのうちの該当記号）（ E ）	地 積	総 額（自用地1㎡当たりの価額）×（地 積）	
298,900 円	200 ㎡	59,780,000 円	L

51

3 間口が狭小な宅地、奥行が長大な宅地

　間口が狭小な宅地は、使い勝手が悪く、利用効率が低下しているため、標準的な宅地の評価と比べると評価額が低くなります。そのため、相続税における評価でも「間口狭小補正率」という、その土地の地区区分と間口距離に応じて定められた割合を使って路線価を減額補正した上で評価することになります。

　また、路線価は間口と奥行との関係が均衡のとれた画地における価格として付けられているため、奥行距離が間口距離の数倍以上ある場合は、更に利用効率が低下します。そのため、「奥行長大補正率」によって路線価を減額補正した上で評価することになります。

　評価通達20-4（間口が狭小な宅地等の評価）において、間口が狭小な宅地及び奥行が長大な宅地（不整形地及び無道路地を除く。）の価額は、評価通達15（（奥行価格補正））から18（（三方又は四方路線影響加算））までの定めにより計算した1平方メートル当たりの価額にそれぞれ評価通達の「間口狭小補正率表」又は「奥行長大補正率表」に定める補正率を乗じて求めた価額にこれらの宅地の地積を乗じて計算した価額によって評価します。この場合において、地積が大きいもの等にあっては、近傍の宅地の価額との均衡を考慮し、それぞれの補正率表に定める補正率を適宜修正することができます。

　なお、評価通達20-2（（地積規模の大きな宅地の評価））の定めの適用がある場合には、本項本文の定めにより評価した価額に、評価通達20-2に定める規模格差補正率を乗じて計算した価額によって評価すると規定されています。

　「間口狭小補正率表」は第10章〔参考資料〕6、「奥行長大補正率表」は同〔参考資料〕7を参照してください。

事例 CASE BOOK　間口が狭小な宅地の場合

① 地目は、宅地
② 地積は、162m²
③ 正面の路線価は、300,000円
④ 間口は、6m
⑤ 奥行は、27m

⑥　利用区分は、自用地
⑦　地区区分は、普通住宅地区

各種補正率
（ア）　奥行価格補正率…奥行27ｍで普通住宅地区の場合、0.97
（イ）　間口狭小補正率…間口6ｍで普通住宅地区の場合、0.97
（ウ）　奥行長大補正率…奥行率は4.5（27ｍ÷6ｍ）であり、普通住宅地区の場合、0.94

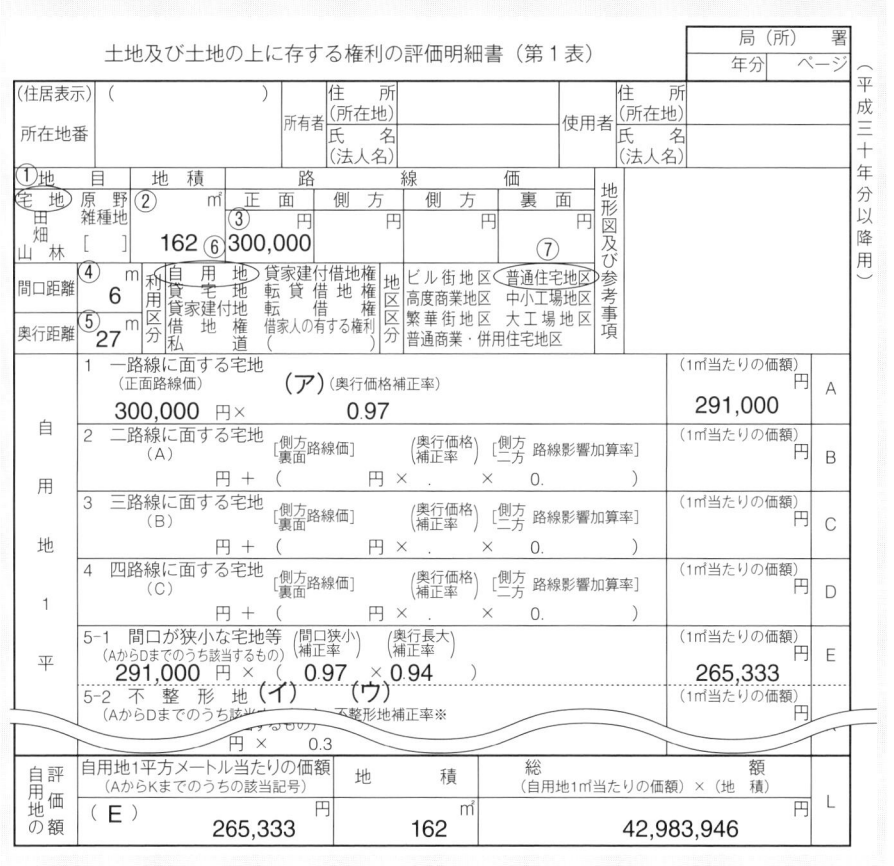

4 不整形な宅地

　不整形地は、正方形や長方形の土地に比べ、画地の全部が宅地としての機能を十分に果たすことが困難であり、建物等の建築を前提とした土地の利用方法が制約されることから、一般にその利用価値は低下しています。そのため、不整形地については、標準的な整形地としての価額である路線価を不整形の程度に応じた補正を行う必要があります。

　不整形地補正については、評価通達20（不整形地の評価）において、不整形地（三角地を含む。以下同じ。）の価額は、次の(1)から(4)までのいずれかの方法により評価通達15（(奥行価格補正)）から18（(三方又は四方路線影響加算)）までの定めによって計算した価額に、その不整形の程度、位置及び地積の大小に応じ、評価通達の「地積区分表」に掲げる地区区分及び地積区分に応じた「不整形地補正率表」に定める補正率（以下「不整形地補正率」という。）を乗じて計算した価額により評価すると規定されています。

　「地積区分表」は第10章〔参考資料〕4、「不整形地補正率表」は同〔参考資料〕5を参照してください。

(1) 次図のように不整形地を区分して求めた整形地を基として計算する方法

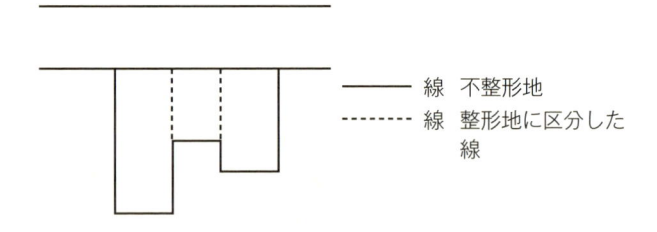

──── 線　不整形地
-------- 線　整形地に区分した
　　　　　線

(2) 次図のように不整形地の地積を間口距離で除して算出した計算上の奥行距離を基として求めた整形地により計算する方法

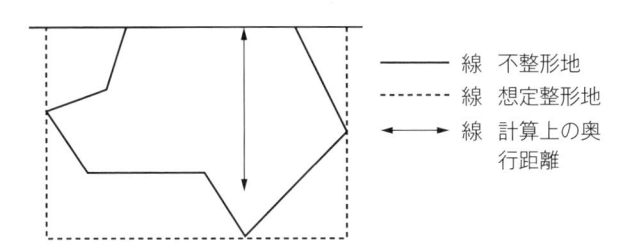

線　不整形地
線　想定整形地
線　計算上の奥
　　行距離

（注）　ただし、計算上の奥行距離は、不整形地の全域を囲む、正面路線に面するく形又は正方
　　　　形の土地（以下「想定整形地」という。）の奥行距離を限度とする。

(3)　次図のように不整形地に近似する整形地（以下「近似整形地」という。）を求め、
その設定した近似整形地を基として計算する方法

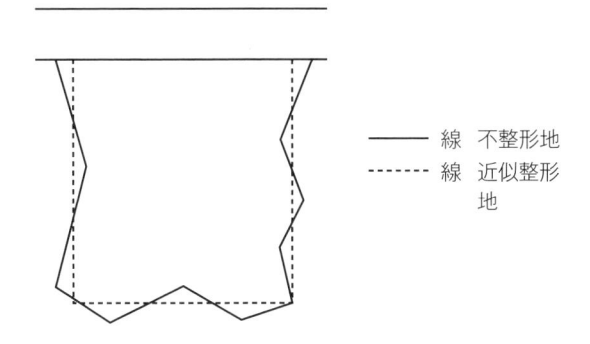

線　不整形地
線　近似整形
　　地

（注）　近似整形地は、近似整形地からはみ出す不整形地の部分の地積と近似整形地に含まれ
　　　　る不整形地以外の部分の地積がおおむね等しく、かつ、その合計地積ができるだけ小さく
　　　　なるように求める（(4)において同じ。）。

(4)　次図のように近似整形地（①）を求め、隣接する整形地（②）と合わせて全体の
整形地の価額の計算をしてから、隣接する整形地（②）の価額を差し引いた価額を基
として計算する方法

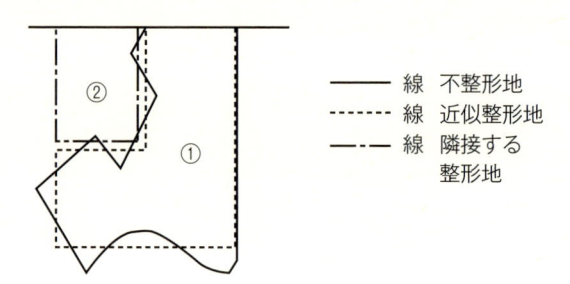

線	不整形地
線	近似整形地
線	隣接する 整形地

不整形な宅地の場合

① 地目は、宅地

② 地積は、300㎡

③ 正面の路線価は、
300,000円

④ 間口は、12m

⑤ 奥行は、15m

⑥ 利用区分は、自用地

⑦ 地区区分は、普通住
宅地区

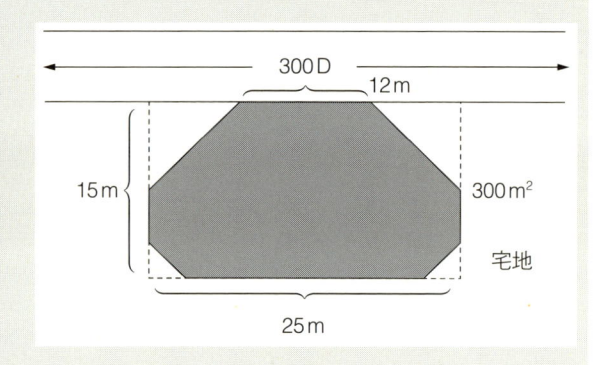

各種補正率

（ア）　正面の奥行価格補正率…奥行15mで普通住宅地区の場合、1.00

（イ）　間口狭小補正率…間口12mで普通住宅地区の場合、1.00

（ウ）　奥行長大補正率…奥行率は2未満（15m÷12m）であり、1.00

（エ）　不整形補正率…かげ地割合が0.20（（375㎡－300㎡）÷375㎡）であり、
普通住宅地区の補正率は0.94

土地及び土地の上に存する権利の評価明細書（第1表）

局（所）署		
年分	ページ	

（平成三十年分以降用）

(住居表示)	（　　　　　　）	所有者	住　所 (所在地)		使用者	住　所 (所在地)	
所在地番			氏　名 (法人名)			氏　名 (法人名)	

①地　目		②地　積	㎡	路　　　線　　　価				地
宅地 原野 田 雑種地 畑 山 林　[　]		③ 300 ⑥		正　面 300,000 円	側　方 円	側　方 円	裏　面 ⑦ 円	形図及び参考事項

④間口距離	12 m	利用区分	自　用　地 貸家建付借地権	地区区分	ビル街地区　普通住宅地区
			貸　宅　地 転貸借地権 貸家建付地 転　借　権 借　地　権 借家人の有する権利 私　道 （　　　　　）		高度商業地区　中小工場地区 繁華街地区　大工場地区 普通商業・併用住宅地区
⑤奥行距離	15 m				

	1　一路線に面する宅地 　（正面路線価）　　（ア）（奥行価格補正率） 　300,000 円×　　　1.00		(1㎡当たりの価額) 300,000 円	A
自 用 地 1 平 方 メ | ト	2　二路線に面する宅地 　（A）　　[側方路線価 　　　　　裏面]　　（奥行価格補正率）[側方 　　　　　　　　　　　　　二方] 路線影響加算率] 　　円 ＋（　　円 ×　　．　　× 0.　）		(1㎡当たりの価額) 円	B
	3　三路線に面する宅地 　（B）　　[側方路線価 　　　　　裏面]　　（奥行価格補正率）[側方 　　　　　　　　　　　　　二方] 路線影響加算率] 　　円 ＋（　　円 ×　　．　　× 0.　）		(1㎡当たりの価額) 円	C
	4　四路線に面する宅地 　（C）　　[側方路線価 　　　　　裏面]　　（奥行価格補正率）[側方 　　　　　　　　　　　　　二方] 路線影響加算率] 　　円 ＋（　　円 ×　　．　　× 0.　）		(1㎡当たりの価額) 円	D
	5-1　間口が狭小な宅地等　（間口狭小補正率）（奥行長大補正率） 　（AからDまでのうち該当するもの） 　　円 ×（　　．　　×　　．　　）		(1㎡当たりの価額) 円	E
	5-2　不整形地 　（AからDまでのうち該当するもの）　不整形地補正率※ 　　300,000 円 ×　　0.94 　※不整形地補正率の計算 　（想定整形地の間口距離）（想定整形地の奥行距離）（想定整形地の地積） 　　25 m ×　　15 m ＝ 375 ㎡ 　（想定整形地の地積）（不整形地の地積）（想定整形地の地積）　（かげ地割合） 　（ 375 ㎡ － 300 ㎡）÷ 375 ㎡ ＝ 20 % 　（不整形地補正率表の補正率）（間口狭小補正率）（小数点以下2 　（エ）0.94 ×（イ）1.00 　位未満切捨て）= 0.94 ① 　（ウ）1.00 ×（奥行長大補正率）（間口狭小補正率） 　　1.00 × 1.00 = 1.00 ②　　　[不整形地補正率 　　　　　　　　　　　　　　　①、②のいずれか低い 　　　　　　　　　　　　　　　率、0.6を限度とする。] 0.94		(1㎡当たりの価額) 282,000 円	F
	6　地積規模の大きな宅地 　（AからFまでのうち該当するもの）〜〜格差補正率※ 　　円 ×　0.3		(1㎡当たりの価額) 円	

自用地 の評価 の額	自用地1平方メートル当たりの価額 （AからKまでのうちの該当記号） （ F ） 282,000 円	地　積 300 ㎡	総　　　　額 （自用地1㎡当たりの価額）×（地積） 84,600,000 円	L

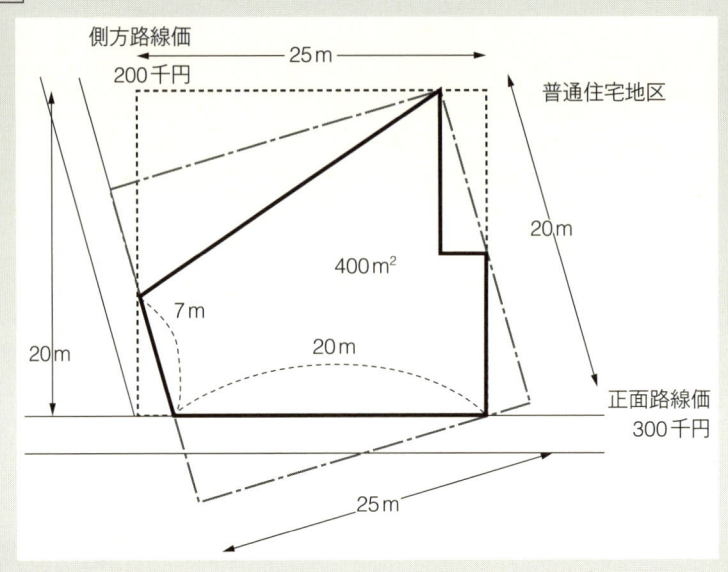

① 地目は、宅地

② 地積は、400m²

③ 正面の路線価は、300,000円

④ 側方の路線価は、200,000円

⑤ 間口は、20m

⑥ 奥行は、20m

⑦ 利用区分は、自用地

⑧ 地区区分は、普通住宅地区

⑨ 側方路線価あり、角地

各種補正率

（ア）　正面の奥行価格補正率…奥行20mで普通住宅地区の場合、1.00

（イ）　側方の奥行価格補正率…奥行25mで普通住宅地区の場合、0.97

（ウ）　側方路線影響加算率…角地で普通住宅地区の場合、0.03

（エ）　間口狭小補正率…間口20mで普通住宅地区の場合、1.00

（オ）　奥行長大補正率…奥行率は2未満（18m÷10m）であり、1.00

（カ）　不整形補正率…かげ地割合が0.20（（500m²−400m²）÷500m²）であり、普通住宅地区の補正率は0.94

土地及び土地の上に存する権利の評価明細書（第１表）

（平成三十年分以降用）

局（所）署		
年分		
ページ		

				円	A
（1㎡当たりの価額）				300,000	
（1㎡当たりの価額）				302,037	B
（1㎡当たりの価額）					C
（1㎡当たりの価額）					D
（1㎡当たりの価額）					E
（1㎡当たりの価額）				283,914	F
（1㎡当たりの価額）					L

総額（自用地1㎡当たりの価額）×（地積） 113,565,600 円

自用地の価額 283,914 円（F）　地積 400 ㎡

1	一路線に面する宅地（正面路線価）	（ア）（実行価格補正率）300,000 円 × 1.00 = 300,000
2	二路線に面する宅地	（イ）（正面路線価）(A) ＋（側方路線価）200,000 円 × 0.97 （奥行価格補正率）×（ア）0.03×7/20（側方路線影響加算率）＝ 302,037
3	三路線に面する宅地	（B）＋（三方路線価）（補正率）[三方] 円 × ＝
4	四路線に面する宅地	（C）＋（四方路線価）（補正率）[三方] 円 × ＝
5-1	間口が狭小な宅地等	（AからDまでのうち該当するもの）（間口狭小）（補正率） 円 ×（奥行長大）（補正率）＝
5-2	不整形地	（AからDまでのうち該当するもの）302,037 円 ×（不整形地補正率）0.94 ＝ 283,914

想定整形地の計算：25 m × 20 m ＝ 500 ㎡
（想定整形地の間口距離）（想定整形地の奥行距離）（想定整形地の地積）
500 ㎡ － 400 ㎡ ＝ 100 ㎡（かげ地割合）
（想定整形地の地積）（不整形地の地積）500 ㎡ ÷ 500 ㎡ ＝ 20 %

不整形地補正率表の補正率（小数点以下2位未満切捨て）（カ）0.94 × （間口狭小）0.94 ＝ 0.94 ①
（オ）（奥行長大）1.00 ×（間口狭小）1.00 ＝ 1.00 ②
（不整形地補正率）※（①、②のいずれか低い率、0.6を限度とする） 0.94

|6|地積規模の大きな宅地|（規模格差補正率）※ 円 × 0.3|

自用地1平方メートル当たりの価額 283,914 円（F）

不整形地として評価しない場合については、国税庁ホームページ・質疑応答事例（不整形地の評価－不整形地として評価を行われない場合（1）及び（2））に説明があります。

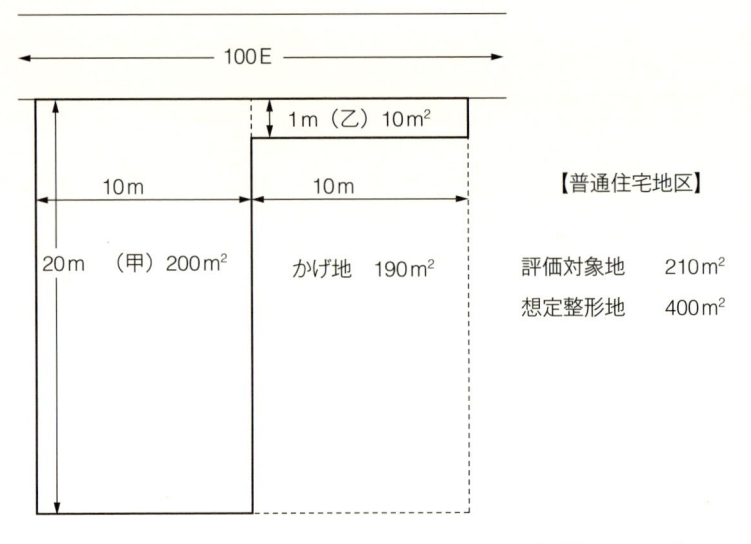

　帯状部分 (乙) とその他部分 (甲) に分けて評価した価額の合計額により評価し、不整形地としての評価は行いません。

(計算例)

1　甲土地の評価額

　　　路線価　　　　奥行価格補正率　　　　地積
　　100,000円 ×　　　1.00　　　× 200m² = 20,000,000円

2　乙土地の評価額

　　　路線価　　　　奥行価格補正率　　　　地積
　　100,000円 ×　　　0.90　　　× 10m² = 900,000円

3　評価額

　　甲土地の評価額　　　乙土地の評価額
　　20,000,000円 ×　900,000円　= 20,900,000円

(参考)

　評価対象地を不整形地として評価するとした場合

　　(甲+乙)土地の評価額　　　不整形地補正率　　　　　　　　甲土地のみの評価額
　　20,900,000円　　×　　　0.82　　= 17,138,000円<20,000,000円

　不整形地補正率　0.82 (普通住宅地区　地積区分A　かげ地割合47.5%)

$$\left(\text{かげ地割合} = \frac{\overset{\text{想定整形地の地積}}{400\,\text{m}^2} - \overset{\text{不整形地の地積}}{210\,\text{m}^2}}{\underset{\text{想定整形地の地積}}{400\,\text{m}^2}} = 47.5\% \right)$$

　このように、帯状部分を有する土地について、形式的に不整形地補正を行うとかげ地割合が過大となり、帯状部分以外の部分を単独で評価した価額（20,000千円）より低い不合理な評価額となるため、不整形地としての評価は行いません。

国税庁ホームページ・質疑応答事例
（不整形な宅地として評価しない場合（2））

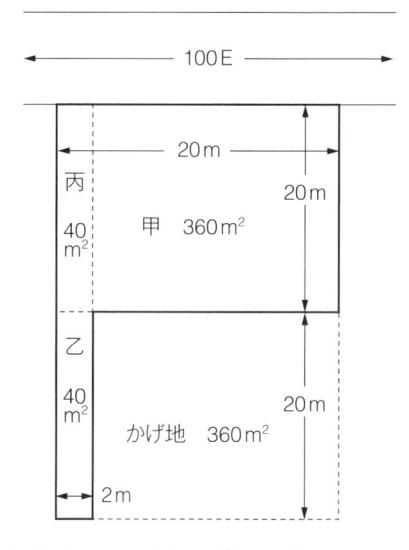

【普通住宅地区】

評価対象地　　440m²

想定整形地　　800m²

　帯状部分（乙）とその他部分（甲・丙）に分けて評価した価額の合計額により　評価し、不整形地としての評価は行いません。

（計算例）
1　甲、丙土地を合わせて評価した価額

　　　　路線価　　　　奥行価格補正率　　　　地積　　　　（甲＋丙）土地の評価額
　　100,000円　×　　　1.00　　　×　400m²　＝　　40,000,000円

2　乙土地の評価額
　（1）乙、丙土地を合わせた土地の奥行価格補正後の価額

　　　　路線価　　　　奥行価格補正率　　　　地積
　　100,000円　×　　　0.91　　　×　80m²　＝　7,280,000円

(2) 丙土地の奥行価格補正後の価額

　　　　路線価　　　　奥行価格補正率　　　地積
　　　100,000円 ×　　　　1.00　　　× 40m² ＝ 4,000,000円

(3) （1）の価額から（2）の価額を差し引いて求めた乙土地の奥行価格補正後の価額

　　　　（1）の価額　　　　（2）の価額　　　乙土地の奥行価格補正後の価額
　　　7,280,000円 －　4,000,000円 ＝　　　　3,280,000円

(4) 乙土地の評価額

　　　奥行価格補正後の価額　　　間口狭小補正率　　　奥行長大補正率　　　乙土地の評価額
　　　　3,280,000円　　×　　　0.90　　×　　　0.90　＝ 2,656,800円

3　評価額

　　（甲＋丙)土地の評価額　　　乙土地の評価額
　　　40,000,000円　　＋ 2,656,800円 ＝ 42,656,800円

（参考）

　評価対象地を不整形地として評価するとした場合

1　甲地の奥行価格補正後の価額

　　　　路線価　　　　奥行価格補正率　　　地積
　　　100,000円 ×　　　　1.00　　　× 360m² ＝ 36,000,000円

2　乙・丙地の奥行価格補正後の価額

　　　　路線価　　　　奥行価格補正率　　　地積
　　　100,000円 ×　　　　0.91　　　× 80m² ＝ 7,280,000円

3　不整形地補正率

　　不整形地補正率　 0.82（普通住宅地区　地積区分A　かげ地割合45%）

$$\left(\text{かげ地割合} = \frac{\overset{\text{想定整形地の地積}}{800\,m^2} - \overset{\text{不整形地の地積}}{440\,m^2}}{\underset{\text{想定整形地の地積}}{800\,m^2}} = 45\% \right)$$

4　評価額

　　（甲＋乙・丙)土地　　　不整形地の補正率　　　　　　　　　　　（甲＋乙)土地
　　　43,280,000円 ＋　　　　0.82　　　＝ 35,489,600円 ＜ 40,000,000円

　このように、帯状部分を有する土地について、形式的に不整形地補正を行うとかげ地割合が過大となり、帯状部分以外の部分を単独で評価した価額（40,000千円）より低い不合理な評価額となるため、不整形地としての評価は行いません。

5 地積規模の大きな宅地

　宅地は建売用地として利用販売されることが好まれ、面積が広い場合、良好な建売用地に細分する必要が出てきます。その場合、公共公益的な負担として道路等の開発が必要となり、面積が広い宅地の単価は下がる傾向がみられます。

従前は、面積が広い場合、広大地の評価（旧評価通達24-4）の適用要件を満たす場合に広大地補正率に基づいて評価していました。しかし、広大地評価は同一路線に面していた場合、面積が同じであれば、整形地であっても不整形地であっても同じ評価額になっており、実際の取引価額とは乖離する場合が見うけられました。

　そして、そのような問題があった広大地の評価から、地積規模の大きな宅地の評価（評価通達20-2）へ評価方法が変わりました。評価通達24-4は廃止により削除されました。

　地積規模の大きな宅地については、評価通達20-2（地積規模の大きな宅地の評価）において、地積規模の大きな宅地（三大都市圏においては500㎡以上の地積の宅地、それ以外の地域においては1,000㎡以上の地積の宅地をいい、次の(1)から(3)までのいずれかに該当するものを除く。以下本項において「地積規模の大きな宅地」という。）で評価通達14-2（（地区））の定めにより普通商業・併用住宅地区及び普通住宅地区として定められた地域に所在するものの価額は、評価通達15（（奥行価格補正））から前項までの定めにより計算した価額に、その宅地の地積の規模に応じ、次の算式により求めた規模格差補正率を乗じて計算した価額によって評価すると規定されています。

(1)　市街化調整区域（都市計画法第34条第10号又は第11号の規定に基づき宅地分譲に係る同法第4条（（定義））第12項に規定する開発行為を行うことができる区域を除く。）に所在する宅地

(2)　都市計画法第8条（（地域地区））第1項第1号に規定する工業専用地域に所在する宅地

(3)　容積率（建築基準法（昭和25年法律第201号）第52条（（容積率））第1項に規定する建築物の延べ面積の敷地面積に対する割合をいう。）が10分の40（東京都の特別区（地方自治法（昭和22年法律第67号）第281条（（特別区））第1項に規定する特別区をいう。）においては10分の30）以上の地域に所在する宅地

（算式）

$$規模格差補正率＝\frac{Ⓐ×Ⓑ＋Ⓒ}{地積規模の大きな宅地の地積（Ⓐ）}×0.8$$

　上の算式中の「Ⓑ」及び「Ⓒ」は、地積規模の大きな宅地が所在する地域に応じ、それぞれ次に掲げる表のとおりとします。

イ　三大都市圏に所在する宅地

地区区分	普通商業・併用住宅地区、普通住宅地区	普通商業・併用住宅地区、普通住宅地区
記号／地積	Ⓑ	Ⓒ
500m²以上　1,000m²未満	0.95	25
1,000m²以上　3,000m²未満	0.90	75
3,000m²以上　5,000m²未満	0.85	225
5,000m²以上	0.80	475

ロ　三大都市圏以外の地域に所在する宅地

地区区分	普通商業・併用住宅地区、普通住宅地区	普通商業・併用住宅地区、普通住宅地区
記号／地積	Ⓑ	Ⓒ
1,000m²以上　3,000m²未満	0.90	100
3,000m²以上　5,000m²未満	0.85	250
5,000m²以上	0.80	500
5,000m²以上	0.80	475

（注）
1　上記算式により計算した規模格差補正率は、小数点以下第2位未満を切り捨てる。
2　「三大都市圏」とは、次の地域をいう。
　イ　首都圏整備法（昭和31年法律第83号）第2条（（定義））第3項に規定する既成市街地又は同条第4項に規定する近郊整備地帯
　ロ　近畿圏整備法（昭和38年法律第129号）第2条（（定義））第3項に規定する既成都市区域又は同条第4項に規定する近郊整備区域
　ハ　中部圏開発整備法（昭和41年法律第102号）第2条（（定義））第3項に規定する都市整備区域

〈地積規模の大きな宅地に該当するかどうかの判定〉

(1) 複数の者に共有されている宅地については、共有地全体の地積により地積規模を判定することになります。

(2) 評価対象となる宅地が工業専用地域とそれ以外の用途地域にわたる場合には、その宅地の全部がその宅地の過半の属する用途地域に所在するものと判定することになります。

(3) 評価対象となる宅地が指定容積率（建築基準法第52条第1項）の異なる2以上の

地域にわたる場合には、各地域の指定容積率に、その宅地の当該地域内にある各部分の面積の敷地面積に対する割合を乗じて得たものの合計により容積率を判定することになります。

(4) 評価対象となる宅地の接する正面路線が2以上の地区にわたる場合には、その宅地の過半の属する地区をもって、その宅地の全部が所在する地区と判定することになります。

事例 CASE BOOK　地積規模の大きな宅地の場合

① 地目は、宅地
② 地積は、750m²
③ 正面の路線価は、300,000円
④ 間口は、30m
⑤ 奥行は、25m
⑥ 利用区分は、自用地
⑦ 地区区分は、普通住宅地区

三大都市圏に所在

各種補正率

（ア）　正面の奥行価格補正率…奥行25mで普通住宅地区の場合、0.97
（イ）　間口狭小補正率…間口30mで普通住宅地区の場合、1.00
（ウ）　奥行長大補正率…奥行率は2未満（25m÷30m）であり、1.00
（エ）　規模格差補正率…補正率は、$((750m^2 \times 0.95 + 25) \div 750m^2) \times 0.8 = 0.78$

土地及び土地の上に存する権利の評価明細書（第1表）

		局（所） 署
		年分　　ページ

（住居表示）	（　　　　　　）		住　所 (所在地)		使用者	住　所 (所在地)	
所在地番		所有者	氏　名 (法人名)			氏　名 (法人名)	

①地　目	地　積		路　　線　　価				地形図及び参考事項
宅地 原野	② ㎡	正　面	側　方	側　方	裏　面		
田 雑種地		③ 円	円	円			
畑 [　　]	⑥ 750 300,000				⑦		
山林							

間口距離 ④ 30 m	利用区分	自用地　貸家建付借地権	地区区分	ビル街地区　普通住宅地区
		貸宅地　転貸借地権		高度商業地区　中小工場地区
奥行距離 ⑤ 25 m		貸家建付地　転借権		繁華街地区　大工場地区
		借地権　借家人の有する権利 私道		普通商業・併用住宅地区

						（1㎡当たりの価額）	
自用地1平方メートル当	1 一路線に面する宅地 (正面路線価)		**(ア)** (奥行価格補正率)			円	A
	300,000 円×		0.97			291,000	
	2 二路線に面する宅地 (A)	[側方路線価] [裏面]	（奥行価格補正率）	[側方二方] 路線影響加算率]		（1㎡当たりの価額） 円	B
		円＋	円 × .	× 0.			
	3 三路線に面する宅地 (B)	[側方路線価] [裏面]	（奥行価格補正率）	[側方二方] 路線影響加算率]		（1㎡当たりの価額） 円	C
		円＋	円 × .	× 0.			
	4 四路線に面する宅地 (C)	[側方路線価] [裏面]	（奥行価格補正率）	[側方二方] 路線影響加算率]		（1㎡当たりの価額） 円	D
		円＋	円 × .	× 0.			
	5-1 間口が狭小な宅地等 (AからDまでのうち該当するもの)	（間口狭小補正率）	（奥行長大補正率）			（1㎡当たりの価額） 円	E
		円 × （ . × . ）					

5-2 不整形地
(AからDまでのうち該当するもの)　不整形地補正率※

円 × 0.

※不整形地補正率の計算
(想定整形地の間口距離)(想定整形地の奥行距離)(想定整形地の地積)
m × m = ㎡

(想定整形地の地積)(不整形地の地積)(想定整形地の地積)　（かげ地割合）
(㎡ － ㎡) ÷ ㎡ = ％

(不整形地補正率表の補正率)　（間口狭小補正率）　　（小数点以下2位未満切捨て）　　不整形地補正率 ①、②のいずれか低い 率、0.6を限度とする。
. × . = 0. ①
(奥行長大補正率)　（間口狭小補正率）
. × . = 0. ②　0.

6 地積規模の大きな宅地 (AからFまでのうち該当するもの)	291,000 円 ×	規模格差補正率※ 0.78	（1㎡当たりの価額） 円	G
※規模格差補正率の計算 (地積(Ⓐ)) (Ⓑ) (Ⓒ) (地積(Ⓐ)) **(エ)** （小数点以下2位未満切捨て） {(750 ㎡×0.95＋ 25) ÷ 750 ㎡} ×0.8 = 0.78			226,980	

7 無道路地 (F又はGのうち該当するもの) 円 × 0.3			（1㎡当たりの価額） 円	K

自用地の評価額	自用地1平方メートル当たりの価額 (AからKまでのうちの該当記号) (G)	地　積	総　　　額 (自用地1㎡当たりの価額) × (地　積)	L
	226,980 円	750 ㎡	170,235,000 円	

事例
CASE BOOK

地積規模の大きな宅地の場合（不整形地）

① 地目は、宅地

② 地積は、750 m²

③ 正面の路線価は、300,000円

④ 間口は、20 m

⑤ 奥行は、25 m

　計算 奥行 37.5 m（750 m² ÷ 20 m）＞想定整形地の奥行25 m

⑥ 利用区分は、自用地

⑦ 地区区分は、普通住宅地区

三大都市圏に所在

各種補正率

（ア）　正面の奥行価格補正率…奥行25 mで普通住宅地区の場合、0.97

（イ）　間口狭小補正率…間口20 mで普通住宅地区の場合、1.00

（ウ）　奥行長大補正率…奥行率は2未満（25 m ÷ 20 m）であり、1.00

（エ）　不整形補正率…かげ地割合が0.25（(1,000 m² − 750 m²) ÷ 1,000 m²）であり、普通住宅地区の補正率は0.97

（オ）　規模格差補正率…補正率は、((750 m² × 0.95 + 25) ÷ 750 m²) × 0.8 = 0.78

土地及び土地の上に存する権利の評価明細書（第1表）

	局（所）署	
年分		ページ

（住居表示）	（　　　　　）	所有者	住　所（所在地）		使用者	住　所（所在地）	
所在地番			氏　名（法人名）			氏　名（法人名）	

① 宅地 原野 田 雑種地 畑 山林 ［　　］	地　積 ② ㎡ 750	路　　線　　価				地形図及び参考事項
		正面 ③ 円 300,000	側方 円	側方 円	裏面 ⑦ 円	

間口距離 ④ 20 m	利用区分	自用地 貸宅地 貸家建付地 借地権	貸家建付借地権 転貸借地権 転借権 借家人の有する権利	地区区分	ビル街地区 高度商業地区 繁華街地区 普通商業・併用住宅地区	普通住宅地区 中小工場地区 大工場地区
奥行距離 ⑤ 25 m		私　　道				

				（1㎡当たりの価額）円	
自 用 地 1 平 方 メ ー ト ル 当	**1　一路線に面する宅地** （正面路線価）　　（ア）（奥行価格補正率） 300,000 円×　　0.97			291,000	A
	2　二路線に面する宅地 （A） 円 ＋ （ ［側方路線価/裏面］ 円 × ［奥行価格補正率］ . × ［側方/二方 路線影響加算率］ 0. ）			（1㎡当たりの価額）円	B
	3　三路線に面する宅地 （B） 円 ＋ （ ［側方路線価/裏面］ 円 × ［奥行価格補正率］ . × ［側方/二方 路線影響加算率］ 0. ）			（1㎡当たりの価額）円	C
	4　四路線に面する宅地 （C） 円 ＋ （ ［側方路線価/裏面］ 円 × ［奥行価格補正率］ . × ［側方/二方 路線影響加算率］ 0. ）			（1㎡当たりの価額）円	D
	5-1　間口が狭小な宅地等 （AからDまでのうち該当するもの）（間口狭小補正率　） （奥行長大補正率　） 円 × 　　. × 　　. ）			（1㎡当たりの価額）円	E
	5-2　不　整　形　地 （AからDまでのうち該当するもの）　不整形地補正率※ 291,000 円 × 　0.97 ※不整形地補正率の計算 （想定整形地の間口距離）（想定整形地の奥行距離）（想定整形地の地積） 40 m × 25 m ＝ 1,000 ㎡ （想定整形地の地積）（不整形地の地積）（想定整形地の地積） （かげ地割合） （1,000 ㎡ － 750 ㎡）÷ 1,000 ㎡ ＝ 25 ％ （不整形地補正率表の補正率）（間口狭小補正率）　（小数点以下2位未満切捨て） （エ）0.97 （イ）1.00 ＝ 0.97 ① （ウ）（奥行長大補正率）（間口狭小補正率） 1.00 × 1.00 ＝ 1.00 ②　　0.97 ［不整形地補正率 ①、②のいずれか低い 率、0.6を限度とする。］			282,270	F
	6　地積規模の大きな宅地 （AからFまでのうち該当するもの）　規模格差補正率※ 282,270 円 × 　0.78 ※規模格差補正率の計算 （地積 ⓐ）（Ⓑ）（Ⓒ）　（地積 ⓐ）　　（オ）（小数点以下2位未満切捨て） {（ 750 ㎡×0.95 ＋ 25 ）÷ 750 ㎡}×0.8 ＝ 0.78			220,170	G
	7　無　道　路　地 （F又はGのうち該当するもの） 円 × 0.3			（1㎡当たりの価額）円	K

自用地の評価額	自用地1平方メートル当たりの価額（AからKまでのうちの該当記号） （G）　円 220,170	地　積 ㎡ 750	総　　　　額（自用地1㎡当たりの価額）×（地　積）円 165,127,500	L

6 無道路地及び接道義務を満たしていない宅地

　無道路地とは、一般に道路に接していない宅地をいい、この無道路地の価額は、実際に利用している路線の路線価に基づいて、不整形地の評価又は地積規模の大きな宅地の評価によって計算した価額から、その価額の40%の範囲内において相当と認める金額を控除して評価することになります。

　この場合の40%の範囲内において相当と認める金額は、無道路地について建築基準法その他の法令において規定されている建築物を建築するために必要な道路に接すべき最小限の間口距離の要件（以下「接道義務」といいます。）に基づいて最小限度の通路を開設する場合のその通路に相当する部分の価額とされています。この通路部分の価額は、実際に利用している路線の路線価に、通路に相当する部分の地積を乗じた価額とします。奥行価格補正等の画地調整は行う必要はありません。

　なお、他人の土地に囲まれていても、その他人の土地に通行の用に供する権利（通行地役権や賃借権など）を設定している場合は、無道路地になりません。

〈参考〉

接道義務

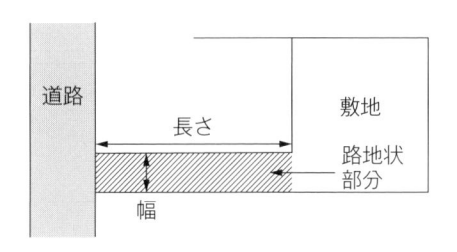

・東京都建築安全条例の場合

路地状部分の長さ	20m以下のもの	20mを超えるもの
通路幅	2m	3m

・横浜市建築基準条例の場合

路地状部分の長さ	15m以下	25m以下	25m超
路地状部分の幅	2m	3m	4m

路地状部分の長さ	10m未満	15m未満	20m未満	20m以上
路地状部分の幅	2m	2.5m	3m	4m

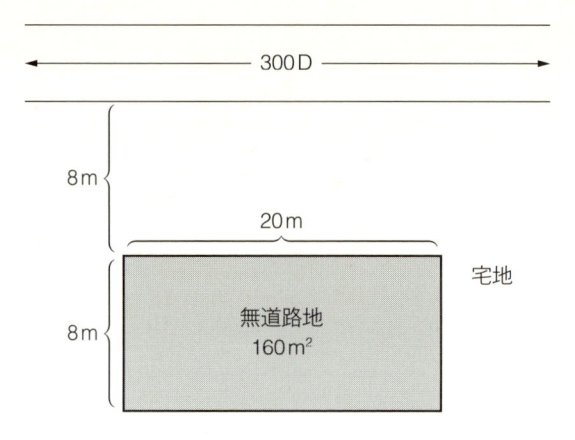

　また、道路に接していてもその接する間口距離が接道義務を満たしていない宅地、例えば道路に接していてもその接する間口距離が1mであるような宅地については、建物の建築に著しい制限を受けるなどの点で、無道路地と同様にその利用価値が低くなることから、無道路地と同様に評価します。この場合の無道路地としての控除額は接道義務に基づいて最小限度の通路に拡幅する場合の、その拡幅する部分に相当する価額（正面路線価に通路拡幅部分の地積を乗じた価額）とされています。

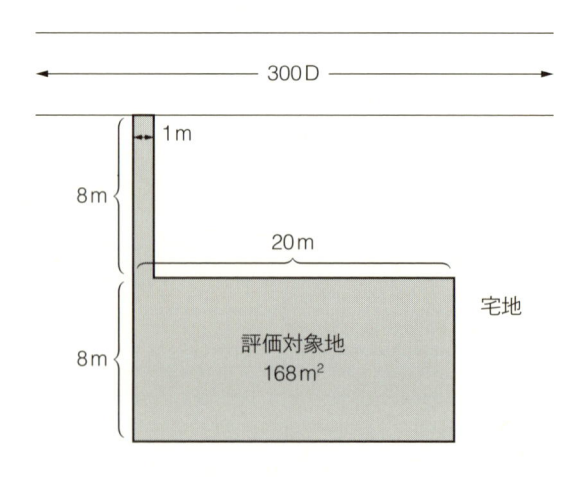

事例 **CASE BOOK** 無道路地の場合

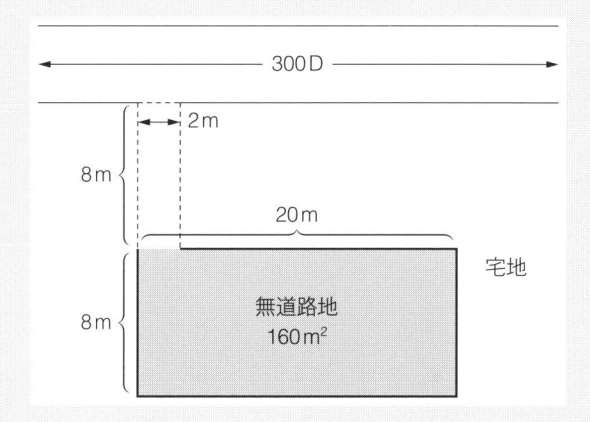

① 地目は、宅地
② 地積は、160㎡
③ 正面の路線価は、300,000円
④ 間口は、2m
⑤ 奥行は、16m
　計算奥行80m（160㎡÷2m）＞想定整形地の奥行16m
⑥ 利用区分は、自用地
⑦ 地区区分は、普通住宅地区

各種補正率

（ア）　正面の奥行価格補正率…奥行16mで普通住宅地区の場合、1.00
（イ）　間口狭小補正率…間口2mで普通住宅地区の場合、0.90
（ウ）　奥行長大補正率…奥行率は8.0（16m÷2m）であり、0.90
（エ）　不整形補正率…かげ地割合が0.50（（320㎡－160㎡）÷320㎡）であり、普通住宅地区の補正率は0.79
（オ）　通路部分の地積…16㎡（2m×8m）

土地及び土地の上に存する権利の評価明細書（第1表）

（平成三十年分以降用）

（住居表示）	（　　　　　）	所有者	住　所（所在地）		使用者	住　所（所在地）	
所在地番			氏　名（法人名）			氏　名（法人名）	

① 地　目	地　積	路　　　線　　　価				地形図及び参考事項
宅地 原野 田 雑種地 畑 山林 ［　　］	② ㎡ 160	③ 正　面 円 ⑥ 300,000	側　方 円	側　方 円	裏　面 円 ⑦	

間口距離 ④ 2 m	利用区分	自用地 貸宅地 貸家建付地 借地権	貸家建付借地権 転貸借地権 転借権 借家人の有する権利	地区区分	ビル街地区　　普通住宅地区 高度商業地区　中小工場地区 繁華街地区　　大工場地区 普通商業・併用住宅地区	参考事項
奥行距離 ⑤ 16 m		私　道				

		（1㎡当たりの価額）	
自用地1平方メートル当たりの価額	**1 一路線に面する宅地** （正面路線価）　（ア）（奥行価格補正率） 300,000 円×　　　1.00	円 300,000	A
	2 二路線に面する宅地 （A）　　（側方 　　　　裏面 路線価）　（奥行価格補正率）　（側方 　　　　　　　　　　　　　　　　　　二方 路線影響加算率） 円 ＋（　　　　　円 ×　.　×　0.　）	円	B
	3 三路線に面する宅地 （B）　　（側方 　　　　裏面 路線価）　（奥行価格補正率）　（側方 　　　　　　　　　　　　　　　　　　二方 路線影響加算率） 円 ＋（　　　　　円 ×　.　×　0.　）	円	C
	4 四路線に面する宅地 （C）　　（側方 　　　　裏面 路線価）　（奥行価格補正率）　（側方 　　　　　　　　　　　　　　　　　　二方 路線影響加算率） 円 ＋（　　　　　円 ×　.　×　0.　）	円	D
	5-1 間口が狭小な宅地等 （AからDまでのうち該当するもの）（間口狭小補正率）　（奥行長大補正率） 円 ×（　.　×　.　）	円	E
	5-2 不 整 形 地 （AからDまでのうち該当するもの）　不整形地補正率※ 300,000 円 ×　　0.71 ※不整形地補正率の計算 （想定整形地の間口距離）（想定整形地の奥行距離）（想定整形地の地積） 20 m ×　16 m ＝　320 ㎡ （想定整形地の地積）（不整形地の地積）（想定整形地の地積）　（かげ地割合） （ 320 ㎡ － 160 ㎡）÷　320 ㎡ ＝ 50 ％ （不整形地補正率表の補正率）（間口狭小補正率）（小数点以下2位未満切捨て） （エ）0.79 （イ）× 0.90 ＝ 0.71 ① （奥行長大補正率）（間口狭小補正率） （ウ）0.90 × 0.90 ＝ 0.81 ②　0.71 〔不整形地補正率 ①、②のいずれか低い 率、0.6を限度とする。〕	円 213,000	F
	6 地積規模の大きな宅地 （AからFまでのうち該当するもの）　規模格差補正率※ 円 ×　0. ※規模格差補正率の計算 （地積（Ⓐ））（Ⓑ）　（Ⓒ）　（地積（Ⓐ））（小数点以下2位未満切捨て） ｛（　　㎡×　　＋　　）÷　　㎡｝×0.8 ＝ 0.	円	G
	7 無 道 路 地 （F又はGのうち該当するもの）　　　（※） 213,000 円 ×（ 1 － 0.14084507042） ※割合の計算（0.4を限度とする。） （正面路線価）（通路部分の地積）（F又はGのうち該当するもの）（評価対象地の地積） （ 300,000 円×（オ）16㎡）÷（ 213,000 円× 160 ㎡）＝0.14084507042	円 183,000	H
	8 がけ地等を有する宅地 （AからHまでのうち該当するもの）〔南、東、西、北〕 （がけ地補正率） 円 ×　0.3	円	K

自用地の評価額	自用地1平方メートル当たりの価額 （AからKまでのうちの該当記号） （H） 183,000 円	地　積 160 ㎡	総　　額 （自用地1㎡当たりの価額）×（地　積） 29,280,000 円	L

事例 **CASE BOOK** 接道義務を満たさない宅地の場合

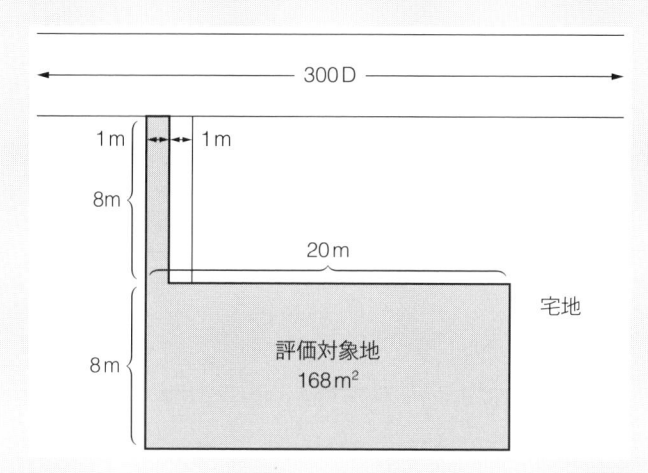

① 地目は、宅地
② 地積は、168m²
③ 正面の路線価は、300,000円
④ 間口は、2m
⑤ 奥行は、16m
　計算奥行84m（168m²÷2m）＞想定整形地の奥行16m
⑥ 利用区分は、自用地
⑦ 地区区分は、普通住宅地区
⑧ 前面宅地　152m²、奥行8mであり補正率は1.00
　奥行8mの補正率は0.97ですが、評価対象地と前面宅地を合わせた土地の単価（300,000円）より評価対象地の単価（※308,142円）が高くなり不合理のため、1.00
　※（96,000,000円－300,000円×0.97×152m²）÷168m²＝308,142円

各種補正率
（ア）　正面の奥行価格補正率…奥行16mで普通住宅地区の場合、1.00
（イ）　間口狭小補正率…間口2mで普通住宅地区の場合、0.90
（ウ）　奥行長大補正率…奥行率は8.0（16m÷2m）であり、0.90
（エ）　不整形補正率…かげ地割合が0.475（（320m²－168m²）÷320m²）であり、普通住宅地区の補正率は0.82
（オ）　通路部分の地積…8m²（1m×8m）

土地及び土地の上に存する権利の評価明細書（第1表）

		局（所）	署
		年分	ページ

（住居表示）	（ ）	所有者	住 所（所在地）		使用者	住 所（所在地）	
所在地番			氏 名（法人名）			氏 名（法人名）	

① 地 目	地 積		路 線 価				地形図及び参考事項
宅 地 原 野 雑種地 田 畑 山 林 ［ ］	② ㎡ 168 ⑥	正 面 ③ 300,000 円	側 方 円	側 方 円	裏 面 ⑦ 円		

間口距離	④ m 2	利用区分	自 用 地 貸 宅 地 貸家建付地 借 地 権	貸家建付借地権 転 貸 借 地 権 転 借 権 借家人の有する権利	地区区分	ビル街地区 高度商業地区 繁華街地区 普通商業・併用住宅地区	普通住宅地区 中小工場地区 大工場地区
奥行距離	⑤ 16 m		私 道				

	自 用 地 平 方 メ ー ト ル 当 た り の	1 一路線に面する宅地 （正面路線価） （ア）（奥行価格補正率） 300,000 円 × 1.00 × 320 ㎡	（1㎡当たりの価額）96,000,000 円	A

	⑧ 前面宅地 300,000 円 × 1.00 × 152 ㎡	（1㎡当たりの価額）45,600,000 円	B

	評価対象宅地 96,000,000 円 － 45,600,000 円	（1㎡当たりの価額）50,400,000 円	C

	4 四路線に面する宅地 （C） （補正率） （奥行価格補正率） 側方 円 ×（ × ）	（1㎡当たりの価額） 円	E

	5-2 不 整 形 地 （AからDまでのうち該当するもの） 不整形地補正率※ 50,400,000 円 × 0.73 ※不整形地補正率の計算 （想定整形地の間口距離）（想定整形地の奥行距離）（想定整形地の地積） 20 m × 16 m = 320 ㎡ （想定整形地の地積）（不整形地の地積）（想定整形地の地積）（かげ地割合） （ 320 ㎡ － 168 ㎡ ）÷ 320 ㎡ = 47.5 % （不整形地補正率表の補正率）（間口狭小補正率） （小数点以下2位未満切捨て） 不整形地補正率 （①、②のいずれか低い率、0.6を限度とする。） （エ）0.82 （イ）× 0.90 = 0.73 ① （ウ）0.90 （奥行長大補正率）× 0.90（間口狭小補正率） = 0.81 ② 0.73	（1㎡当たりの価額） 円 36,792,000	F

	6 地積規模の大きな宅地 （AからFまでのうち該当するもの） 規模格差補正率※ 円 × 0. ※規模格差補正率の計算 （地積（Ⓐ）） （Ⓑ） （Ⓒ） （地積（Ⓐ）） （小数点以下2位未満切捨て） {（ ㎡× ＋ ）÷ ㎡ ×0.8 = 0.	（1㎡当たりの価額） 円	G

	7 無 道 路 地 （F又はGのうち該当するもの） （※） 36,792,000 円 × （ 1 － 0.06523157208 ） ※割合の計算（0.4を限度とする。） （正面路線価）（通路部分の地積） （F又はGのうち該当するもの） （評価対象地の地積） （ 300,000 円×（オ）8 ㎡ ÷ 36,392,000 ）=0.06523157208	（1㎡当たりの価額） 円 34,392,000	H

	8 がけ地等を有する宅地 〔 南 、 東 、 西 、 北 〕 （AからHまでのうち該当するもの） がけ地補正率 円 × 0.3	（1㎡当たりの価額） 円	K

自用地の評価額	自用地1平方メートル当たりの価額 （AからKまでのうちの該当記号） （H） 円	地 積 ㎡ 168	総 額 （自用地1㎡当たりの価額）×（地 積） 円 34,392,000	L

事例 川を隔てて道路がある宅地の場合
CASE BOOK

地目は、宅地

① 地積は、300㎡

② 正面の路線価は、250,000円

③ 間口は、2m

④ 奥行は、24m
計算奥行150m（300㎡÷2m）＞想定整形地の奥行24m

⑤ 利用区分は、自用地

⑥ 地区区分は、普通住宅地区

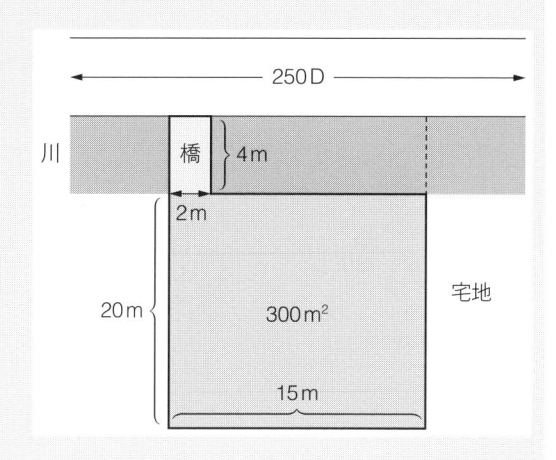

⑦ 橋及び川の部分　60㎡、奥行4mであり補正率は1.00

奥行4mの補正率は0.92ですが、評価対象地と橋及び川の部分を合わせた土地の単価（※1 242,500円）より評価対象地の単価（※2 245,000円）が高くなり不合理のため、1.00

※1　87,300,000円÷360㎡＝242,500円

※2　（87,300,000円－250,000円×0.92×60㎡）÷300㎡＝245,000円

ただし、評価対象地と橋及び川の部分を合わせて評価する場合に、全体の奥行距離が短いため奥行価格補正率が1.00未満になるときは、橋及び川の部分の奥行価格補正率も同じ補正率にします。

各種補正率

（ア）　正面の奥行価格補正率…奥行24mで普通住宅地区の場合、0.97

（イ）　間口狭小補正率…間口2mで普通住宅地区の場合、0.90

（ウ）　奥行長大補正率…奥行率は12（24m÷2m）であり、0.90

（エ）　不整形補正率…かげ地割合が0.166…（（360㎡－300㎡）÷360㎡）であり、普通住宅地区の補正率は0.96

土地及び土地の上に存する権利の評価明細書（第1表）

				局（所）　署
				年分　　ページ

（住居表示）	（　　　　　）	所有者	住所 （所在地）		使用者	住所 （所在地）	
所在地番			氏　名 （法人名）			氏　名 （法人名）	

① 地　目	② 地　積	路　　線　　価				地形図及び参考事項
宅地　原野 田　　雑種地 畑 山林　[　　]	㎡ 300 ⑥	正　面 ③ 円 250,000	側　方 円	側　方 円	裏　面 ⑦ 円	

間口距離	④ m 2	利用区分	自用地　貸家建付借地権 貸宅地　転貸借地権 貸家建付地　転　借　権 借　地　権　借家人の有する権利 私　道	地区区分	ビル街地区　普通住宅地区 高度商業地区　中小工場地区 繁華街地区　大工場地区 普通商業・併用住宅地区
奥行距離	⑤ 24 m				

			1㎡当たりの価額	
自 用 地 1 平 方 メ ー ト ル	1 一路線に面する宅地 　（正面路線価）　　（ア）（奥行価格補正率） 　250,000 円　×　0.97　×　360 ㎡		87,300,000 円	A
	⑧橋及び河川 　250,000 円　×　1.00　×　60 ㎡		15,000,000 円	B
	評価対象宅地 　87,300,000 円　－　15,000,000 円		72,300,000 円	C
	4 四路線に面する宅地 　（C）　　　（側方路線価）（奥行価格補正率）（側方 路線影響加算率） 　　　　　（裏面） 　　　円 ＋ （　　円 × 　.　 × 0.　 ）		円	D
	5-1 間口が狭小な宅地等（間口狭小 補正率）（奥行長大 補正率） 　（AからDまでのうち該当するもの） 　　　円 × （　.　 × 　.　 ）		円	E
	5-2 不　整　形　地 　（AからDまでのうち該当するもの）　不整形地補正率※ 　72,300,000 円 × 0.81 ※不整形地補正率の計算 　（想定整形地の間口距離）（想定整形地の奥行距離）（想定整形地の地積） 　　15 m × 24 m ＝ 360 ㎡ 　（想定整形地の地積）（不整形地の地積）（想定整形地の地積）（かげ地割合） 　（ 360 ㎡ － 300 ㎡ ）÷ 360 ㎡ ＝ 16.6 % 　（不整形地補正率表の補正率）（間口狭小補正率）（小数点以下2位未満切捨て） 　（エ）0.96 （イ）× 0.90 ＝ 0.86 ① 　（奥行長大補正率）（間口狭小補正率） 　（ウ）0.90 × 0.90 ＝ 0.81 ②　0.81 　［不整形地補正率①、②のいずれか低い率、0.6を限度とする。］		56,563,000 円	F
	6 地積規模の大きな宅地 　（AからFまでのうち該当するもの）　　　　規模格差補正率※ 　　　円 × 0.3		円	K

自用地の評価額	自用地1平方メートル当たりの価額 （AからKまでのうちの該当記号） （ F ）　　　円	地　積 300 ㎡	総　　　　　額 （自用地1㎡当たりの価額）×（地 積） 56,563,000 円	L

7 セットバックが必要となる宅地

　建築基準法第42条第2項の規定により指定を受けた道路は、原則として、その道路の中心線から左右2mずつ後退した線（道路の片側ががけ地、川、線路敷地等である場合は、がけ地等の境界線から道の側に4mの線）が道路の境界線とみなされます。中心線から2m以内等の道路とみなされる部分について、敷地として利用していれば、

将来、増改築等をする場合には、道路とみなされる部分から後退（セットバック）しなければなりません。

　したがって、現在、利用に支障がなくても、宅地の評価額はセットバックを要しない宅地に比べ減価するものと考えられ、道路とみなされる部分に対応する価額の70%相当額を控除して評価することになります。

　なお、建築基準法第42条第3項において、特例的に中心線からの水平距離については2m未満1.35m以上（がけ地等の境界線からの水平距離については4m未満2.7m以上）の範囲内において指定されている場合があります。

事例 CASE BOOK　セットバックが必要となる宅地の場合

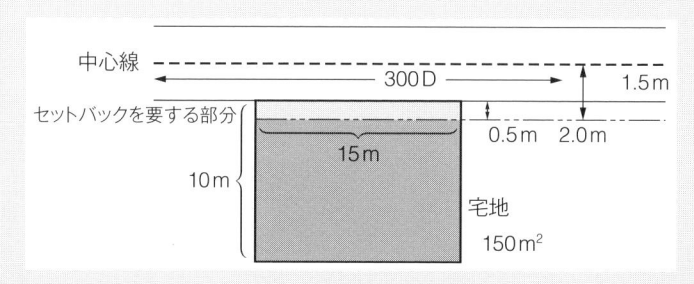

① 地目は、宅地

② 地積は、150m²

③ 正面の路線価は、300,000円

④ 間口は、15m

⑤ 奥行は、10m

⑥ 利用区分は、自用地

⑦ 地区区分は、普通住宅地区

各種補正率

（ア）　奥行価格補正率…奥行10mで普通住宅地区の場合、1.00

（イ）　間口狭小補正率…間口15mで普通住宅地区の場合、1.00

（ウ）　奥行長大補正率…奥行率は2未満（10m÷15m）であり1.00

（エ）　セットバックが必要な面積…7.5m²（15m×0.5m）

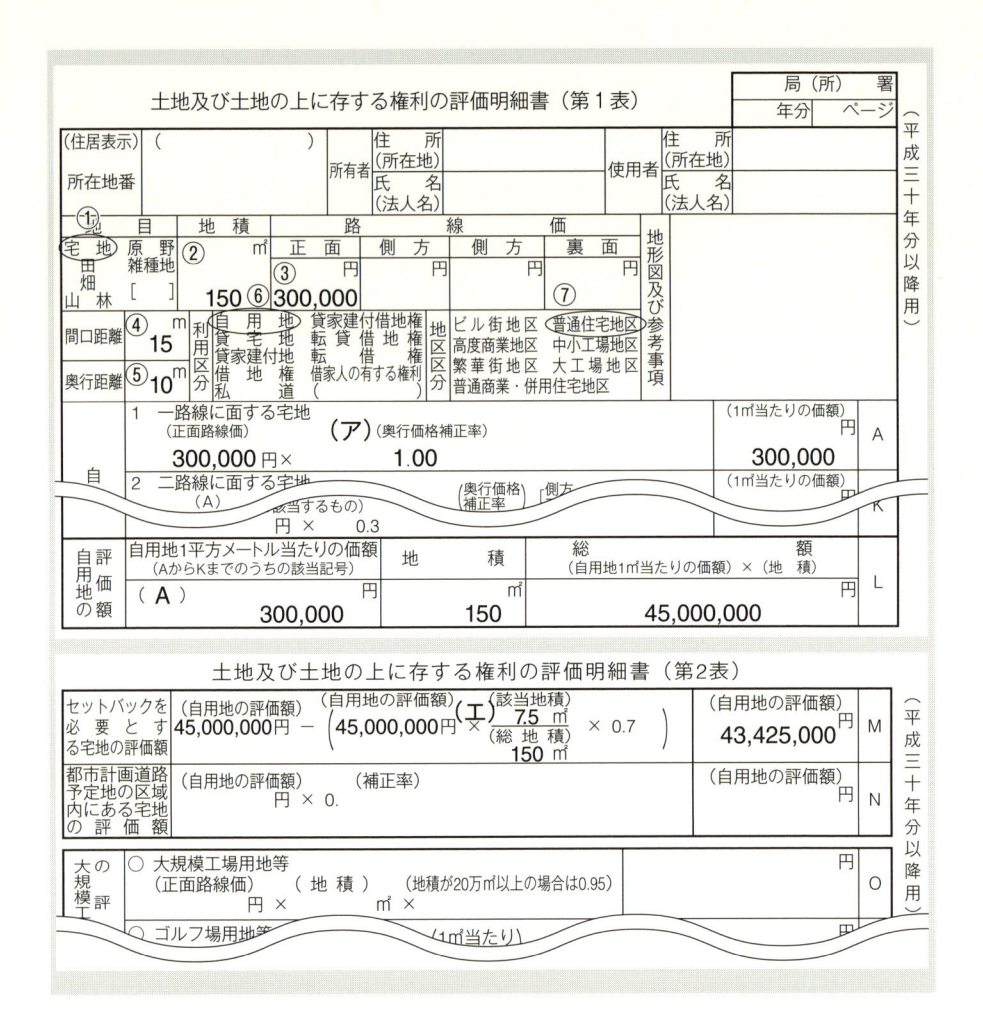

8 都市計画道路予定地の区域内にある宅地

　都市計画法で定める都市施設には、交通施設、公共用地等があり、これらの施設の
うち、都市計画の告示から都市計画事業の認可・承認までの期間において「都市計画
道路予定地」となっている区域内においては、都市計画法の規定により通常2階建て
の建物しか建築できない等建築制限を受けることになります。

　都市計画道路予定地は、将来、道路用地として買収されることが予定されています
が、一般的に道路用地として買収されるまでの期間は相当長期間となりますから、そ
の土地の利用用途（商業地、住宅地等の地区区分の別）、高度利用度（容積率の別）、
及び地積の関係によって土地価格に影響を及ぼすことになります。

したがって、このような都市計画道路予定地の区域内にある宅地については、地区区分、容積率、地積割合の別によって定められた補正率を乗じて評価することとされています。

　都市計画道路予定地の区域内にある宅地については、評価通達24-7（都市計画道路予定地の区域内にある宅地の評価）において、都市計画道路予定地の区域内（都市計画法第4条第6項に規定する都市計画施設のうちの道路の予定地の区域内をいう。）となる部分を有する宅地の価額は、その宅地のうちの都市計画道路予定地の区域内となる部分が都市計画道路予定地の区域内となる部分でないものとした場合の価額に、次表の地区区分、容積率、地積割合の別に応じて定める補正率を乗じて計算した価額によって評価すると規定されています。

地区区分／容積率／地積割合	ビル街地区、高度商業地区			繁華街地区、普通商業・併用住宅地区			普通住宅地区、中小工場地区、大工場地区	
	600%未満	600%以上700%未満	700%以上	300%未満	300%以上400%未満	400%以上	200%未満	200%以上
30%未満	0.91	0.88	0.85	0.97	0.94	0.91	0.99	0.97
30%以上60%未満	0.82	0.76	0.70	0.94	0.88	0.82	0.98	0.94
60%以上	0.70	0.60	0.50	0.90	0.80	0.70	0.97	0.90

（注）　地積割合とは、その宅地の総地積に対する都市計画道路予定地の部分の地積の割合をいう。

　なお、容積率には、都市計画において定められた「指定容積率」と建築基準法第52条第2項の規定によって算出する「基準容積率」がありますが、適用される容積率は、いずれか厳しい方となります。したがって、この取扱いにおいて適用する容積率も「指定容積率」と「基準容積率」のいずれか低い方となります。

〈容積率の限度〉

用途地域	建築基準法第52条第1項（指定容積率）指定容積率 表のいずれかで、都市計画により定められる数値	建築基準法第52条第2項（基準容積率）前面道路による制限 幅員が12m未満の場合
	どちらか低いほうの数値が適用される	
第1種低層住居専用地域 第2種低層住居専用地域 田園住居区域	50%、60%、80%、100%、150%、200%	前面道路の幅員(m)×0.4
第1種中高層住居専用地域 第2種中高層住居専用地域 第1種住居地域 第2種住居地域 準住居地域	100%、150%、200%、300%、400%、500%	前面道路の幅員(m)×0.4 （指定区域は0.6）
近隣商業地域 準工業地域		前面道路の幅員(m)×0.6 （指定区域は0.4または0.8）
商業地域	200%、300%、400%、500%、600%、700%、800%、900%、1000%、1100%、1200%、1300%	
工業地域 工業専用地域	100%、150%、200%、300%、400%	
用途地域の指定のない区域	50%、80%、100%、200%、300%、400% 特定行政庁が都市計画審議会の議を経て定める	

事例 CASE BOOK 都市計画道路予定地の区域内にある宅地の場合

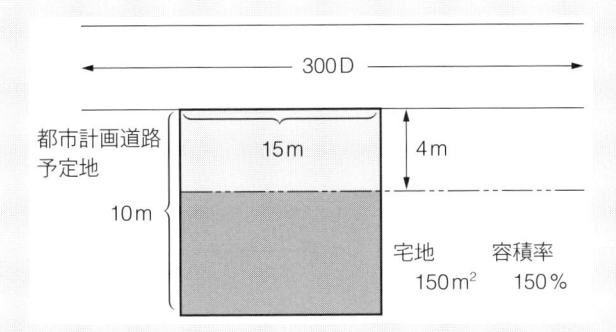

① 地目は、宅地

② 地積は、150m²

③ 正面の路線価は、300,000円

④ 間口は、15m

⑤ 奥行は、10m

⑥ 利用区分は、自用地

⑦ 地区区分は、普通住宅地区

各種補正率

（ア）　奥行価格補正率…奥行10mで普通住宅地区の場合、1.00

（イ）　間口狭小補正率…間口15mで普通住宅地区の場合、1.00

（ウ）　奥行長大補正率…奥行率は2未満（10m÷15m）であり、1.00

（エ）　都市計画道路予定地の補正率…普通住宅地区、容積率150%
地積割合40%（60m²÷150m²）のため、0.98

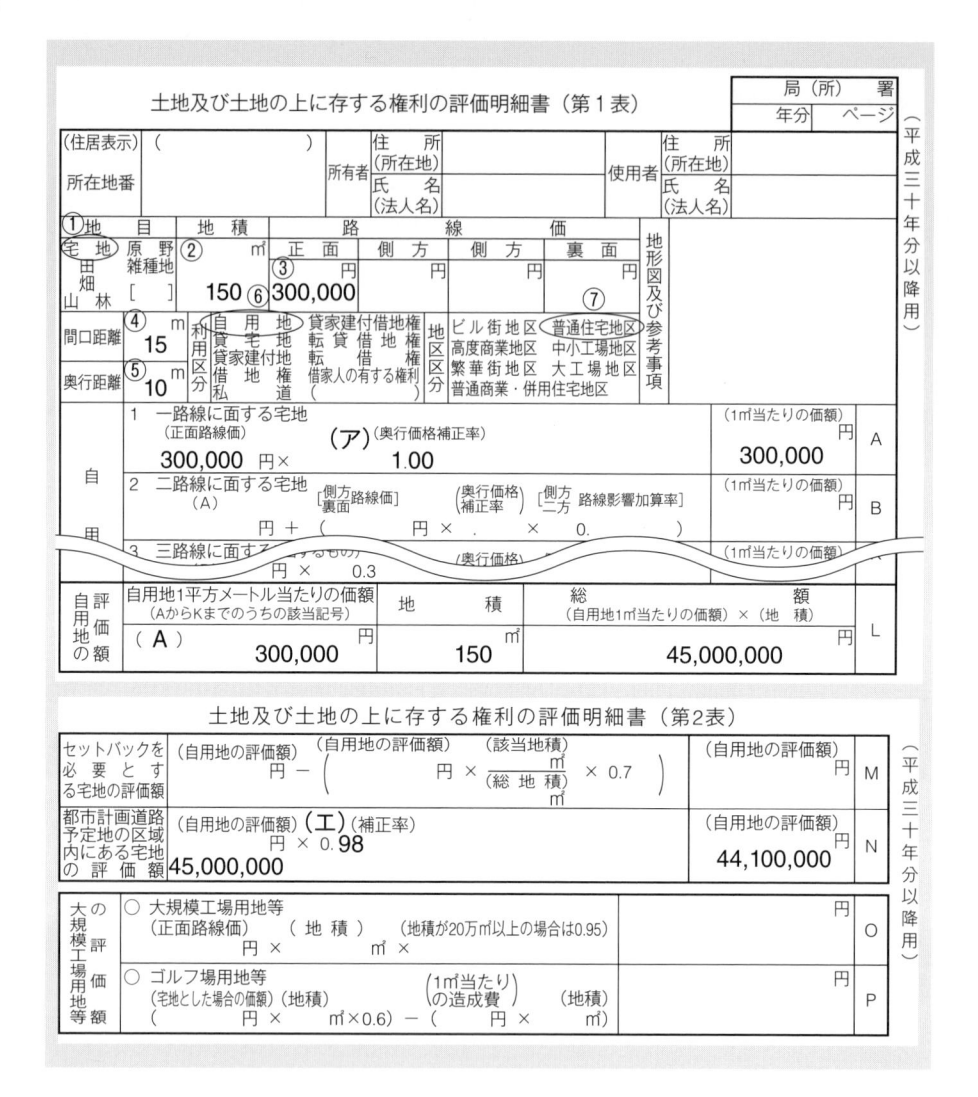

9 がけ地等を有する宅地

『がけ』とは『崖』のことであり、がけ地を有する宅地とは、斜面を含む宅地になります。斜面をひな段式に開発・造成した造成住宅団地に見られるような擁壁で保護された傾斜地を含む宅地となります。このように土地の一部に斜面がある場合、採光、通風、眺望等においては平たん地部分への効用を増すことに寄与していますが、宅地全体としては、その斜面部分の利用価値は、通常の用途に供することができないため、その評価にあたっては減額の補正を行う必要がでてきます。

その補正が、がけ地補正率というものです。がけ地補正率を決定するには2つの要素があります。その土地全体に占めるがけ地の割合とがけ地の方位です。土地全体に占めるがけ地の割合は大きくなるほど不便さが増しますので評価は低くなります。がけ地の方位とは、東西南北の方角のことですが、この斜面の向いている方位によって補正率が異なります。補正率は評価通達20-5（がけ地等を有する宅地）において、評価通達に定められており、南・東・西・北の順となっています。

「がけ地の補正率表」は第10章［参考資料］8を参照してください。

〈参考〉ひな段式の造成住宅団地

例えば、がけ地が北東方向を向いている場合は、{（がけ地等の割合の北方向の補正率）＋（がけ地等の割合の東方向の補正率）}÷2＝（北東方向のがけ地補正率）となります。

また、がけ地が北北西方向を向いている場合は、{（がけ地等の割合の北方向の補正率）×3＋（がけ地等の割合の西方向の補正率）}÷4＝（北北西方向のがけ地等の補正率）となりますが、この場合は「北」のみの方位によることとしても差し支えないとされています。

事例 CASE BOOK　がけ地等を有する宅地の場合

① 　地目は、宅地
② 　地積は、300㎡
③ 　正面の路線価は、200,000円
④ 　間口は、15m
⑤ 　奥行は、20m
⑥ 　利用区分は、自用地
⑦ 　地区区分は、普通住宅地区

各種補正率

（ア）　正面の奥行価格補正率…奥行20mで普通住宅地区の場合、1.00

（イ）　間口狭小補正率…間口15mで普通住宅地区の場合、1.00

（ウ）　奥行長大補正率…奥行率は2未満（20m÷15m）であり、1.00

（エ）　がけ地補正率…がけ地の割合0.25 {75m²÷(225m²+75m²)}、東方位のため、0.91

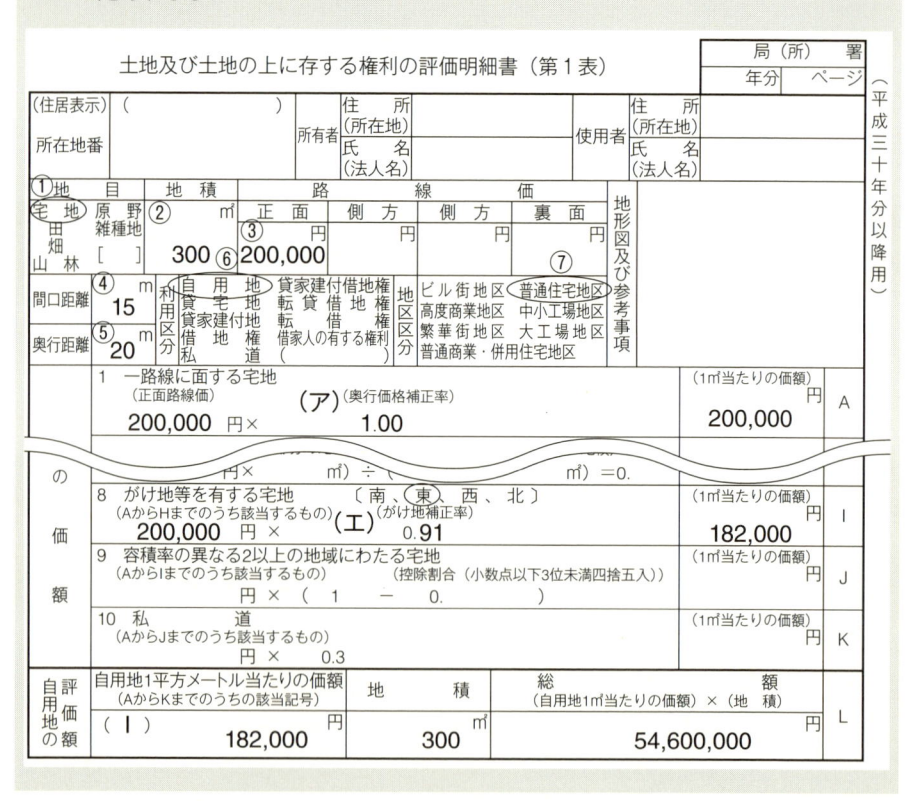

土地及び土地の上に存する権利の評価明細書（第1表）

	局（所）	署
	年分	ページ

（平成三十年分以降用）

（住居表示）（　　　　　　）	所有者	住　所（所在地）		使用者	住　所（所在地）	
所在地番		氏　名（法人名）			氏　名（法人名）	

①地　　目	地　積	路　　　　線　　　　価				地形図及び参考事項
宅地　原野　雑種地　田　畑　山林　[ ]	② ㎡ ③ 300 ⑥	正面 ③ 円 200,000	側方 円	側方 円	裏面 ⑦ 円	

間口距離 ④ 15 m	利用区分	自用地　貸家建付借地権　ビル街地区　普通住宅地区 高度商業地区　中小工場地区 繁華街地区　大工場地区 普通商業・併用住宅地区	地区区分	
奥行距離 ⑤ 20 m		貸宅地　転貸借地権 貸家建付地　転借権 借地権　借家人の有する権利 私道		

1　一路線に面する宅地 （正面路線価） 200,000 円× **（ア）**（奥行価格補正率） 1.00	（1㎡当たりの価額） 円 200,000	A

8　がけ地等を有する宅地 〔南、東、西、北〕 （AからHまでのうち該当するもの）**（エ）**（がけ地補正率） 200,000 円 × 0.91	（1㎡当たりの価額） 円 182,000	I
9　容積率の異なる2以上の地域にわたる宅地 （AからIまでのうち該当するもの） （控除割合（小数点以下3位未満四捨五入）） 円 × （ 1 － 0. ）	（1㎡当たりの価額） 円	J
10　私　道 （AからJまでのうち該当するもの） 円 × 0.3	（1㎡当たりの価額） 円	K

自評用価地額	自用地1平方メートル当たりの価額 （AからKまでのうちの該当記号） （ I ） 182,000 円	地　積 300 ㎡	総　　　　　　　額 （自用地1㎡当たりの価額）×（地　積） 54,600,000 円	L

🔟 容積率が異なる2以上の地域にわたる宅地

　路線価は、宅地の面する路線ごとに付されており、通常の場合、面的な広がりをもって指定される各地域における容積率を反映しているものとされています。容積率は、建築基準法が地域全体の環境を守るために、建築基準法第52条第1項に規定されており、建物の建築可能な範囲の最高限度を規制するもののため、道路の幅員等と同様に土地の価額に影響を与えるものとされております。

　1街区のうち表道路に接する地域と裏道路に面する地域とで容積率が異なる場合など、1画地の宅地が両方の容積率の地域にわたるときは、表道路に面する地域の容積率を反映している路線価を基に評価するため、裏道路に面する地域の容積率が反映されないことになりますので、この差異を適正に評価に反映させるため評価通達20-7容積率（建築基準法第52条に規定する建築物の延べ面積の敷地面積に対する割合をいう。以下同じ。）の異なる2以上の地域にわたる宅地の価額は、評価通達15（（奥行価格補正））から前項までの定めにより評価した価額から、その価額に次の算式により計算した割合を乗じて計算した金額を控除した価額によって評価する。この場合において適用する「容積率が価額に及ぼす影響度」は、評価通達14-2（（地区））に定める地区に応じて下表のとおりとすると規定されています。

$$\left[1 - \frac{\text{容積率の異なる部分の各部分に適用される容積率}}{\text{正面路線に接する}} \times \frac{\text{宅地の}}{\text{総地積}} \right] \times \begin{array}{l}\text{容積率が価額に}\\\text{及ぼす影響度}\end{array}$$

○　容積率が価額に及ぼす影響度

地区区分	影響度
高度商業地区、繁華街地区	0.8
普通商業・併用住宅地区	0.5
普通住宅地区	0.1

（注）

1　上記算式により計算した割合は、小数点以下第3位未満を四捨五入して求める。

2　正面路線に接する部分の容積率が他の部分の容積率よりも低い宅地のように、この算式により計算した割合が負数となるときは適用しない。

3　2以上の路線に接する宅地について正面路線の路線価に奥行価格補正率を乗じて計算した価額からその価額に上記算式により計算した割合を乗じて計算した金額を控除した価額

が、正面路線以外の路線の路線価に奥行価格補正率を乗じて計算した価額を下回る場合におけるその宅地の価額は、それらのうち最も高い価額となる路線を正面路線とみなして評価通達15（（奥行価格補正））から前項までの定めにより計算した価額によって評価する。なお、評価通達15（（奥行価格補正））から前項までの定めの適用については、正面路線とみなした路線の評価通達14-2（（地区））に定める地区区分によることに留意する。

この取扱いにおいて適用する容積率も都市計画道路予定地の区域内にある宅地の場合と同様に、「指定容積率」と「基準容積率」のいずれか低い方となります。

容積率が異なる2以上の地域にわたる宅地として評価しない場合についても、国税庁ホームページ・質疑応答事例（容積率の異なる以上の地域にわたる宅地の評価（2））に説明があります。

（1）容積率が異なる2以上の地域にわたる宅地として評価しない場合

国税庁ホームページ・質疑応答事例

1　1画地の宅地の正面路線に接する部分の容積率が2以上であるが、その正面路線に接する部分の容積率と異なる容積率の部分がない場合には、評価通達20-7による容積率の格差による減額調整を行いません。

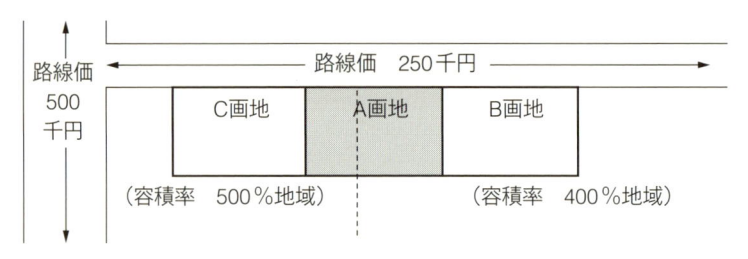

2　1画地の宅地が2以上の路線に面する場合において、正面路線の路線価に奥行価格補正率を乗じて求めた価額について容積率の格差による減額調整を行った価額が、正面路線以外の各路線の路線価に奥行価格補正率を乗じて求めた価額のいずれかを下回る場合には、容積率の格差による減額調整を適用せず、正面路線以外の路線の路線価について、それぞれ奥行価格補正率を乗じて計算した価額のうち最も高い価額となる路線を当該画地の正面路線とみなして、評価通達15（奥行価格補正）から20-5（がけ地等を有する宅地の評価）までの定めにより計算した価額によって評価します。

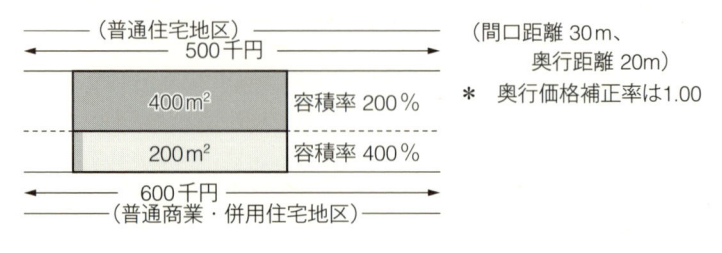

▽　容積率の格差に基づく減額率

$$\left(1-\frac{400\%+200\,\mathrm{m}^2+200\%\times400\,\mathrm{m}^2}{400\%\times600\,\mathrm{m}^2}\times0.5=0.167\right)$$

（1）正面路線の路線価に奥行価格補正率を乗じて求めた価額に容積率の格差による減額調整を行った価額

　　600,000円×1.00－（600,000円×1.00×0.167）＝499,800円

（2）裏面路線の路線価に奥行価格補正率を乗じて求めた価額

　　500,000円×1.00＝500,000円

（3）（1）＜（2）となるので、容積率の格差による減額調整の適用はなく、裏面路線を正面路線とみなして、当該画地の評価額を求めます。

　　　なお、この場合、宅地の価額は最も高い効用を有する路線から影響を強く受けることから、正面路線とみなされた路線（裏面路線）の路線価の地区区分に応じた補正率を適用することになります。

（2）容積率が異なる3つの地域にわたる宅地として評価

国税庁ホームページ・質疑応答事例

1　その宅地の正面路線に接する部分の容積率が2以上である場合で、その正面路線に接する部分の容積率と異なる容積率の部分がある場合には、異なる容積率の部分との違いによる減額調整を行います。

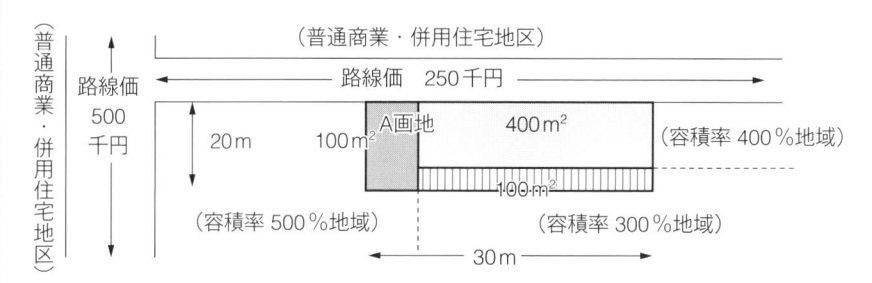

（注）　この場合の調整計算に当たっては、容積率500％地域は容積率400％地域と一体であるものとして取扱い、容積率400％地域と容積率300％地域との格差の調整計算とします。

　　　容積率の格差に基づく減額率

$$\left(1-\frac{400\%+500\,\mathrm{m}^2+300\%\times100\,\mathrm{m}^2}{400\%\times600\,\mathrm{m}^2}\right)\times0.5=0.021$$
　　　　　　　　　　　　　　　　　（小数点3位未満は四捨五入）

　　　減額調整後の価額

　　　　　　　　　奥行価格　　　　　　　　　　奥行価格
　　　正面路線価　補正率　　　正面路線価　　補正率　　減額率
　　　250,000円×　1.00　－（250,000円×　1.00　×0.021）＝244,750円

事例 CASE BOOK **容積率が異なる2以上の地域にわたる宅地の場合**

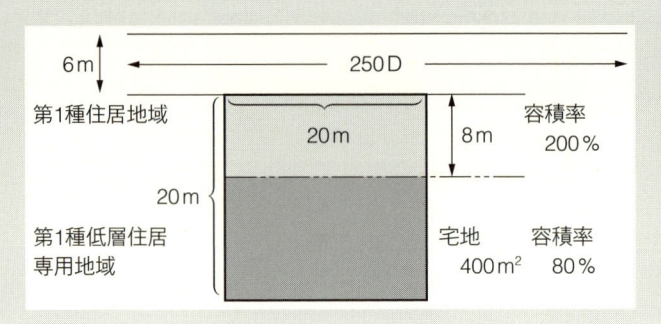

① 地目は、宅地

② 地積は、400m²

③ 正面の路線価は、250,000円

④ 間口は、20m

⑤ 奥行は、20m

⑥ 利用区分は、自用地

⑦ 地区区分は、普通住宅地区

各種補正率

（ア） 奥行価格補正率…奥行20mで普通住宅地区の場合、1.00

（イ） 間口狭小補正率…間口20mで普通住宅地区の場合、1.00

（ウ） 奥行長大補正率…奥行率は2未満（20m÷20m）であり、1.00

（エ） 容積率が異なるための補正率…普通住宅地区、0.036

　　・第1種住居地域の部分

　　基準容積率　6m×4/10容積＝24/10＞指定容積率20/10

　　・第1種低層住居専用地域の部分

　　基準容積率　6m×4/10容積＝24/10＞指定容積率8/10

　　{1−(200％×160m²+80％×240m²)÷(200％×400m²)}×0.1＝

　　0.036

土地及び土地の上に存する権利の評価明細書（第1表）						局（所）　署	
						年分　ページ	

（平成三十年分以降用）

(住居表示)	(　　　　　)	所有者	住　所（所在地）		使用者	住　所（所在地）	
所在地番			氏　名（法人名）			氏　名（法人名）	

① 地　目	地　積	路　　線　　価				地形図及び参考事項
宅 地　原 野　田　雑種地　畑　[　　]　山　林	② ㎡　400 ⑥	正面　③ 円　250,000	側方　円	側方　円	裏面　⑦ 円	

間口距離　④ m　20	利用区分	自 用 地　貸家建付借地権　貸 宅 地　転貸借地権　貸家建付地　転 借 権　借 地 権　借家人の有する権利　私 道	地区区分	ビル街地区　高度商業地区　繁華街地区　普通商業・併用住宅地区　普通住宅地区　中小工場地区　大工場地区
奥行距離　⑤ m　20				

							(1㎡当たりの価額) 円	
自　用　価　額	1　一路線に面する宅地 （正面路線価） 250,000 円 ×		（ア）（奥行価格補正率） 1.00				250,000	A
	2　二路線に面する宅地 （A） 円 ＋	［側方路線価 裏面］ (	［奥行価格 補正率］ 円 ×	［側方 二方］ ×	路線影響加算率 0.	)	(1㎡当たりの価額) 円	B
	3　三路線に面する宅地 （B） 円 ×		［奥行価格 補正率］				(1㎡当たりの価額)	
	9　容積率の異なる2以上の地域にわたる宅地 （AからIまでのうち該当するもの） 250,000 円 × (		（エ）（控除割合（小数点以下3位未満四捨五入）） 1 － 0.036		)		(1㎡当たりの価額) 円 241,000	J
	10　私　　道 （AからJまでのうち該当するもの） 円 × 0.3						(1㎡当たりの価額) 円	K

自用地の評価額	自用地1平方メートル当たりの価額 （AからKまでのうちの該当記号） （ J ） 円 241,000	地　積 ㎡ 400	総　　　　　額 （自用地1㎡当たりの価額）×（地　積） 円 96,400,000	L

🔟 私道の用に供されている宅地

　私道には、公共の用に供するもの、例えば、通抜け道路のように不特定多数の者の通行の用に供されている場合と、専ら特定の者の通行の用に供するもの、例えば、袋小路のような場合があります。

　私道のうち、不特定多数の者の通行の用に供されているときは、その私道の価額は評価しないことになっています。特定の者の通行の用に供されている場合には、その宅地が私道でないものとして路線価方式によって評価した価額の30％相当額で評価します（評価通達24）。

　なお、専用利用している路地状敷地については、私道に含めず、隣接する宅地とともに1画地として評価します。

　また、その私道に設定された特定路線価を基に評価（特定路線価×0.3）しても差し支えないとされています。

事例 私道の用に供されている宅地の場合
CASE BOOK

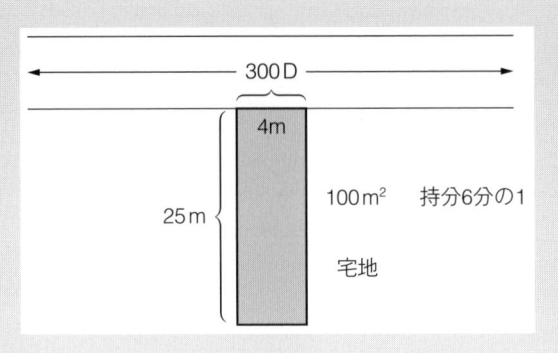

① 地目は、宅地

② 地積は、100㎡　持分6分の1

③ 正面の路線価は、300,000円

④ 間口は、4m

⑤ 奥行は、25m

⑥ 利用区分は、私道

⑦ 地区区分は、普通住宅地区

各種補正率

（ア）　奥行価格補正率…奥行25mで普通住宅地区の場合、0.97

（イ）　間口狭小補正率…間口4mで普通住宅地区の場合、0.94

（ウ）　奥行長大補正率…奥行率は6.25（25m÷4m）であり、普通住宅地区の場合、0.90

（エ）　私道評価…補正率0.3

土地及び土地の上に存する権利の評価明細書（第1表）

局（所）　署	
年分	ページ

（住居表示）	（　　　　）		所有者	住　所 （所在地）			使用者	住　所 （所在地）		
所在地番				氏　名 （法人名）				氏　名 （法人名）		

①地　目	地　積	路　　　線　　　価				地	⑦

①地　目	②	地　積　㎡	③ 正　面 円	側　方 円	側　方 円	裏　面 円	地形図及び
宅　地 田 畑 山　林	原野 雑種地 [　　]	100	300,000			⑦	参考事項

間口距離　④　m　4

利
用
区
分　⑤　自　用　地　／　貸家建付借地権
貸　宅　地　／　転　貸　借　地　権
貸家建付地　／　転　　借　　権
借　地　権　／　借家人の有する権利

奥行距離　⑥　25　m

⑤　（私　道）

地区区分：ビル街地区　高度商業地区　繁華街地区　普通商業・併用住宅地区　（普通住宅地区）　中小工場地区　大工場地区

自用地1平方メートル当たりの価額					
1 一路線に面する宅地 （正面路線価） 300,000 円×	**(ア)**（奥行価格補正率） 0.97			（1㎡当たりの価額）円 291,000	A
2 二路線に面する宅地 （A） 　　円＋ （	側方路線価 （裏面） 円×	奥行価格 補正率 .　×	側方 二方 0.	路線影響加算率 　　　　）	（1㎡当たりの価額）円 B
3 三路線に面する宅地 （B） 　　円＋ （	側方路線価 （裏面） 円×	奥行価格 補正率 .　×	側方 二方 0.	路線影響加算率 　　　　）	（1㎡当たりの価額）円 C
4 四路線に面する宅地 （C） 　　円＋ （	側方路線価 （裏面） 円×	奥行価格 補正率 .　×	側方 二方 0.	路線影響加算率 　　　　）	（1㎡当たりの価額）円 D
5-1 間口が狭小な宅地等 （AからDまでのうち該当するもの） 291,000 円× （	**(イ)**（間口狭小 補正率） 0.94	**(ウ)**奥行長大 補正率 × 0.90 ）		（1㎡当たりの価額）円 246,186	E
5-2 不整形地 （AからDまで… 円× （　1　−　…補正率※…				（1㎡当たりの価額）… …不同比率…

10 私　　道 （AからJまでのうち該当するもの）**(エ)** 246,186 円× 0.3	（1㎡当たりの価額）円 73,855	K

自用地評価の額	自用地1平方メートル当たりの価額 （AからKまでのうちの該当記号） （ K ）　　73,855 円	地　積 ② 100×1/6 ㎡	総　　　　　　　額 （自用地1㎡当たりの価額）×（地　積） 1,230,916 円	L

5 ……倍率方式

1 倍率方式

　倍率方式とは、路線価が定められていない地域（倍率地域）について、評価対象地の固定資産税評価額に国税局長の定める倍率を乗じて評価する方法です。

　固定資産税評価額は、地方税法第381条の規定により土地課税台帳若しくは土地補充課税台帳に登録された基準年度の価格又は比準価格になります（評価通達21）。したがいまして、地方税法上の各種特例によって減額された課税標準額ではなく、次の価格になります。

（イ）土地登記簿に登記されている土地については、土地課税台帳に登録されている基準年度の価格又は比準価格（地方税法第381条第1項）

（ロ）土地登記簿に登記されていない土地については、土地補充課税台帳に登録されている基準年度の価格又は比準価格（地方税法第381条第2項）

（イ）仮換地、仮使用地、保留地又は換地等については、土地補充課税台帳とみなされたものに登録されている基準年度の価格又は比準価格（地方税法第381条第8項）

事例 CASE BOOK	倍率方式で評価する宅地の場合

●宅地の固定資産税評価額　　　　　7,000,000円

財産基準書に定められている評価倍率　　　1.1倍

《評価額》

固定資産税評価額　　評価倍率　　　評価額

7,000,000円　×　1.1　＝7,700,000円

●畑の固定資産税評価額　　　　　　40,000円

財産基準書に定められている評価倍率　　　67倍

《評価額》

固定資産税評価額　　評価倍率　　　評価額

40,000円　×　67　＝2,680,000円

2 実際の面積と固定資産税課税台帳の地積が異なる場合

　課税時期において、実際の面積と固定資産税課税台帳の地積が異なる場合は、実際の面積により評価することとされています（評価通達8）。しかし、固定資産税評価額は縄延び等があっても登記簿上の地積を基に算定することになっています。したがいまして、評価対象地の実際の面積と固定資産税課税台帳の地積が異なる場合、固定資産税評価額に倍率を乗じて計算したのでは、適正な評価額を算定したとはいえません。

　このため、このような場合には、実際の面積に対応する仮の固定資産税評価額を算出し、その額に倍率を乗じて評価額を計算することになります。

| 事例 CASE BOOK | 実際の面積と固定資産税課税台帳の地積が異なる場合 |

宅地の固定資産税評価額　　　　　　7,000,000円
土地課税台帳の地積　　　　　　　　350m²
実際の面積　　　　　　　　　　　　420m²
財産基準書に定められている評価倍率　1.1倍

《仮の固定資産税評価額》

固定資産税評価額　　実際の面積に応ずる補正　　仮の固定資産税評価額
　7,000,000円　×　（420m²÷350m²）　＝　　8,400,000円

《評価額》

仮の固定資産税評価額　　評価倍率　　　　評価額
　8,400,000円　　×　　1.1　＝ 9,240,000円

3 固定資産税評価額が付されていない場合

　課税時期において、倍率方式により評価する土地に固定資産税評価額が付されていない場合や地目の変更等により現況に応じた固定資産税評価額が付されていない場合には、評価対象地の現況に応じ、状況が類似する付近の土地の固定資産税評価額を基とし、付近の土地との位置、形状等の条件の差を考慮して、その土地の固定資産税評価額に相当する額を算出し、その額に倍率を乗じて評価することになります。

　ただし、相続税等の申告書を提出する時までに、その土地に新たに固定資産税評価額が付された場合には、その付された評価額を基に評価することになります。

4 倍率地域の不整形等の個別事情の斟酌を要する場合

　路線価を用いて評価を行う場合には、評価対象地が不整形地であったり、無道路地である場合には、その個別的事情を斟酌して評価額の補正を行います。しかし、評価対象地の固定資産税評価額に一定の倍率を乗じて評価を行う倍率方式の場合には、個別的事情の斟酌による補正は、固定資産税評価額がその事情を斟酌して定められているので、原則として、行いません。

　ただし、倍率地域にある土地で、地目は山林となっているが、現況は雑種地といった場合は、状況が類似する付近の土地についてこの通達の定めるところにより評価した1m²当たりの価額を基とし、その土地とその雑種地との位置、形状等の条件の差を考慮して評定した価額に、その雑種地の地積を乗じて計算した金額によって評価する

とされています（評価通達82）。

　したがいまして、1m²当たりの近傍宅地の価額をもとに評価しますが、この近傍宅地の価額は、標準的な形を想定していますので、標準的な土地でなければ、奥行価格補正率や不整形地補正率等が使える場合があります。ただし、その場合の補正率は、普通住宅地域のものを使うことになります。

　また、地積規模の大きな宅地の評価（評価通達20-2）の要件に該当するような土地については、規模格差補正もできる場合があります。

6 ……大規模工場用地の評価

　大規模工場用地とは、工場、研究開発施設等の敷地の用に供されている宅地及びこれらの宅地に隣接する駐車場、福利厚生施設等の用に供されている一団の工場用地の地積が50,000m²以上のものをいいます（評価通達22-2）。

　ただし、路線価地域においては、地区の区分（評価通達14-2）の定めにより大工場地区として定められた地域に所在するものに限ります。

　なお、その土地が、不特定多数の者の通行の用に供されている道路、河川等により物理的に分離されている場合には、その分離されている一団の工場用地ごとに評価することとされています（評価通達22-2注書き）。

　路線価地域に所在する大規模工場用地の価額は、正面路線の路線価にその大規模工場用地の地積を乗じて計算した価額によって評価することとされていますが、路線価地域の大工場地区にある50,000m²未満の工場用地の場合は、通常の評価をすることになります。

　倍率地域に所在する大規模工場用地の価額は、その大規模工場用地の固定資産税評価額に倍率を乗じて計算した金額によって評価することとされています。

　また、大規模工場用地の評価において、その地積が200,000m²以上の場合は、路線価地域に所在する大規模工場用地の価額又は倍率地域に所在する大規模工場用地の価額の100分の95に相当する価額によって評価することとされています。

事例 CASE BOOK **大規模工場用地が路線価地域にある場合**

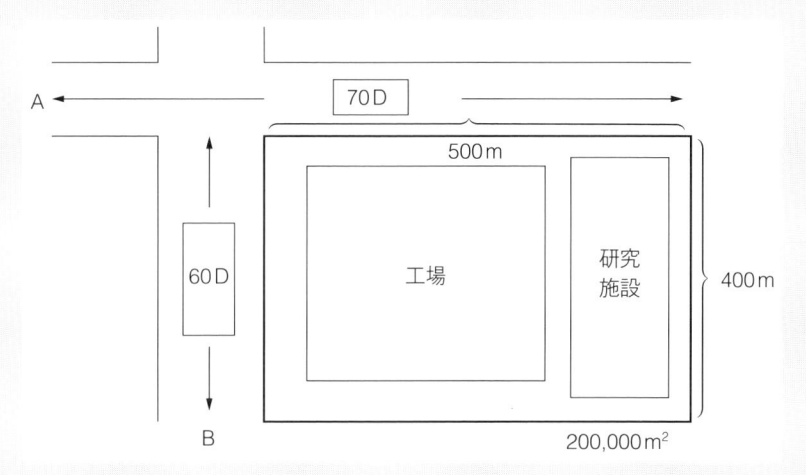

① 地目は、宅地

② 地積は、200,000m²

③ 正面の路線価は、70,000円

④ 利用区分は、自用地

⑤ 地区区分は、大工場地区

各種補正率

（ア）　200,000m²以上の大規模工場用地…0.95

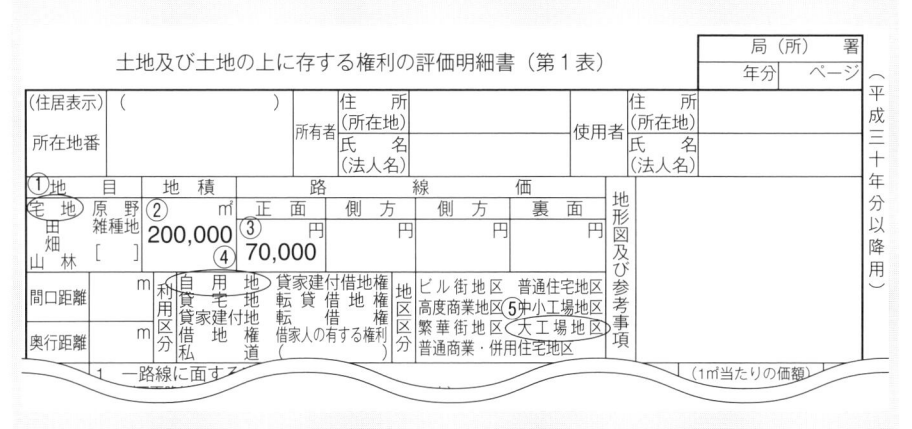

95

土地及び土地の上に存する権利の評価明細書（第2表）

セットバックを必要とする宅地の評価額	（自用地の評価額）　　（自用地の評価額）　　　　（該当地積） 　　　　円 － （　　　　　円 × $\frac{\text{㎡}}{\text{（総地積）}\text{㎡}}$ × 0.7 ）	（自用地の評価額） 　　　　　　　　円	M
都市計画道路予定地の区域内にある宅地の評価額	（自用地の評価額）　　　（補正率） 　　　　円 × 0.	（自用地の評価額） 　　　　　　　　円	N
大規模工場用地等の評価額	○ 大規模工場用地等　　　　　　（ア） 　　（正面路線価）　　（地積）　　（地積が20万㎡以上の場合は0.95） 　　70,000 円 ×200,000㎡ ×　　0.95	円 13,300,000,000	O
	○ ゴルフ場用地等　　　　　　　　　（1㎡当たり） 　　（宅地とした場合の価額）（地積）　の造成費　　（地積） 　　（　　　円 ×　　㎡×0.6） － （　　　円 ×　　㎡）	円	P

（平成三十年分以降用）

事例
CASE BOOK **大規模工場用地が倍率地域にある場合**

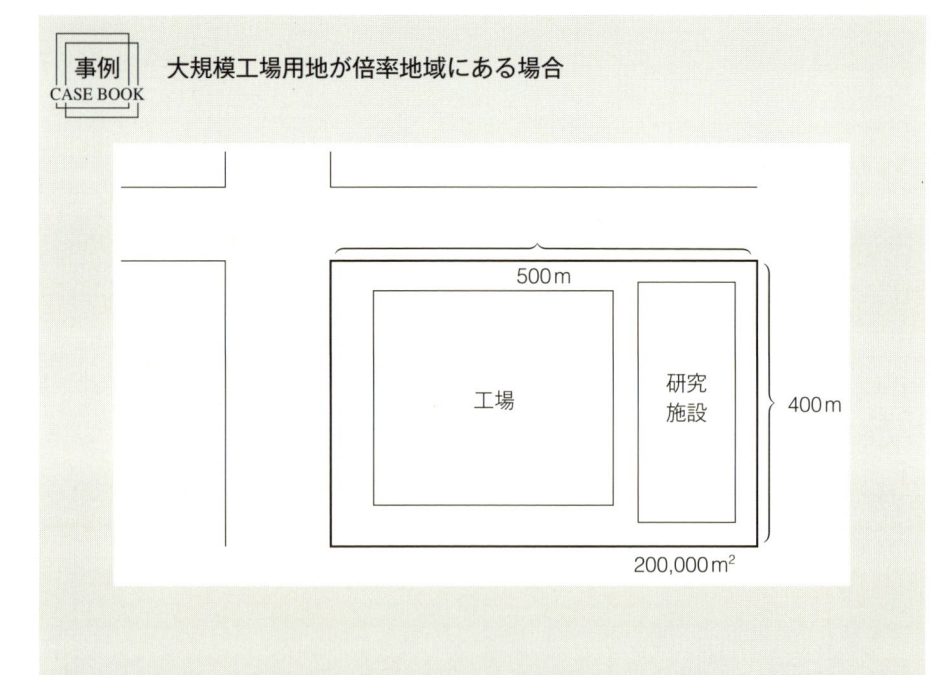

96

① 茨城県石岡市に所在

茨城県　財産評価基準書
評価倍率表（大規模工場用地用）

令和元年分
（茨城県）

　次表に掲げる倍率は、評価通達22（大規模工場用地の評価）の(2)の定めにより大規模工場用地を評価する場合に使用するものです。
　なお、複数の市区町村等にまたがって所在する大規模工場用地等の倍率については、その工場等の事務所、事業所等の所在地に掲載しています。

所　在　地　等				固定資産税評価額に乗ずる倍率	借地権割合
音順	市区町村名	町（丁目）又は大字名	工　場　名　等		
あ	阿見町	阿見、中央8丁目	大規模工場用地	倍 1.1	％ 40
		香澄の里、福田、星の里、吉原	大規模工場用地	1.2	40
い	石岡市	全域	大規模工場用地	1.2	40

② 　地目は、宅地

③ 　地積は、200,000 m^2

④ 　固定資産税評価額は、6,000,000,000円

⑤ 　倍率は、1.2倍

各種補正率

（イ）　200,000 m^2 以上の大規模工場用地…0.95

《評価額》

　固定資産税評価額　　評価倍率　　補正率
6,000,000,000円 ×　　1.2　 × 0.95 ＝ 6,840,000,000円

第**5**章

宅地の上に存する権利の評価

1 ……借地権

■1 借地権

借地権とは、借地借家法第2条《定義》に規定する借地権をいい、下記2■1の定期借地権等に該当するものを除きます。

■2 借地権の評価

借地権の価額は、その借地権の目的となっている宅地の自用地としての価額に、その価額に対する借地権の売買実例価額、精通者意見価格、地代の額等を基として評定した借地権の価額の割合（以下「借地権割合」といいます。）がおおむね同一と認められる地域ごとに国税局長の定める割合を乗じて計算した金額によって評価します。ただし、借地権の設定に際しその設定の対価として通常権利金その他の一時金を支払うなど借地権の取引慣行があると認められる地域以外の地域にある借地権の価額は評価しません（評価通達27）。

※ 相当の地代（注1）を支払っている場合等の借地権については、第10章［参考資料］10の通達「相当の地代を支払っている場合等の借地権等についての相続税及び贈与税の取扱いについて」に基づいて、次のイないしニにより評価することとなります。

イ 相当の地代が支払われている場合……借地権の価額は、零円（底地の価額は、自用地の価額の80％）

ロ 実際に支払われている地代が、通常の地代を超え相当の地代に満たない場合……借地権の価額は、下記の算式（注2）により算出した価額（底地の価額は、自用地の価額から下記の算式（注2）により算出した価額を控除した価額：自用地の価額の80％を限度とします。）

ハ 通常の地代が支払われている場合……借地権の価額は、上記■2により算出した価額（底地の価額は、自用地の価額から上記■2により算出した価額を控除した価額）

ニ 法人との間で「無償返還に関する届出書」が提出されている場合……借地権の価額は、零円（底地の価額は、自用地の価額の80％。ただし、使用貸借の場合は100％）

（注1） 相当の地代とは、年の地代が自用地の価額の過去3年間の平均額の6％となる地代をいいます。

（注2） 算式（算式中の相当の地代の年額は、自用地の価額の過去3年間の平均額の6％）

$$上記■2により算出した価額 \times \left[1 - \frac{実際の地代の年額 - 通常地代の年額}{相当の地代の年額 - 通常地代の年額} \right]$$

事例 借地権の評価

① 評価対象地の自用地の価額　　58,800,000円

② 評価対象地の借地権割合　　70%

土地及び土地の上に存する権利の評価明細書（第1表）

局（所）	署
年分	ページ

（平成三十年分以降用）

（住居表示）（　　　　　）	所有者	住　所（所在地）		使用者	住　所（所在地）	
所在地番		氏　名（法人名）			氏　名（法人名）	

地　目	地　積	路　　線　　価				地形図及び参考事項
⦅宅地⦆原野 田 雑種地 畑 [　] 山 林	㎡ 200.00	正面 300,000 円	側方 円	側方 円	裏面 円	

間口距離 10.00 m	利用区分	自用地 貸宅地 貸家建付地 ⦅借地権⦆ 私道	貸家建付借地権 転貸借地権 転借権 借家人の有する権利	地区区分	ビル街地区　⦅普通住宅地区⦆ 高度商業地区　中小工場地区 繁華街地区　大工場地区 普通商業・併用住宅地区
奥行距離 20.00 m					

					(1㎡当たりの価額)円	
自用地1平方メートル当たりの価額	1 一路線に面する宅地 （正面路線価）　　（奥行価格補正率） 300,000 円 × 1.00				300,000	A
	2 二路線に面する宅地 （A） [側方 裏面]路線価 （奥行価格補正率）[側方 二方]路線影響加算率 円 ＋ （ 円 × . × 0. ）				(1㎡当たりの価額)円	B
	3 三路線に面する宅地 （B） [側方 裏面]路線価 （奥行価格補正率）[側方 二方]路線影響加算率 円 ＋ （ 円 × . × 0. ）				(1㎡当たりの価額)円	C
	4 四路線に面する宅地 （C） [側方 裏面]路線価 （奥行価格補正率）[側方 二方]路線影響加算率 円 ＋ （ 円 × . × 0. ）				(1㎡当たりの価額)円	D
	5-1 間口が狭小な宅地等 （AからDまでのうち該当するもの） （間口狭小補正率）（奥行長大補正率） 300,000 円 × （ 1.00 × 0.98 ）				(1㎡当たりの価額)円 294,000	E
	5-2 不整形地（AからDまでのうち該当するもの） 不整形地補正率※ 円 × 0.3				(1㎡当たりの価額)円	K

自用地の評価額	自用地1平方メートル当たりの価額 （AからKまでのうちの該当記号） （E） 294,000 円	地　積 200.00 ㎡	総　　額 （自用地1㎡当たりの価額）×（地積） 58,800,000 円	L

土地及び土地の上に存する権利の評価明細書（第2表）

セットバックを必要とする宅地の評価額	（自用地の評価額）　（自用地の評価額）　　（該当地積） 円 － (円 × $\frac{㎡}{（総地積）}$ × 0.7)			（自用地の評価額） 円	M
〜都市計画道路〜区域	（自用地の評価額）〜〜 円 ×〜〜 ㎡			（自用地の評価額）	
額　計　算	〜目て的いとる土な地つ権の	（自用地の評価額）　　　（　　割合） 円 ×（1－ 0.　　）			円	S
	借地権	（自用地の評価額）　　（借地権割合） 58,800,000 円 × 0.70		41,160,000	円	T
	貸借家地建権付	（T,AAのうちの該当記号）　（借家権割合）（賃貸割合） （　　　） 円 ×（1－ 0.　×$\frac{㎡}{㎡}$）			円	U
	〜転貸〜	（T,AAのうちの該当記号）〜〜	（借地権割合）		円	

【参考】

　借地権の及ぶ範囲については、必ずしも建物敷地に限られるものではなく、一律に借地権の及ぶ範囲を定めることは実情に沿いません。借地権の及ぶ範囲は、借地契約の内容、例えば、権利金や地代の算定根拠、土地利用の制限等に基づいて判定することが合理的であると考えられます。

　なお、建物の敷地と駐車場用地とが、不特定多数の者の通行の用に供されている道路等により物理的に分離されている場合には、それぞれの土地に存する権利を別個に判定することとなります（国税庁ホームページ・質疑応答事例（借地権の及ぶ範囲））。

2 ……定期借地権等

■ 定期借地権等

　定期借地権等とは、借地借家法第22条《定期借地権》、第23条《事業用定期借地権等》、第24条《建物譲渡特約付借地権》及び第25条《一時使用目的の借地権》に規定する借地権をいいます。

■ 定期借地権等の評価

　定期借地権等の価額は、原則として、課税時期において借地権者に帰属する経済的

利益及びその存続期間を基として評定した価額によって評価します。

　ただし、課税上弊害がない限り、その定期借地権等の目的となっている宅地の課税時期における自用地としての価額に、次の算式により計算した数値を乗じて計算した金額によって評価します（評価通達27–2）。

$$\frac{\text{定期借地権等の設定時における借地権者に帰属する経済的利益の総額}}{\text{定期借地権等の設定時における宅地の通常の取引価額}} \times \frac{\text{課税時期におけるその定期借地権等の残存期間年数に応ずる基準年利率による複利年金現価率}}{\text{定期借地権等の設定期間年数に応ずる基準年利率による複利年金現価率}}$$

　なお、「定期借地権等の設定の時における借地権者に帰属する経済的利益の総額」は、次に掲げる金額の合計額となります（評価通達27–3）。

①　定期借地権等の設定に際し、借地権者から借地権設定者に対し、権利金、協力金、礼金などその名称のいかんを問わず借地契約の終了の時に返還を要しないものとされる金銭の支払い又は財産の供与がある場合

　　課税時期において支払われるべき金額又は供与すべき財産の価額に相当する金額

②　定期借地権等の設定に際し、借地権者から借地権設定者に対し、保証金、敷金などその名称のいかんを問わず借地契約の終了の時に返還を要するものとされる金銭等（以下「保証金等」といいます。）の預託があった場合において、その保証金等につき基準年利率未満の約定利率による利息の支払いがあるとき又は無利息のとき

　　次の算式により計算した金額

$$\text{保証金等の額に相当する金額} - \left[\text{保証金等の額に相当する金額} \times \text{定期借地権等の設定期間年数に応ずる基準年利率による複利現価率}\right]$$

$$- \left[\text{保証金等の額に相当する金額} \times \text{基準年利率未満の約定利率} \times \text{定期借地権等の設定期間年数に応ずる基準年利率による複利年金現価率}\right]$$

③　定期借地権等の設定に際し、実質的に贈与を受けたと認められる差額地代の額がある場合

　　次の算式により計算した金額

$$\text{差額地代の額} \times \text{定期借地権等の設定期間年数に応ずる基準年利率による複利年金現価率}$$

（注）　1　実質的に贈与を受けたと認められる差額地代の額がある場合に該当するかどうかは、個々の取引において取引の事情、取引当事者間の関係等を総合勘案して判定します。

　　　　2　「差額地代の額」とは、同種同等の他の定期借地権等における地代の額とその定

期借地権等の設定契約において定められた地代の額（上記①又は②に掲げる金額がある場合には、その金額に定期借地権等の設定期間年数に応ずる基準年利率による年賦償還率を乗じて得た額を地代の前払いに相当する金額として毎年の地代の額に加算した後の額）との差額をいいます。

事例 CASE BOOK **定期借地権等の評価**

① 権利金等の授受がある場合

イ	評価対象地の課税時期の自用地の価額	58,800,000円
ロ	権利金の価額	6,000,000円
ハ	評価対象地の設定時の自用地の価額	40,000,000円
ニ	課税時期の基準年利率	0.25%
ホ	設定期間45年に応ずる複利年金現価率	42.511
ヘ	残存期間40年に応ずる複利年金現価率	38.020

※残存期間に1年未満の端数があるときは、6か月以上は1年とし、6か月未満は切り捨てます。

② 保証金等の授受がある場合

イ	評価対象地の課税時期の自用地の価額	58,800,000円
ロ	保証金の額	20,000,000円
ハ	評価対象地の設定時の自用地の価額	40,000,000円
ニ	課税時期の基準年利率	0.25%
ホ	約定利率	なし
ヘ	設定期間45年に応ずる複利現価率	0.894
ト	設定期間45年に応ずる複利年金現価率	42.511
チ	残存期間40年に応ずる複利年金現価率	38.020

定期借地権等の評価明細書（権利金等の授受がある場合）

（平成二十年分以降用）

			設定年月日	平成25年12月13日	設定期間年数	④	設定期間に応ずる基準年利率による複利現価率	⑦	0.894
（住居表示）所在地番	（地積）200.00 ㎡ 地番		課税時期	平成30年12月13日	残存期間年数	⑤ 45年	複利年金現価率		42.511
					残存期間年数	⑧ 40年	複利年金現価率	⑥	38.020

定期借地権等の種類	一般定期借地権　事業用定期借地権等　建物譲渡特約付借地権
定期借地権等の設定時	① 自用地としての価額（1㎡当たりの価額200,000円）40,000,000円
	② 通常取引価額（通常の取引価額又は①／0.8）50,000,000円
課税時期	③ 自用地としての価額（1㎡当たりの価額294,000円）58,800,000円

（注）④及び⑤に係る設定期間年数又は⑥に係る残存期間年数について、その年数に1年未満の端数があるときは6ヶ月以上を切り上げ、6ヶ月未満を切り捨てます。

○定期借地権等の評価

経過額の計算	権利金等の金額（A）権利金等の授受がある場合	⑨ 6,000,000 円 ＝⑨		〔権利金・協力金・礼金等の名称のいかんを問わず、借地契約の終了のときに返還を要しないとされる金銭等の額の合計を記載します。〕	（権利金等の授受による経済的利益の金額）⑨ 6,000,000 円
	保証金等に相当する…⑩		敷金等の…〔権利金等の名称のいかんを問…		（保証金等の授受による…
	贈与を受けたと…⑪		〔贈与を受けたと認められる額がある場合の経済的利益の額…〕		（経済的利益の総額）⑫ 6,000,000 円

（注）⑪欄は、個々の取引の事情、当事者間の関係等から差額地代の額がある場合に記載します（計算方法は、裏面2参照。）。贈与を受けたと認められる額を総合勘案し、実質的に贈与したと認められる差額地代の額を記載します。

評価額の計算	定期借地権等の評価額 ③ 58,800,000 円 × 〔⑫ 経済的利益の総額 6,000,000 円 ／ ② 設定時の通常取引価額 50,000,000 円〕 × 〔⑥ 38.020 （⑥の複利年金現価率）／ ⑤ 42.511 （⑤の複利年金現価率）〕 ＝ ⑬ 6,310,581 円（定期借地権等の評価額）

定期借地権等の評価明細書（保証金等の授受がある場合）

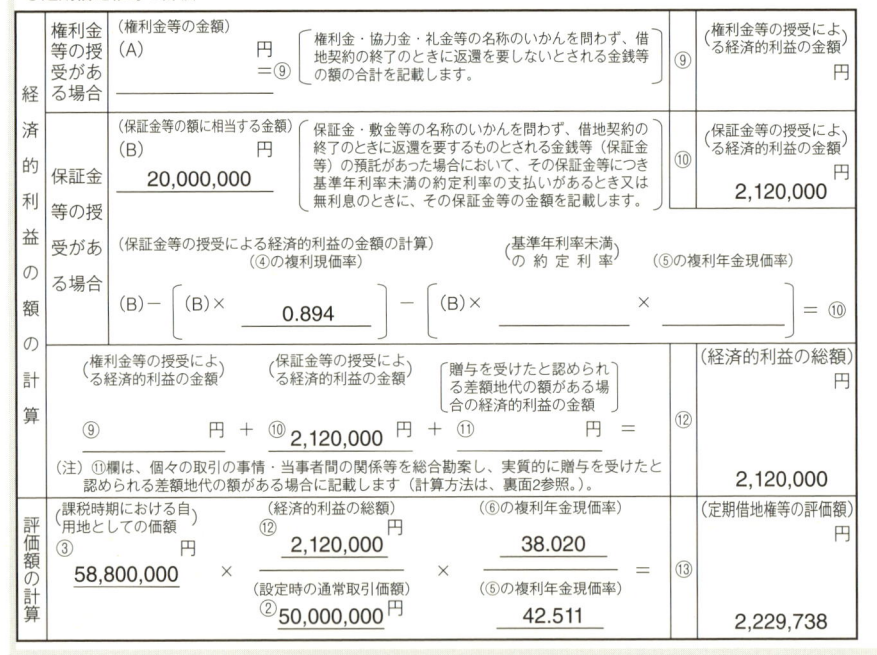

（住居表示） 所在地番		（地 積）㎡ 200.00	設定年月日	平成25年12月13日	設定期間年数	⑦ 45 年
			課 税 時 期	平成30年12月13日	残存期間年数	⑧ 40 年
定期借地権 等の種類	一般定期借地権・建物譲渡特約付借地権・ 事業用定期借地権等		設定期間年数に応ずる基準年利率による	複利現価率 ④		0.894
定期借地権等の設定時	自用地としての価額 ①	（1㎡当たりの価額200,000円） 40,000,000 円		複利年金現価率 ⑤		42.511
	通常取引額 ②	（通常の取引価額又は①／0.8） 50,000,000 円				
課税時期	自用地としての価額 ③	（1㎡当たりの価額294,000円） 58,800,000 円	残存期間年数に応ずる基準年利率による複利年金現価率 ⑥			38.020

(注) ④及び⑤に係る設定期間年数又は⑥に係る残存期間年数について、その年数に1年未満の端数があるときは6ヶ月以上を切り上げ、6ヶ月未満を切り捨てます。

○定期借地権等の評価

経済的利益の額の計算	権利金等の授受がある場合	（権利金等の金額） (A) ＝⑨ 円	権利金・協力金・礼金等の名称のいかんを問わず、借地契約の終了のときに返還を要しないとされる金銭等の額の合計を記載します。			（権利金等の授受による経済的利益の金額） ⑨ 円
	保証金等の授受がある場合	（保証金等の額に相当する金額） (B) 円 20,000,000	保証金・敷金等の名称のいかんを問わず、借地契約の終了のときに返還を要するものとされる保証金等（保証金等）の預託があった場合において、その保証金等につき基準年利率未満の約定利率の支払いがあるとき又は無利息のときに、その保証金等の金額を記載します。			（保証金等の授受による経済的利益の金額） ⑩ 円 2,120,000
		（保証金等の授受による経済的利益の金額の計算） （④の複利現価率） (B)－[(B)× 0.894]	（基準年利率未満の約定利率） （⑤の複利年金現価率） －[(B)× ___ × ___]			＝⑩
		（権利金等の授受による経済的利益の金額） ⑨ 円	（保証金等の授受による経済的利益の金額） ＋ ⑩ 円 2,120,000	（贈与を受けたと認められる差額地代の額がある場合の経済的利益の金額） ＋ ⑪ 円	＝ ⑫	（経済的利益の総額） 円 2,120,000
		(注) ⑪欄は、個々の取引の事情・当事者間の関係等を総合勘案し、実質的に贈与を受けたと認められる差額地代の額がある場合に記載します（計算方法は、裏面2参照。）。				
評価額の計算		（課税時期における自用地としての価額） ③ 円 58,800,000	×（経済的利益の総額） ⑫ 円 2,120,000 ／（設定時の通常取引価額） ② 円 50,000,000	×（⑥の複利年金現価率） 38.020 ／（⑤の複利年金現価率） 42.511	＝ ⑬	（定期借地権等の評価額） 円 2,229,738

【参 考】

　一般定期借地権の目的となっている宅地の評価については、「一般定期借地権の目的となっている宅地の評価に関する取扱いについて」の個別通達（平成10年8月25日、課評2−8、課資1−13、以下「個別通達」といいます。）があります（第10章［参考資料］15を参照してください）。

なお、同通達に関して、①一般定期借地権の目的となっている宅地の評価－簡便法(1)及び②一般定期借地権の目的となっている宅地の評価－簡便法(2)の国税庁ホームページ・質疑応答事例があります。

① 個別通達における一般定期借地権の目的となっている宅地の評価方法は、財産評価基本通達27-2の原則的評価に代えて適用することとしたものですが、納税者の便宜を考慮して定めたものであり、評価の安全性にも配慮しているので、個別通達に定める底地割合の適用は、評価通達27-2（定期借地権等の評価）の原則的評価方法といずれか有利な方を選択することはできません。

例えば、普通借地権割合のE（借地権割合50％）地域にある定期借地権の目的となっている宅地（底地）について、実際の保証金等の割合が2割であっても、その底地については80％をベースとして評価することはできず、65％をベース（底地割合）として評価することになります。

なお、これは、物納申請を行う場合にも同様です。

② 個別通達の「課税上弊害がある」ものとされている親族等の範囲は、具体的には次のとおりです。

通達該当番号	範　　囲
(1)	「親族」～民法第725条参照 1　6親等内の血族 2　配偶者 3　3親等内の姻族
(2)	1　借地権設定者と婚姻の届出をしていないが事実上婚姻関係と同様の事情にある者 2　1の親族でその者と生計を一にしているもの
(3)	1　借地権設定者の使用人 2　使用人以外の者で借地権設定者から受ける金銭その他の財産によって生計を維持しているもの 3　1又は2の親族でその者と生計を一にしているもの
(4)	借地権設定者が会社役員となっている場合の当該会社。この場合の会社役員とは、次の1又は2の者をいう。 1　法人の取締役、執行役、会計参与、監査役、理事、監事及び清算人 2　1以外の者で法人の経営に従事している者のうち、次に掲げる者（法令7） 　イ　法人の使用人以外の者でその法人の経営に従事しているもの（法基通9-2-1参照） 　　⇒　相談役、顧問その他これに類する者で、その法人内における地位、職務等からみて他の役員と同様に実質的に法人の経営に従事している者 　　⇒　使用人としての職制上の地位のみを有する営業所長、支配人、主任等は含まれない。 　ロ　同族会社の使用人のうち、特定株主に該当する場合 　（注）上記法人は、2ロ以外、同族、非同族を問わない。
(5)	借地権設定者、その親族、上記(2)及び(3)に掲げる者並びにこれらの者と特殊の関係にある法人を判定の基礎とした場合に「同族会社」に該当する法人（法人税法施行令第4条第2項）

(6)	上記(4)又は(5)に掲げる法人の役員又は使用人
(7)	1　借地権設定者が、他人とともに借地人となる場合に限り、自己を借地人として借地権を設定する場合 2　借地権設定者が、他にも土地所有者以外の借地権者が存する場合で、後発的に借地権者となった場合（中古定期借地権を取得した場合）

3 ……地上権

1 地上権

　地上権とは、他人の土地に建物、橋などの工作物または竹木を所有するため、その土地を使用する物権（民法265条〜269条）をいい、下記4の**1**区分地上権及び借地権に該当するものを除きます。

2 地上権の評価

　地上権（借地借家法に規定する借地権又は民法第269条の2第1項（地下又は空間を目的とする地上権）の地上権に該当するものを除きます。以下同じです。）の価額は、その残存期間に応じ、その目的となっている土地のこれらの権利を取得した時におけるこれらの権利が設定されていない場合の時価に、次に定める割合を乗じて算出した金額により評価します（相続税法23条）。

①　残存期間が10年以下のもの　　　　　　　　　　　　　　　　　　　100分の5

②　残存期間が10年を超え15年以下のもの　　　　　　　　　　　　　　100分の10

③　残存期間が15年を超え20年以下のもの　　　　　　　　　　　　　　100分の20

④　残存期間が20年を超え25年以下のもの　　　　　　　　　　　　　　100分の30

⑤　残存期間が25年を超え30年以下のもの及び地上権で存続期間の定めのないもの　　　　　　　　　　　　　　　　　　　　　　　　　　　　　　100分の40

⑥　残存期間が30年を超え35年以下のもの　　　　　　　　　　　　　　100分の50

⑦　残存期間が35年を超え40年以下のもの　　　　　　　　　　　　　　100分の60

⑧　残存期間が40年を超え45年以下のもの　　　　　　　　　　　　　　100分の70

⑨　残存期間が45年を超え50年以下のもの　　　　　　　　　　　　　　100分の80

⑩　残存期間が50年を超えるもの　　　　　　　　　　　　　　　　　　100分の90

事例
CASE BOOK

地上権の評価

① 評価対象地の自用地の価額 　58,800,000円

② 相続開始日における地上権の残存期間 　20年

※地上権は、評価対象地全体に及んでいるものとします。

土地及び土地の上に存する権利の評価明細書（第1表）

	局（所）　署
	年分　ページ

（平成三十年分以降用）

（住居表示）　（　　　　　　） 所在地番	所有者	住　所 （所在地） 氏　名 （法人名）		使用者	住　所 （所在地） 氏　名 （法人名）	

地　　目	地　積	路　　線　　価				地形図及び参考事項
⑳宅地　原野 田　雑種地 畑 山　林　〔　〕	200.00 ㎡	正面 300,000円	側方 円	側方 円	裏面 円	

間口距離 10.00 m	利用区分	自　用　地　　貸家建付借地権 貸　宅　地　　転貸借地権 貸家建付地　　転　借　権 借　地　権　　借家人の有する権利 私　　道　　（地上権）	地区区分	ビル街地区　　㊙普通住宅地区 高度商業地区　　中小工場地区 繁華街地区　　大工場地区 普通商業・併用住宅地区	
奥行距離 20.00 m					

			（1㎡当たりの価額）	
自 用 地 1 平 方 メ | ト ル 当 た り の 価 額	1　一路線に面する宅地 　（正面路線価）　　　（奥行価格補正率） 　300,000円×　　　1.00		300,000 円	A
	2　二路線に面する宅地 　　（A）　[側方路線価]（奥行価格補正率）[側方二方]路線影響加算率] 　　　　円 + （　　　円 × ． × 0.　　）		円	B
	3　三路線に面する宅地 　　（B）　[側方路線価]（奥行価格補正率）[側方二方]路線影響加算率] 　　　　円 + （　　　円 × ． × 0.　　）		円	C
	4　四路線に面する宅地 　　（C）　[側方路線価]（奥行価格補正率）[側方二方]路線影響加算率] 　　　　円 + （　　　円 × ． × 0.　　）		円	D
	5-1　間口が狭小な宅地等　（間口狭小補正率）（奥行長大補正率） 　（AからDまでのうち該当するもの） 　300,000円 × （　1.00　× 0.98　）		294,000 円	E
	5-2　不　整　形　地 　（AからDまでのうち該当するもの）　　　　不整形地補正率※ 　　　　円 ×　　0.3		円	K

自用地の評価額	自用地1平方メートル当たりの価額 （AからKまでのうちの該当記号） （ E ）　　　円 294,000	地　積 ㎡ 200.00	総　　　　　額 （自用地1㎡当たりの価額）×（地積） 円 58,800,000	L

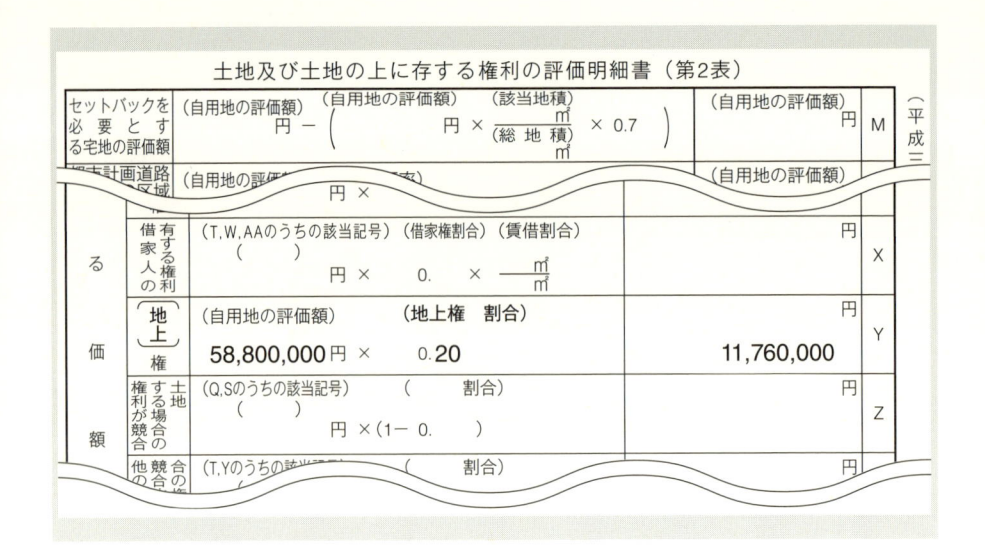

4 ⋯⋯区分地上権

�■1 区分地上権

　区分地上権とは、民法第269条の2《地下又は空間を目的とする地上権》第1項の地上権をいいます。

◪2 区分地上権の評価

　区分地上権の価額は、その区分地上権の目的となっている宅地の自用地としての価額に、その区分地上権の設定契約の内容に応じた土地利用制限率を基とした割合（以下「区分地上権の割合」といいます。）を乗じて計算した金額によって評価します。

　この場合において、地下鉄等のずい道の所有を目的として設定した区分地上権を評価するときにおける区分地上権の割合は、100分の30とすることができます（評価通達27-4）。

　（注）

　　1　「土地利用制限率」とは、公共用地の取得に伴う損失補償基準細則別記2《土地利用制限率算定要領》に定める土地利用制限率をいいます。

　　2　区分地上権が1画地の宅地の一部分に設定されているときは、「その区分地上権の目的となっている宅地の自用地としての価額」は、1画地の宅地の自用地としての価額のうち、

その区分地上権が設定されている部分の地積に対応する価額となります。

事例 CASE BOOK　区分地上権の評価

① 評価対象地の自用地の価額　　　　　　　　　　　　　　　　58,800,000円

② 評価対象地の最有効階層は7階であるが、区分地上権の設定により、地下2階以下が利用できないほか、5階までの建物しか建築できないことによる土地利用制限率　　　　　　　　　　　　　　　　　　　　　　　　　　　23.0%

土地利用制限率の計算（建物階層別利用率表による）

イ　地下2階から地上7階までの階層別利用率の合計　　　　　　　447.2

ロ　阻害部分の階層別利用率の合計　　　　　　　　　　　　　　103.0

ハ　区分地上権の割合（土地利用制限率：ロ÷イ）　　　　　　　23.0%

※区分地上権は、評価対象地全体に及んでいるものとします。

土地及び土地の上に存する権利の評価明細書（第1表）

局（所）署		
年分	ページ	

（住居表示）（　　　　　　　　）

所在地番

所有者　住所（所在地）　氏名（法人名）

使用者　住所（所在地）　氏名（法人名）

（平成三十年分以降用）

地目	地積	路線価				地形図及び参考事項
宅地 原野 田 雑種地 畑［ ］ 山 林	㎡ 200.00	正面 円 300,000	側方 円	側方 円	裏面 円	

間口距離 10.00 m

奥行距離 20.00 m

利用区分	自用地 貸宅地 貸家建付地 借地権 私道	貸家建付借地権 転貸借地権 転借地権 借家人の有する権利 （区分地上権）	地区区分	ビル街地区　普通住宅地区 高度商業地区　中小工場地区 繁華街地区　大工場地区 普通商業・併用住宅地区

自用地1平方メートル当たりの価額

				（1㎡当たりの価額）	
	1 一路線に面する宅地 （正面路線価） （奥行価格補正率） 300,000 円× 1.00			円 300,000	A
自	2 二路線に面する宅地 （A） [側方 路線価][裏面]（奥行価格補正率）[側方 二方]路線影響加算率] 円 + （ 円 × ． × 0. ）			（1㎡当たりの価額）円	B
用	3 三路線に面する宅地 （B） [側方 路線価][裏面]（奥行価格補正率）[側方 二方]路線影響加算率] 円 + （ 円 × ． × 0. ）			（1㎡当たりの価額）円	C
地	4 四路線に面する宅地 （C） [側方 路線価][裏面]（奥行価格補正率）[側方 二方]路線影響加算率] 円 + （ 円 × ． × 0. ）			（1㎡当たりの価額）円	D
1	5-1 間口が狭小な宅地等 （AからDまでのうち該当するもの） （間口狭小 補正率） （奥行長大 補正率） 300,000 円 × （ 1.00 ×0.98 ）			（1㎡当たりの価額）円 294,000	E
平 方	5-2 不 整 形 地 （AからDまでのうち該当するもの） 不整形地補正率※ 円 × 0.3			（1㎡当たりの価額）円	K

自用地の評価額	自用地1平方メートル当たりの価額 （AからKまでのうちの該当記号） （E） 円 294,000	地積 ㎡ 200.00	総額 （自用地1㎡当たりの価額）×（地積） 円 58,800,000	L

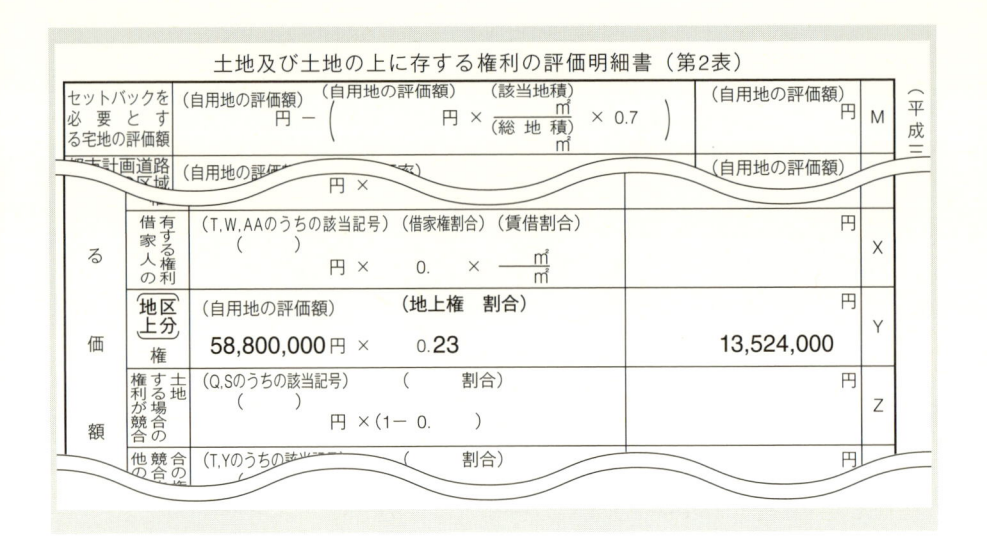

【参考】

　区分地上権の目的となっている宅地の評価については、次の国税庁ホームページ・質疑応答事例があります。

　区分地上権の目的となっている宅地の価額は、その宅地の自用地としての価額から財産評価基本通達27-4（区分地上権の評価）の定めにより評価したその区分地上権の価額を控除した金額によって評価します。

　この場合、区分地上権の価額は、その区分地上権の目的となっている宅地の自用地としての価額に、その区分地上権の設定契約の内容に応じた土地利用制限率を基とした割合（区分地上権の割合）を乗じて計算した金額によって評価します。

　仮に、この土地の階層別利用率が次の図のようであるとした場合には、次のように評価します。

	(階層別利用率)
8F	<u>32.9</u>
7F	<u>33.0</u>
6F	<u>36.9</u>
5F	40.1
4F	42.8
3F	44.1
2F	61.5
1F	100.0
B1	55.7
B2	<u>33.1</u>

地下鉄のトンネル

自用地価額　　　　　区分地上権の価額

　50億円　　－　　50億円　×　0.283※　＝35億8,500万円

※区分地上権の割合（土地利用制限率）の計算

$$\frac{32.9+33.0+36.9+33.1}{32.9+33.0+36.9+40.1+42.8+44.1+61.5+100.0+55.7+33.1}≒0.283$$

　なお、地下鉄等のずい道の所有を目的として設定した区分地上権を評価するときにおける区分地上権の割合は、100分の30とすることができます。

自用地価額　　　　　区分地上権の価額

　50億円　　－　　50億円　×　$\dfrac{30}{100}$　＝35億

（注）「土地利用制限率」は、土地の利用が防げられる程度に応じて適正に定めた割合であり、
　　　公共用地の取得に伴う損失補償基準細則別記2で定められています。

5 ……区分地上権に準ずる地役権

■1■ 区分地上権に準ずる地役権

　区分地上権に準ずる地役権とは、地価税法施行令第2条《借地権等の範囲》第1項に規定する地役権をいい、特別高圧架空電線の架設、高圧のガスを通ずる導管の敷設、飛行場の設置、建築物の建築その他の目的のため地下又は空間について上下の範囲を定めて設定された地役権で、建造物の設置を制限するものをいい、登記の有無は問いません。

113

▣ 区分地上権に準ずる地役権の評価

　区分地上権に準ずる地役権の価額は、その区分地上権に準ずる地役権の目的となっている承役地である宅地の自用地としての価額に、その区分地上権に準ずる地役権の設定契約の内容に応じた土地利用制限率を基とした割合（以下「区分地上権に準ずる地役権の割合」といいます。）を乗じて計算した金額によって評価します。

　この場合において、区分地上権に準ずる地役権の割合は、次に掲げるその承役地に係る制限の内容の区分に従い、それぞれ次に掲げる割合とすることができます（評価通達27-5）。

① 　家屋の建築が全くできない場合　100分の50又はその区分地上権に準ずる地役権が借地権であるとした場合にその承役地に適用される借地権割合のいずれか高い割合
② 　家屋の構造、用途等に制限を受ける場合　100分の30

事例 CASE BOOK	区分地上権に準ずる地役権の評価

① 　評価対象地の自用地の価額　　　　　　　　　　　58,800,000円
② 　評価対象地の面積　　　　　　　　　　　　　　　　200㎡
③ 　区分地上権に準ずる地役権の割合　　　　　　　　　70%
※区分地上権に準ずる地役権は、評価対象地全体に及んでいるものとします。

土地及び土地の上に存する権利の評価明細書（第1表）

局（所）	署
年分	ページ

（平成三十年分以降用）

（住居表示）	（　　　　　　）	所有者	住所（所在地）		使用者	住所（所在地）	
所在地番			氏名（法人名）			氏名（法人名）	

地　目		地　積	路　　線　　価				地形図及び参考事項
宅地　原野田　雑種地畑　[　　]山林		㎡ 200.00	正面 300,000円	側方 円	側方 円	裏面 円	

間口距離	10.00 m	利用区分	自用地　貸家建付借地権 貸宅地　転貸借地権 貸家建付地　転借権 借地権　家人の有する権利 私道　　（地役権）	地区区分	ビル街地区　普通住宅地区 高度商業地区　中小工場地区 繁華街地区　大工場地区 普通商業・併用住宅地区
奥行距離	20.00 m				

			（1㎡当たりの価額）	
自用地1平方メートル当たりの価額	1　一路線に面する宅地 （正面路線価）　（奥行価格補正率） 300,000 円× 1.00		円 300,000	A
	2　二路線に面する宅地 （A）　[側方路線価 裏面]（奥行価格補正率）[側方二方 路線影響加算率] 円 ＋ （ 円 × . × 0. ）		円	B
	3　三路線に面する宅地 （B）　[側方路線価 裏面]（奥行価格補正率）[側方二方 路線影響加算率] 円 ＋ （ 円 × . × 0. ）		円	C
	4　四路線に面する宅地 （C）　[側方路線価 裏面]（奥行価格補正率）[側方二方 路線影響加算率] 円 ＋ （ 円 × . × 0. ）		円	D
	5-1　間口が狭小な宅地等 （AからDまでのうち該当するもの）（間口狭小補正率）（奥行長大補正率） 300,000 円 × （ 1.00 × 0.98 ）		円 294,000	E
	5-2　不整形地 （AからDまでのうち該当するもの）　不整形地補正率※ 円 × 0.3		円	K

自用地の評価額	自用地1平方メートル当たりの価額 （AからKまでのうちの該当記号） （ E ） 294,000 円	地　積 200.00 ㎡	総　　　　額 （自用地1㎡当たりの価額）×（地積） 58,800,000 円	L

土地及び土地の上に存する権利の評価明細書（第2表）

（平成三）

セットバックを必要とする宅地の評価額	（自用地の評価額） 円 － （ （自用地の評価額） 円 × (該当地積) ㎡/(総地積) ㎡ × 0.7 ）	（自用地の評価額） 円	M
都市計画道路予定地の区域...	（自用地の評価額） 円 × ...	（自用地の評価額） 円	

	借家人の有する権利	（T,W,AAのうちの該当記号） （　　　） 円 × 0. × ㎡/㎡	円	X
	地役権	（自用地の評価額） 58,800,000 円 × （地役権　割合） 0.70	円 41,160,000	Y
	権利が競合する場合の土地...	（Q.Sのうちの該当記号） （　　　） （　　　割合） 円 ×(1－ 0.)	円	Z
	他の権利と競合する場合の...	（T,Yのうちの該当記号） （　　　割合）	円	

115

　区分地上権に準ずる地役権の目的となっている宅地の評価については、次の国税庁ホームページ・質疑応答事例があります。

特別高圧架空電線の架設を目的とする地役権が設定されている次の図のような宅地

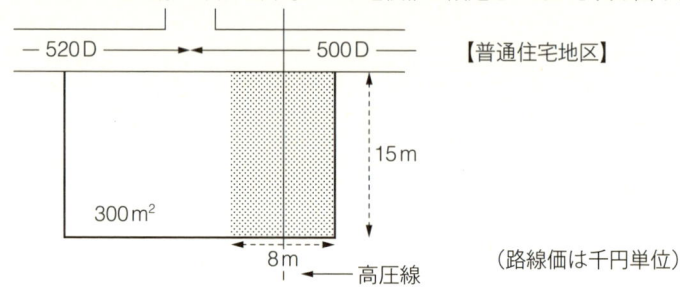

【普通住宅地区】

（路線価は千円単位）

①▨部分は、地役権の設定により家屋の構造、用途等に制限を受けます。
②宅地は、500千円及び520千円の路線価が付された路線にそれぞれ10mずつ接しています。
③総地積は、300平方メートル、▨部分の地積は120平方メートルです。

　地役権が設定されている宅地の価額は、承役地である部分も含め全体を1画地の宅地として評価した価額から、その承役地である部分を1画地として計算した自用地価額を基に、土地利用制限率を基に評価した区分地上権に準ずる地役権の価額を控除して評価します。この場合、区分地上権に準ずる地役権の価額は、その承役地である宅地についての建築制限の内容により、自用地価額に次の割合を乗じた金額によって評価することができます。
（1）　家屋の建築が全くできない場合　50％と承役地に適用される借地権割合とのいずれか高い割合
（2）　家屋の構造、用途等に制限を受ける場合　30％
　図の場合において、区分地上権に準ずる地役権の割合を30％とすると、次のように評価します。

宅地全体を1画地として評価した価額（自用地価額）
$$\frac{\overset{\text{加重平均による路線価}}{520,000円×10m+500,000円×10m}}{20m} × \overset{\substack{\text{奥行価格}\\\text{補正率}}}{1.00} × \overset{\text{地積}}{300m^2} = \overset{\text{自用地価額}}{153,000,000円}$$

区分地上権に準ずる地役権の価額
$$\overset{\text{路線価}}{500,000円} × \overset{\substack{\text{奥行価格}\\\text{補正率}}}{1.00} × \overset{\text{地積}}{120m^2} × \overset{\substack{\text{区分地上権に準ず}\\\text{る地役権の割合}}}{30\%} = \overset{\substack{\text{区分地上権に準ず}\\\text{る地役権の価額}}}{18,000,000円}$$

区分地上権に準ずる地役権の目的となっている宅地の価額
$$\overset{\text{自用地価額}}{153,000,000円} - \overset{\substack{\text{区分地上権に準ず}\\\text{る地役権の価額}}}{18,000,000円} = 135,000,000円$$

6 ······転貸借地権

1 転貸借地権

　転貸借地権とは、借地権者が自己の借地権の範囲内で、第三者（転借地権者）のために更に借地権を設定して、借地権を転貸している場合の借地権者の権利をいいます。

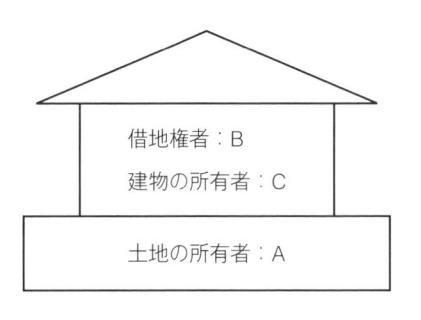

　借地権者：B

　建物の所有者：C

　土地の所有者：A

※BがAから土地を借地契約で賃借して、CがBからその借地権等を転借し建物を建築している場合のBの権利

2 転貸借地権の評価

　転貸されている借地権の価額は、評価通達27《借地権の評価》又は27-6《土地の上に存する権利が競合する場合の借地権等の評価》の定めにより評価したその借地権の価額から下記7のその借地権に係る転借権の価額を控除した価額によって評価します（評価通達29）。

事例 CASE BOOK　**転貸借地権の評価**

① 評価対象地の自用地の価額　　　　　　　　　　　　　58,800,000円

② 評価対象地の借地権割合　　　　　　　　　　　　　　70%

土地及び土地の上に存する権利の評価明細書（第1表）

（住居表示）	（　　　）		所有者	住所（所在地）		使用者	住所（所在地）	
所在地番				氏名（法人名）			氏名（法人名）	

地　目	地　積	路　　線　　価				地形図及び参考事項
（宅地）田 畑 山 林 原野 雑種地 [　]	㎡ 200.00	正面 300,000 円	側方 円	側方 円	裏面 円	

間口距離 10.00 m	利用区分	自用地 貸宅地 貸家建付地 借地権 私道	貸家建付借地権 転貸借地権 転借権 借家人の有する権利（　　）	地区区分	ビル街地区 高度商業地区 繁華街地区 普通商業・併用住宅地区	中小工場地区 大工場地区 （普通住宅地区）
奥行距離 20.00 m						

				（1㎡当たりの価額）円	
自用地1平方	1　一路線に面する宅地 （正面路線価）　（奥行価格補正率） 　300,000 円 × 　1.00			300,000	A
	2　二路線に面する宅地 （A）　[側方路線価/裏面]（奥行価格補正率）[側方二方]　路線影響加算率 　円 ＋ （　円 × ． × 0． ）			円	B
	3　三路線に面する宅地 （B）　[側方路線価/裏面]（奥行価格補正率）[側方二方]　路線影響加算率 　円 ＋ （　円 × ． × 0． ）			円	C
	4　四路線に面する宅地 （C）　[側方路線価/裏面]（奥行価格補正率）[側方二方]　路線影響加算率 　円 ＋ （　円 × ． × 0． ）			円	D
	5-1　間口が狭小な宅地等 （AからDまでのうち該当するもの）（間口狭小補正率）（奥行長大補正率） 　300,000 円 × （ 1.00 × 0.98 ）			294,000	E
	5-2　不　整　形　地 （AからDまでの～該当するもの）～～～地補正率※ 　円 × 0.3			円	K

自用地の評価額	自用地1平方メートル当たりの価額 （AからKまでのうちの該当記号） （ E ）　294,000 円	地　積 200.00 ㎡	総　　額 （自用地1㎡当たりの価額）×（地積） 58,800,000 円	L

土地及び土地の上に存する権利の評価明細書（第2表）

セットバックを必要とする宅地の評価額	（自用地の評価額）円 － （自用地の評価額）円 × （該当地積）/（総地積）㎡/㎡ × 0.7	（自用地の評価額）円	M

計 算 に	借地権	（自用地の評価額）　（借地権割合） 58,800,000 円 × 0.70	41,160,000 円	T
	貸家建付借地権	（T,AAのうちの該当記号）（　）（借家権割合）（賃貸割合） 円 × （1－ 0． × ㎡/㎡）	円	U
	転貸借地権	（T,AAのうちの該当記号）（ T ）（借地権割合） 41,160,000 円 × （1－ 0.70 ）	12,348,000 円	V
	転	（T,U,AA～）～（借地権割合）		

118

7 ······転借権

❶ 転借権

転借権とは、借地権者から借地権を転借している者の権利を転借権といいます。

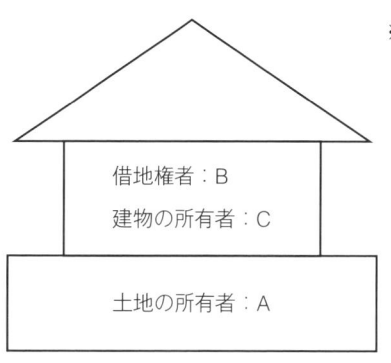

借地権者：B
建物の所有者：C

土地の所有者：A

※ BがAから土地を借地契約で賃借して、
　 CがBからその借地権等を転借し建物を
　 建築している場合のCの権利

❷ 転借権の評価

　借地権の目的となっている宅地の転借権（以下「転借権」という。）の価額は、次の算式1により計算した価額によって評価します（評価通達30）。

（算式1）

評価通達27又は同27-6の定め
により評価した借地権の価額 × 左の借地権の評価の基とした借地権割合

　ただし、その転借権が貸家の敷地の用に供されている場合の転借権の価額は、次の算式2により計算した価額によって評価します。

（算式2）

上記算式1により計算
した転借権の価額（A） − A × 借家権割合 × その家屋に係る賃貸割合

事例
CASE BOOK | **転借権の評価**

① 評価対象地の自用地の価額 　　　　　　　　　　　　　　　58,800,000円

② 評価対象地の借地権割合 　　　　　　　　　　　　　　　　　　　70%

土地及び土地の上に存する権利の評価明細書（第1表）

（住居表示）　（　　　　　　　　）	所有者	住所（所在地）氏名（法人名）	使用者	住所（所在地）氏名（法人名）
所在地番				

地目	地積	路線価				地形図及び参考事項
(宅地)　原野　田　雑種地　畑　山林　[　]	㎡　200.00	正面　300,000 円	側方　円	側方　円	裏面　円	

| 間口距離 | 10.00 m | 利用区分 | 自用地　貸家建付借地権　貸宅地　転貸借地権　貸家建付地　(転借権)　借地権　借家人の有する権利 | 地区区分 | ビル街地区　(普通住宅地区)　高度商業地区　中小工場地区　繁華街地区　大工場地区　普通商業・併用住宅地区 | |
| 奥行距離 | 20.00 m | | 私　道 | | | |

	1　一路線に面する宅地 （正面路線価）　　（奥行価格補正率） 300,000 円 ×　　　1.00		（1㎡当たりの価額） 300,000 円	A
自用地1平方	2　二路線に面する宅地 （A）［側方路線価 裏面］（奥行価格補正率）［側方 二方 路線影響加算率］ 円 + （　　　　円 × .　　 × 0.　　）		（1㎡当たりの価額） 円	B
	3　三路線に面する宅地 （B）［側方路線価 裏面］（奥行価格補正率）［側方 二方 路線影響加算率］ 円 + （　　　　円 × .　　 × 0.　　）		（1㎡当たりの価額） 円	C
	4　四路線に面する宅地 （C）［側方路線価 裏面］（奥行価格補正率）［側方 二方 路線影響加算率］ 円 + （　　　　円 × .　　 × 0.　　）		（1㎡当たりの価額） 円	D
	5-1　間口が狭小な宅地等（Aからまでのうち該当するもの）（間口狭小補正率）（奥行長大補正率） 300,000 円 × （　1.00　× 0.98　）		（1㎡当たりの価額） 294,000 円	E
	5-2　不整形地（AからDまでのうち該当するもの）…補正率※ 円 × 0.3		（1㎡当たりの価額） 	K

自用地の評価額	自用地1平方メートル当たりの価額（AからKまでのうちの該当記号） （ E ）　294,000 円	地積 200.00 ㎡	総額（自用地1㎡当たりの価額）×（地積） 58,800,000 円	L

土地及び土地の上に存する権利の評価明細書（第2表）

セットバックを必要とする宅地の評価額	（自用地の評価額） 円 − （（自用地の評価額）円 × ㎡／（総地積）㎡ × 0.7）		（自用地の評価額） 円	M
都市計画道路…	（自用地の評価額）円 × (1−		（自用地の評価額）	

計算による	借地権	（自用地の評価額）　（借地権割合） 58,800,000 円 ×　0.70	円 41,160,000	T
	貸家建付借地権	（T,AAのうちの該当記号）（借家権割合）（賃貸割合） （　　） 円 ×(1− 0.　　× ㎡／㎡)	円	U
	転貸借地権	（T,AAのうちの該当記号）（借地権割合） （　　） 円 ×(1− 0.　　)	円	V
	転借権	（T,U,AAのうちの該当記号）（借地権割合） （ T ） 41,160,000 円 ×　0.70	円 28,812,000	W
	借有	（T,W,AA…　　…借家権割合）（賃貸割…		

8 ……借家人の有する権利

借家人がその借家の敷地である宅地等に対して有する権利の価額は、原則として、次に掲げる場合の区分に応じ、それぞれ次に掲げる算式により計算した価額によって評価します。

ただし、これらの権利が権利金等の名称をもって取引される慣行のない地域にあるものについては、評価しません（評価通達31）。

① その権利が借家の敷地である宅地又はその宅地に係る借地権に対するものである場合

$$\text{評価通達27又は同27-6の定めにより評価したその借家の敷地である借地権の価額} \times \text{借家権割合} \times \text{その家屋に係る賃貸割合}$$

② その権利がその借家の敷地である宅地に係る転借権に対するものである場合

$$\text{評価通達30の定めにより評価したその借家の敷地である宅地に係る転借権の価額} \times \text{借家権割合} \times \text{その家屋に係る賃貸割合}$$

事例 CASE BOOK	借家人の有する権利の評価

① 評価対象地（借家の敷地）自用地の価額　　　　　　58,800,000円
② 評価対象地の借地権割合　　　　　　　　　　　　　　　70%
③ 評価対象地の借家権割合　　　　　　　　　　　　　　　30%
④ 評価対象地の賃貸割合　　　　　　　　　　　　　　　　80%
　イ　独立部分の床面積の合計　　　100m²
　ロ　賃貸部分の床面積の合計　　　 80m²

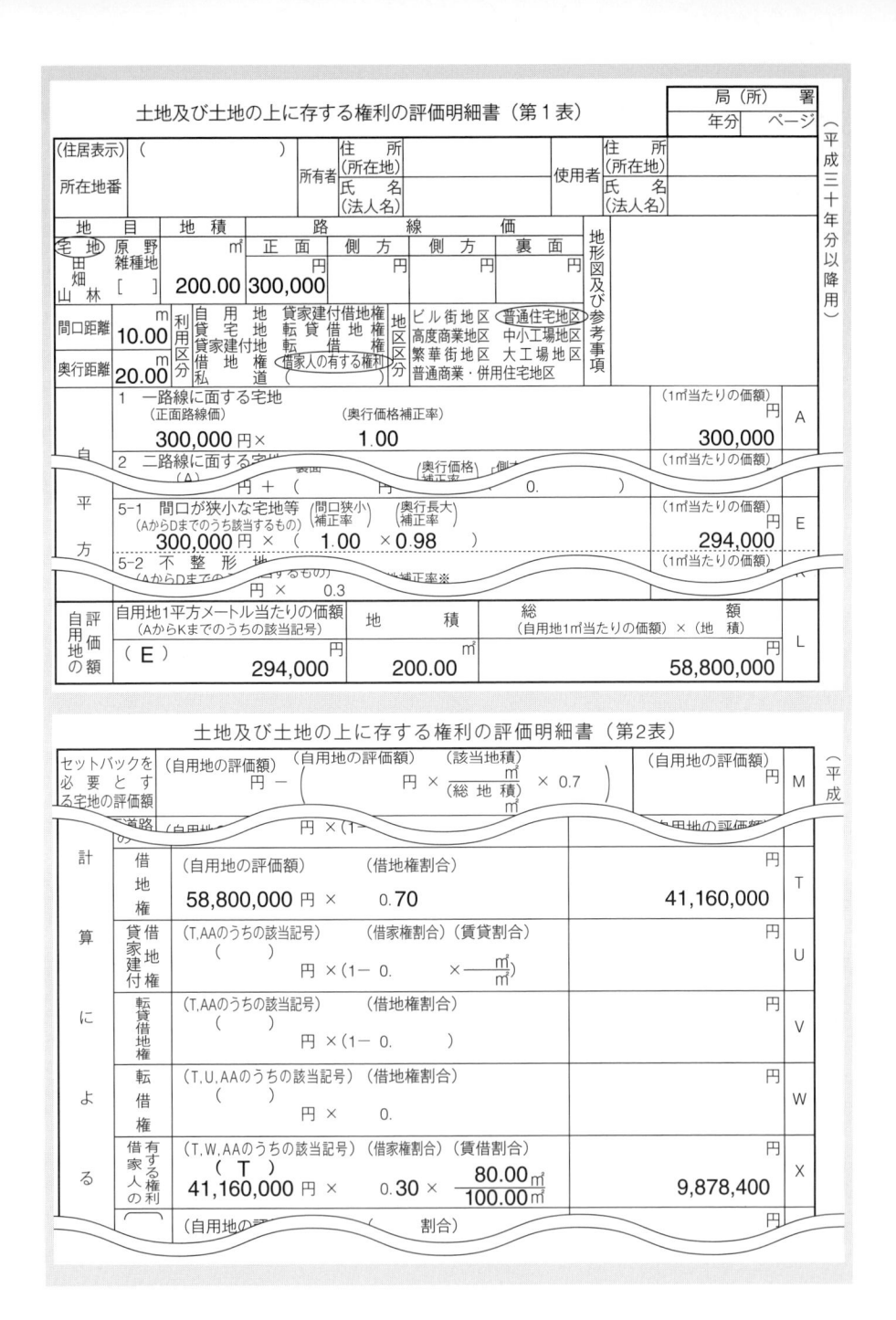

土地及び土地の上に存する権利の評価明細書（第1表）

9 ……土地の上に存する権利が競合する場合の宅地の評価

　土地の上に存する権利が競合する場合の宅地の価額は、次に掲げる区分に従い、それぞれ次の算式により計算した金額によって評価します（評価通達25-3）。

① 借地権、定期借地権等又は地上権及び区分地上権の目的となっている宅地の価額

　　その宅地の自用地としての価額－（評価通達27-4の定めにより評価した区分地上権の価額＋評価通達27-6(1)の定めにより評価した借地権（注）、定期借地権等又は地上権の価額）

（注）　評価通達27-6(1)の定めにより借地権の価額を計算する場合において、借地権の取引慣行があると認められる地域以外の地域にある借地権については、借地権割合を100分の20として計算します。

② 区分地上権及び区分地上権に準ずる地役権の目的となっている承役地である宅地の価額

　　その宅地の自用地としての価額－（評価通達27-4の定めにより評価した区分地上権の価額＋評価通達27-5の定めにより評価した区分地上権に準ずる地役権の価額）

③ 借地権、定期借地権等又は地上権及び区分地上権に準ずる地役権の目的となっている承役地である宅地の価額

　　その宅地の自用地としての価額－（評価通達27-5の定めにより評価した区分地上権に準ずる地役権の価額＋評価通達27-6(2)の定めにより評価した借地権、定期借地権等又は地上権の価額）

（注）　国税局長が貸宅地割合を定めている地域に存する借地権の目的となっている宅地の価額を評価する場合には、評価通達25（（貸宅地の評価））(1)のただし書の定めにより評価した価額から、その価額に評価通達27-4（（区分地上権の評価））の区分地上権の割合又は評価通達27-5（（区分地上権に準ずる地役権の評価））の区分地上権に準ずる地役権の割合を乗じて計算した金額を控除した金額によって評価します。

事例
CASE BOOK

土地の上に存する権利が競合する場合の宅地の評価
（区分地上権及び区分地上権に準ずる地役権の目的となっている承役地
である宅地の評価）

① 評価対象地の自用地の価額 　　　　　　　　　　　　58,800,000円
② 区分地上権の割合 　　　　　　　　　　　　　　　　30%
③ 区分地上権に準ずる地役権の割合 　　　　　　　　　30%

※区分地上権及び区分地上権に準ずる地役権は評価対象地全体に及んでいるものとします。

土地及び土地の上に存する権利の評価明細書（第1表）

	局（所）	署
年分		ページ

（平成三十年分以降用）

（住居表示）（ 　　　　　　　　）	所有者	住 所（所在地）		使用者	住 所（所在地）	
所在地番		氏 名（法人名）			氏 名（法人名）	

地　目		地 積	路　　　　線　　　　価				地形図及び参考事項
⓪宅 地　原 野 田　畑 山 林　雑種地 [ ]		㎡ 200.00	正 面 300,000 円	側 方 円	側 方 円	裏 面 円	

間口距離	m 10.00	利用区分	自 用 地　貸家建付借地権 貸 宅 地　転 貸 借 地 権 貸家建付地　転 借 権 借 地 権　借家人の有する権利 私 道	地区区分	ビル街地区　⦅普通住宅地区⦆ 高度商業地区　中小工場地区 繁華街地区　大工場地区 普通商業・併用住宅地区	
奥行距離	m 20.00					

自用地1平方メートル	1 一路線に面する宅地 　（正面路線価） 　　　（奥行価格補正率） 　300,000 円 × 　　　1.00	（1㎡当たりの価額） 300,000 円	A
	2 二路線に面する宅地 　（A） 　[側方 裏面]路線価　　（奥行価格補正率）[側方 二方]路線影響加算率 　　円 ＋ （　　円 × ．　× 0.　　）	（1㎡当たりの価額） 円	B
	3 三路線に面する宅地 　（B） 　[側方 裏面]路線価　　（奥行価格補正率）[側方 二方]路線影響加算率 　　円 ＋ （　　円 × ．　× 0.　　）	（1㎡当たりの価額） 円	C
	4 四路線に面する宅地 　（C） 　[側方 裏面]路線価　　（奥行価格補正率）[側方 二方]路線影響加算率 　　円 ＋ （　　円 × ．　× 0.　　）	（1㎡当たりの価額） 円	D
	5-1 間口が狭小な宅地等 　（AからDまでのうち該当するもの） 　（間口狭小補正率）　（奥行長大補正率） 　300,000 円 × （ 1.00 × 0.98 ）	（1㎡当たりの価額） 294,000 円	E
	5-2 不 整 形 地 　（AからDまでのうち該当するもの） 　……不整形地補正率※ 　　円 × 　0.3	（1㎡当たりの価額） 円	K

自用地の評価額	自用地1平方メートル当たりの価額 （AからKまでのうちの該当記号） （ E ） 294,000 円	地 積 ㎡ 200.00	総　　　　　　額 （自用地1㎡当たりの価額）×（地 積） 58,800,000 円	L

		算		総		記号	
セットバックを必要とする宅地の評価額		（自用地の評価額）　　（自用地の評価額）　　（該当地積）　円 － （　円 × $\frac{\text{m}^2}{\text{（総地積）m}^2}$ × 0.7　）			（自用地の評価額）　円	M	（平成
都市計画道路	（自用地の評価額）				（自用地の評価額）		
総額	貸宅地	（自用地の評価額）　　　　　（借地権割合）　　円 ×（1－ 0.　）			円	Q	
	貸家建付地	（自用地の評価額又はS）　（借地権割合）（借家権割合）（賃貸割合）　　円 ×（1－ 0.　× 0.　× $\frac{\text{m}^2}{\text{m}^2}$）			円	R	
額	区分地上権の目的となっている土地	（自用地の評価額）　　　（区分地上権）割合　58,800,000 円 ×（1－ 0.30　）			41,160,000 円	S	
	借	（自用地の　　　　　（借地権割合）　　円 ×			円		
る	借家人の有する権利	（T,W,AAのうちの該当記号）（借家権割合）（賃借割合）（　　）　　円 × 0.　× $\frac{\text{m}^2}{\text{m}^2}$			円	X	
価	区分地上権に準ずる地役権	（自用地の評価額）　　　（区分地上権に準ずる地役権）割合　58,800,000 円 × 0.30			17,640,000 円	Y	
額	権利が競合する場合の土地	（Q,Sのうちの該当記号）　（　割合　）（　　）　　円 ×（1－ 0.　）			円	Z	
	他の権利と競合する場合の権利	（T,Yのうちの該当記号）　（　割合　）（　　）　　円 ×（1－ 0.　）			円	AA	
備考	※ 区分地上権及び区分地上権に準ずる地役権の目的となっている土地の評価額　41,160,000円－17,640,000円＝23,520,000円						

【参考】

　借地権と区分地上権に準ずる地役権とが競合する場合の宅地の評価については、次の国税庁ホームページ・質疑応答事例があります。

　借地権と区分地上権に準ずる地役権とが競合して設定されている承役地である宅地の価額は、その宅地の自用地価額から区分地上権に準ずる地役権の価額とその宅地に区分地上権に準ずる地役権が設定されていることに伴う調整をした後の借地権の価額を控除した価額によって評価します。

（設例）

　自用地価額　5,000万円……①

　借地権割合　　　　60%

　区分地上権に準ずる地役権の割合　30%

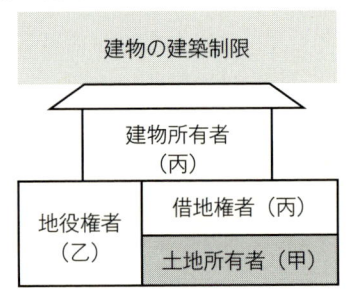

（計算例）

　区分地上権に準ずる地役権の価額

	区分地上権に準ず	
自用地価額	る地役権の割合	
5,000万円 ×	0.3	＝1,500万円……②

　借地権の価額

		区分地上権に準ず	
自用地価額	借地権割合	る地役権の割合	
5,000万円 ×	0.6 ×	（1−0.3）	＝2,100万円……③

　借地権と区分地上権に準ずる地役権とが競合する場合の宅地の価額

①	②	③	
5,000万円 −	1,500万円 −	2,100万円	＝1,400万円

---

10 ……権利の競合する場合の借地権等の評価

土地の上に存する権利が競合する場合の借地権、定期借地権等又は地上権の価額は、次に掲げる区分に従い、それぞれ次の算式により計算した金額によって評価します（評価通達27-6）。

① 借地権、定期借地権等又は地上権及び区分地上権が設定されている場合の借地権、定期借地権等又は地上権の価額

　評価通達27の定めにより借地権の価額、同27-2の定めにより評価した定期借地権等の価額又は相続税法第23条若しくは地価税法第24条の規定により評価した地上権の価額×(1−区分地上権の割合)

② 区分地上権に準ずる地役権が設定されている承役地に借地権、定期借地権等又は地上権が設定されている場合の借地権、定期借地権等又は地上権の価額

　評価通達27の定めにより借地権の価額、同27-2の定めにより評価した定期借地権等の価額又は相続税法第23条若しくは地価税法第24条の規定により評価した地上権の価額×(1−区分地上権に準ずる地役権の割合)

> **事例**　権利が競合する場合の借地権等の評価
> **CASE BOOK**　（借地権及び区分地上権が設定されている場合の借地権の評価）

① 評価対象地の自用地の価額　　　　　　　　　　58,800,000円
② 評価対象地の借地権割合　　　　　　　　　　　　　　70%
③ 評価対象地の区分地上権の割合　　　　　　　　　　　30%
※区分地上権は、評価対象地全体に及んでいるものとします。

土地及び土地の上に存する権利の評価明細書（第1表）

（住居表示）	（　　　　　　　　）	所有者	住所（所在地）		使用者	住所（所在地）	
所在地番			氏名（法人名）			氏名（法人名）	

地目		地積	路　　線　　価				地形図及び参考事項

地目	地積	正面	側方	側方	裏面
⃝宅地　原野 田　　雑種地 畑 山林　[　　]	㎡ 200.00	円 300,000	円	円	円

間口距離	m 10.00	利用区分	⃝自用地　貸家建付借地権 貸宅地　転貸借地権 貸家建付地　転借地権 ⃝借地権　借家人の有する権利 私道（　　　　　　）	地区区分	ビル街地区　　⃝普通住宅地区 高度商業地区　中小工場地区 繁華街地区　　大工場地区 普通商業・併用住宅地区
奥行距離	m 20.00				

自用地1平方メートル当たりの価額					
1　一路線に面する宅地 　（正面路線価）　　　（奥行価格補正率） 　300,000 円 ×　　　　1.00			（1㎡当たりの価額） 円 300,000	A
2　二路線に面する宅地 　（A）　〔側方路線価〕〔裏面〕　（奥行価格補正率）〔側方二方〕路線影響加算率 　　　　円 ＋（　　　　　　円 ×　.　　×　0.　　）			（1㎡当たりの価額） 円	B
3　三路線に面する宅地 　（B）　〔側方路線価〕〔裏面〕　（奥行価格補正率）〔側方二方〕路線影響加算率 　　　　円 ＋（　　　　　　円 ×　.　　×　0.　　）			（1㎡当たりの価額） 円	C
4　四路線に面する宅地 　（C）　〔側方路線価〕〔裏面〕　（奥行価格補正率）〔側方二方〕路線影響加算率 　　　　円 ＋（　　　　　　円 ×　.　　×　0.　　）			（1㎡当たりの価額） 円	D
5-1　間口が狭小な宅地等　（間口狭小補正率）（奥行長大補正率） 　（AからDまでのうち該当するもの） 　300,000 円 ×（　　1.00　×0.98　）			（1㎡当たりの価額） 円 294,000	E
5-2　不整形地　　　　　　　　不整形地補正率※ 　（AからDまでのうち該当するもの） 　　　　円 ×　　0.3			（1㎡当たりの価額）	K

自用地の評価額	自用地1平方メートル当たりの価額 （AからKまでのうちの該当記号）	地積	総　　　　額 （自用地1㎡当たりの価額）×（地積）	
	（ E ） 円 294,000	㎡ 200.00	円 58,800,000	L

土地及び土地の上に存する権利の評価明細書（第2表）

セットバックを必要とする宅地の評価額	（自用地の評価額） 円 －	（自用地の評価額） 円 ×	（該当地積） $\dfrac{\text{㎡}}{（総地積）\text{㎡}}$ × 0.7		（自用地の評価額） 円	M
都市計画道路	（自用地の評価額） 円 ×（1－		㎡		（自用地の評価額） 円	R
（一）目的となっている土地	（自用地の評価額） 円 ×（1－ 0.　　）	（　　割合）			円	S
借地権	（自用地の評価額） 58,800,000 円 ×	（借地権割合） 0.70			円 41,160,000	T
貸家建付借地権	（T,AAのうちの該当記号） （　　　） 円 ×（1－ 0.	（借家権割合） ×	（賃貸割合） $\dfrac{\text{㎡}}{\text{㎡}}$		円	U
転貸	（T,AAのうちの該当記号） 円 ×（1－	（借地権割合）			円	
他の権利と競合する場合の権利	（T,Yのうちの該当記号） （　T　） 41,160,000 円 ×（1－ 0.300）	（区分地上割合）			円 28,812,000	AA
備考						

第6章

貸家建付地及び貸宅地等の評価

1 ……貸家建付地

1 貸家建付地

　貸家建付地とは、貸家（評価通達94《借家権の評価》に定める借家権の目的となっている家屋をいいます。以下同じです。）の敷地の用に供されている宅地をいいます。

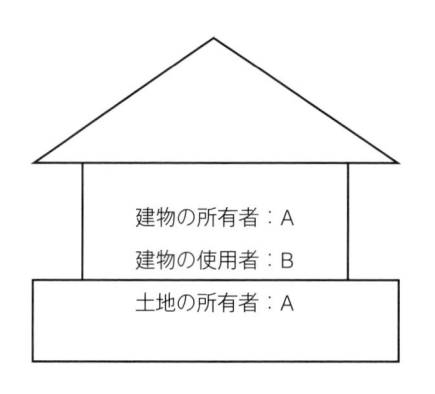

※Aが所有地の上に建物を建築し、その建物をBに賃貸している場合のAの権利

建物の所有者：A
建物の使用者：B
土地の所有者：A

2 貸家建付地の評価

　貸家建付地の価額は、次の算式により計算した価額によって評価します（評価通達26）。

　　その宅地の自用地としての価額　−　その宅地の自用地としての価額
　　×　借地権割合　×　借家権割合　×　賃貸割合

この算式における「借地権割合」及び「賃貸割合」は、それぞれ次によります。

①　「借地権割合」は、評価通達27《借地権の評価》の定めによるその宅地に係る借地権割合（同項のただし書に定める地域にある宅地については100分の20とします。**3**において同じです。）によります。

②　「賃貸割合」は、その貸家に係る各独立部分（構造上区分された数個の部分の各部分をいいます。以下同じです。）がある場合に、その各独立部分の賃貸の状況に基づいて、次の算式により計算した割合によります。

　　Aのうち課税時期において賃貸されている各独立部分の床面積の合計
　　÷　その家屋の各独立部分の床面積の合計（A）

（注）

1　上記算式の「各独立部分」とは、建物の構成部分である隔壁、扉、階層（天井及び床）等

によって他の部分と完全に遮断されている部分で、独立した出入口を有するなど独立して賃貸その他の用に供することができるものをいいます。したがって、例えば、ふすま、障子又はベニヤ板等の堅固でないものによって仕切られている部分及び階層で区分されていても、独立した出入口を有しない部分は「各独立部分」には該当しません。

　なお、外部に接する出入口を有しない部分であっても、共同で使用すべき廊下、階段、エレベーター等の共用部分のみを通って外部と出入りすることができる構造となっているものは、上記の「独立した出入口を有するもの」に該当します。

2　上記算式の「賃貸されている各独立部分」には、継続的に賃貸されていた各独立部分で、課税時期において、一時的に賃貸されていなかったと認められるものを含むこととして差し支えありません。

アパート等の一部に空室がある場合の一時的な空室部分が、「継続的に賃貸されてきたもので、課税時期において、一時的に賃貸されていなかったと認められる」部分に該当するかどうかは、その部分が、①各独立部分が課税時期前に継続的に賃貸されてきたものかどうか、②賃借人の退去後速やかに新たな賃借人の募集が行われたかどうか、③空室の期間、他の用途に供されていないかどうか、④空室の期間が課税時期の前後の例えば1ケ月程度であるなど一時的な期間であったかどうか、⑤課税時期後の賃貸が一時的なものではないかどうかなどの事実関係から総合的に判断します（国税庁ホームページ・質疑応答事例（貸家建付地等の評価における一時的な空室の範囲））。

事例　貸家建付地の評価
CASE BOOK

①	評価対象地の自用地の価額	58,800,000円
②	評価対象地の借地権割合	70%
③	評価対象地の借家権割合	30%
④	賃貸割合	74%

　・独立部分の床面積の合計　270m² （9室）
　・賃貸部分の床面積の合計　200m² （7室）

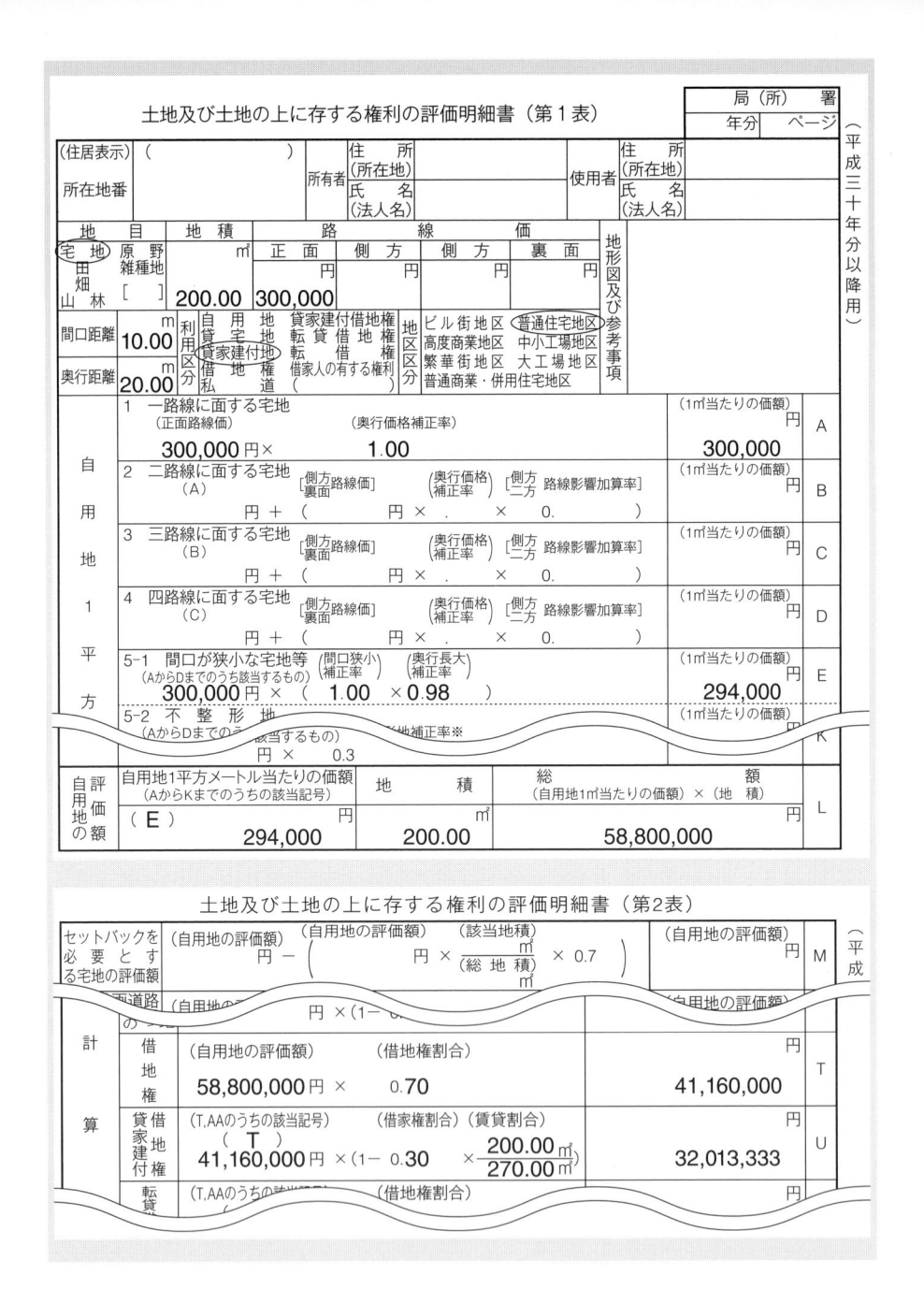

土地及び土地の上に存する権利の評価明細書（第1表）

局（所）署
年分　ページ

（平成三十年分以降用）

（住居表示）	（　　　　　）	所有者	住所（所在地）		使用者	住所（所在地）	
所在地番			氏名（法人名）			氏名（法人名）	

地目		地積	路線価					地形図及び参考事項
ⓧ宅地 田 畑 山林	原野 雑種地 〔　　〕	㎡ 200.00	正面 300,000円	側方 円	側方 円	裏面 円		

間口距離	10.00 m	利用区分	自用地 貸宅地 貸家建付地 借地権 私道	貸家建付借地権 転貸借地権 転借権 借家人の有する権利（　　　）	地区区分	ビル街地区 高度商業地区 繁華街地区 普通商業・併用住宅地区	普通住宅地区 中小工場地区 大工場地区
奥行距離	20.00 m						

自用地1平方メートル	1 一路線に面する宅地 （正面路線価） （奥行価格補正率） 300,000円× 1.00	（1㎡当たりの価額） 300,000円	A
	2 二路線に面する宅地 （A） ［側方 路線価 裏面］ （奥行価格 補正率） ［側方 二方］ 路線影響加算率 円＋（　　円 × ． × 0.　）	（1㎡当たりの価額） 円	B
	3 三路線に面する宅地 （B） ［側方 路線価 裏面］ （奥行価格 補正率） ［側方 二方］ 路線影響加算率 円＋（　　円 × ． × 0.　）	（1㎡当たりの価額） 円	C
	4 四路線に面する宅地 （C） ［側方 路線価 裏面］ （奥行価格 補正率） ［側方 二方］ 路線影響加算率 円＋（　　円 × ． × 0.　）	（1㎡当たりの価額） 円	D
	5-1 間口が狭小な宅地等 （AからDまでのうち該当するもの） （間口狭小 補正率） （奥行長大 補正率） 300,000円×（ 1.00 ×0.98 ）	（1㎡当たりの価額） 294,000	E
	5-2 不整形地 （AからDまでのうち該当するもの） （不整形地補正率※） 円 × 0.3	（1㎡当たりの価額）	K

自用地の評価額	自用地1平方メートル当たりの価額 （AからKまでのうちの該当記号） （ E ） 294,000円	地積 200.00㎡	総額 （自用地1㎡当たりの価額）×（地積） 58,800,000円	L

土地及び土地の上に存する権利の評価明細書（第2表）

（平成

セットバックを必要とする宅地の評価額	（自用地の評価額） 円 －	（自用地の評価額） 円 ×（該当地積 ㎡／総地積 ㎡） × 0.7	（自用地の評価額） 円	M

計算	借地権	（自用地の評価額） 58,800,000円 ×	（借地権割合） 0.70	41,160,000円	T
	貸家建付借地権	（T,AAのうちの該当記号） （ T ） 41,160,000円 ×（1－	（借家権割合）（賃貸割合） 0.30 × 200.00㎡／270.00㎡）	32,013,333円	U
	転貸	（T,AAのうちの該当記号）	（借地権割合）		

3 区分地上権等の目的となっている貸家建付地の評価

　区分地上権又は区分地上権に準ずる地役権の目的となっている貸家建付地の価額は、次の算式により計算した価額によって評価します（評価通達26-2）。

> 評価通達25から同25-3までの定めにより評価した区分地上権又は区分地上権に準ずる地役権の目的となっている宅地の価額（A）　−　A　×　その宅地に係る借地権割合　×　借家権割合　×　その家屋に係る賃貸割合

4 貸家目的で建築中の家屋の敷地

　貸家目的で建築中の家屋の敷地については、原則として、貸家建付地で評価することはできませんが、旧建物の賃借人に立退料の支払いがないなど引き続いて新建物に入居することが明らかな場合又は建築の建物について権利金の授受が完了し賃貸契約が成立している場合など、新建物のうち賃借人の支配権が及んでいると認められる部分については、貸家建付地として評価することができます（平成4年12月9日裁決）。

　貸家建付地の評価に関し、①貸家が空き家となっている場合の貸家建付地の評価及び②従業員社宅の敷地の評価の国税庁ホームページ・質疑応答事例があります。

---

　①　家屋の借家人は家屋に対する権利を有するほか、その家屋の敷地についても、家屋の賃借権に基づいて、家屋の利用の範囲内で、ある程度支配権を有していると認められ、逆にその範囲において地主は、利用についての受忍義務を負うこととなっています。そこで、貸家の敷地である貸家建付地の価額は、その宅地の自用地としての価額から、その価額にその宅地に係る借地権割合とその貸家に係る借家権割合との相乗積を乗じて計算した価額を控除した価額によって評価することとしています。

　　しかし、たとえその家屋がもっぱら賃貸用として建築されたものであっても、課税時期において現実に貸し付けられていない家屋の敷地については、土地に対する制約がなく、したがって、貸家建付地としての減価を考慮する必要がないことから、自用地としての価額で評価します。

　②　貸家建付地評価をする宅地は、借家権の目的となっている家屋の敷地の用に供されている宅地をいいます。ところで、社宅は、通常社員の福利厚生施設として設けられているものであり、一般の家屋の賃貸借と異なり賃料が極めて低廉であるなどその使用関係は従業員の身分を保有する期間に限られる特殊の契約関係であるとされています。そしてこのことから、社宅については、一般的に借地借家法の適用はないとされています。

　　したがって、社宅の敷地の用に供されている宅地については、貸家建付地の評価は行いません。

---

2 ⋯⋯貸宅地

▌1 貸宅地

貸宅地とは、宅地の上に存する権利（借地権、定期借地権等、地上権、区分地上権、区分地上権に準ずる地役権）の目的となっている宅地をいいます。

▌2 貸宅地の評価

貸宅地の評価は、次に掲げる区分に従い、それぞれ次に掲げるところにより評価します（評価通達25）。

① 借地権の目的となっている宅地の価額は、評価通達11（（評価の方式））から同22-3（（大規模工場用地の路線価及び倍率））まで、同24（（私道の用に供されている宅地の評価））、同24-2（（土地区画整理事業施行中の宅地の評価））、及び同24-6（（セットバックを必要とする宅地の評価））から同24-8（（文化財建造物である家屋の敷地の用に供されている宅地の評価））までの定めにより評価したその宅地の価額（以下「自用地としての価額」といいます。）から同27（（借地権の評価））の定めにより評価したその借地権の価額（同項のただし書の定めに該当するときは、同項に定める借地権割合を100分の20として計算した価額とします。同25-3（（土地の上に存する権利が競合する場合の宅地の評価））において同27-6（（土地の上に存する権利が競合する場合の借地権等の評価））の定めにより借地権の価額を計算する場合において同じです。）を控除した金額によって評価します。

　　ただし、借地権の目的となっている宅地の売買実例価額、精通者意見価格、地代の額等を基として評定した価額の宅地の自用地としての価額に対する割合（以下「貸宅地割合」といいます。）がおおむね同一と認められる地域ごとに国税局長が貸宅地割合を定めている地域においては、その宅地の自用地としての価額にその貸宅地割合を乗じて計算した金額によって評価します。

② 定期借地権等の目的となっている宅地の価額は、原則として、その宅地の自用地としての価額から、評価通達27-2《定期借地権等の評価》の定めにより評価したその定期借地権等の価額を控除した金額によって評価します。

　　ただし、同項の定めにより評価した定期借地権等の価額が、その宅地の自用地としての価額に次に掲げる定期借地権等の残存期間に応じる割合を乗じて計算し

た金額を下回る場合には、その宅地の自用地としての価額からその価額に次に掲げる割合を乗じて計算した金額を控除した金額によって評価します。

　　イ　残存期間が5年以下のもの　　　　　　　　　100分の5
　　ロ　残存期間が5年を超え10年以下のもの　　　　100分の10
　　ハ　残存期間が10年を超え15年以下のもの　　　　100分の15
　　ニ　残存期間が15年を超えるもの　　　　　　　　100分の20

③　地上権の目的となっている宅地の価額は、その宅地の自用地としての価額から相続税法第23条《地上権及び永小作権の評価》又は地価税法第24条《地上権及び永小作権の評価》の規定により評価したその地上権の価額を控除した金額によって評価します。

④　区分地上権の目的となっている宅地の価額は、その宅地の自用地としての価額から評価通達27-4《区分地上権の評価》の定めにより評価したその区分地上権の価額を控除した金額によって評価します。

⑤　区分地上権に準ずる地役権の目的となっている承役地である宅地の価額は、その宅地の自用地としての価額から評価通達27-5《区分地上権に準ずる地役権の評価》の定めにより評価したその区分地上権に準ずる地役権の価額を控除した金額によって評価します。

事例　CASE BOOK　貸宅地の評価

　①　評価対象地の自用地の価額　　　　　　　　　　58,800,000円
　②　評価対象地の借地権の割合　　　　　　　　　　70%

土地及び土地の上に存する権利の評価明細書（第1表）

（住居表示）	（　　　　　）		住所（所在地）			住所（所在地）	
所在地番		所有者	氏名（法人名）		使用者	氏名（法人名）	

地　目	地　積	路　　線　　価				地形図及び参考事項
⦿宅地　原野　田　雑種地　畑　[　]　山林	㎡ 200.00	正面 円 300,000	側方 円	側方 円	裏面 円	

間口距離	m 10.00	利用区分	自用地　貸家建付借地権　貸宅地　転貸借地権　貸家建付地　転借地権　借地権　借家人の有する権利（　）	地区区分	ビル街地区　普通住宅地区　高度商業地区　中小工場地区　繁華街地区　大工場地区　普通商業・併用住宅地区
奥行距離	m 20.00	私道			

			（1㎡当たりの価額）円	
自用地1平方	1　一路線に面する宅地（正面路線価）（奥行価格補正率） 300,000 円× 1.00		300,000	A
	2　二路線に面する宅地（A）[側方路線価/裏面]（奥行価格補正率）[側方/二方 路線影響加算率] 円 ＋ （　円 × ．× 0．　）			B
	3　三路線に面する宅地（B）[側方路線価/裏面]（奥行価格補正率）[側方/二方 路線影響加算率] 円 ＋ （　円 × ．× 0．　）			C
	4　四路線に面する宅地（C）[側方路線価/裏面]（奥行価格補正率）[側方/二方 路線影響加算率] 円 ＋ （　円 × ．× 0．　）			D
	5-1　間口が狭小な宅地等（AからDまでのうち該当するもの）（間口狭小補正率）（奥行長大補正率） 300,000 円 × （ 1.00 × 0.98 ）		294,000	E
	5-2　不整形地（AからDまでのうち該当するもの）　　不整形地補正率※ 円 × 0.3			K

自用地の評価額	自用地1平方メートル当たりの価額（AからKまでのうちの該当記号）（ E ）円 294,000	地　積 ㎡ 200.00	総　額（自用地1㎡当たりの価額）×（地積） 58,800,000 円	L

土地及び土地の上に存する権利の評価明細書（第2表）

セットバックを必要とする宅地の評価額	（自用地の評価額）円 － （（自用地の評価額）円 × (該当地積 ㎡/総地積 ㎡) × 0.7 ）	（自用地の評価額）円	M
規模評価 面道路 工場用地 等額	○ 前面道路（自用地の評価額）（地積）円 × ㎡ × （0.95）	（自用地の評価額）円	O
	○ ゴルフ場用地等（宅地とした場合の価額）（地積）（1㎡当たり）の造成費（地積） 円 × ㎡×0.6 － （ 円 × ㎡ ）	円	P

	利用区分	算　　　　式	総　　額	記号
総額	貸宅地	（自用地の評価額）（借地権割合） 58,800,000 円 ×（1－ 0.70 ）	円 17,640,000	Q
	貸家建付地	（自用地の評価額又はS）（借地権割合）（借家権割合）（賃貸割合） 円 ×（1－ 0． × 0． × ㎡/㎡ ）	円	R
	目的となっている	（自用地の評価額）（　割合　）	円	

138

3 ……貸家建付借地権

1 貸家建付借地権

　貸家建付借地権とは、貸家の敷地の用に供されている借地権又は定期借地権等をいいます。

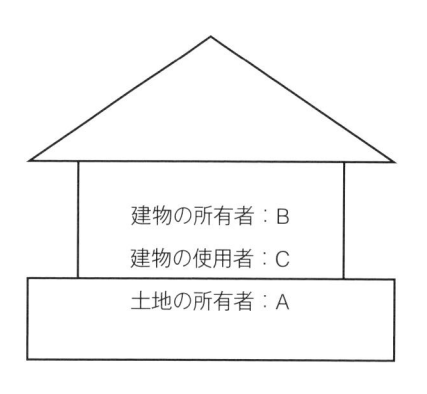

※BがAから土地を借地契約又は定期
　借地契約で賃借して建物を建築し、
　その建物をCに賃貸している場合の
　Bの権利

建物の所有者：B

建物の使用者：C

土地の所有者：A

2 貸家建付借地権の評価

　貸家建付借地権の価額は、次の算式により計算した価額によって評価します（評価通達28）。

　　評価通達27若しくは同27−6の定めにより評価したその借地権の価額又は同27−2若しくは同27−6の定めにより評価したその定期借地権等の価額（A）　−　A　×　借家権割合　×　その家屋に係る賃貸割合

事例　貸家建付借地権の評価
CASE BOOK

① 評価対象地の自用地の価額 　　　　　　　　　　　　　　58,800,000円
② 評価対象地の借地権割合 　　　　　　　　　　　　　　　　　　70%
③ 評価対象地の借家権割合 　　　　　　　　　　　　　　　　　　30%
④ 貸家の賃貸割合 　　　　　　　　　　　　　　　　　　　　　　80%
　　イ　独立部分の床面積の合計　100m²
　　ロ　賃貸部分の床面積の合計　80m²

土地及び土地の上に存する権利の評価明細書（第1表）

（平成三十年分以降用）

（住居表示）	（　　　　　　）	所有者	住　所 （所在地）		使用者	住　所 （所在地）	
所在地番			氏　名 （法人名）			氏　名 （法人名）	

地　　目		地　積	路　　　線　　　価				地
宅 地　原　野		㎡	正　面	側　方	側　方	裏　面	形
田　　　雑種地			円	円	円	円	図
畑	[　　]	200.00	300,000				及
山　林							び

間口距離	㎡ 10.00	利用区分	自　用　地　　貸家建付借地権　　ビル街地区　　普通住宅地区	参
			貸宅地　　　転貸借地権　　　高度商業地区　中小工場地区	考
奥行距離	㎡ 20.00		貸家建付地　　転　借　権　　　繁華街地区　　大工場地区 借　地　権　　　借家人の有する権利　普通商業・併用住宅地区 私　　　道　　　（　　　　　　）	事 項

	1 一路線に面する宅地 　（正面路線価）　　　　　　（奥行価格補正率）	（1㎡当たりの価額） 円	A
自	300,000 円×　　　　　　1.00	300,000	
	2 二路線に面する宅地 　　（A）　　　［側方路線価］　（奥行価格　［側方　路線影響加算率］ 　　　　　　　　［裏面路線価］　補正率）　二方	（1㎡当たりの価額） 円	B
用	円 ＋ （　　　　　円 ×　.　　 × 0.　）		
	3 三路線に面する宅地 　　（B）　　　［側方路線価］　（奥行価格　［側方　路線影響加算率］ 　　　　　　　　［裏面路線価］　補正率）　二方	（1㎡当たりの価額） 円	C
地	円 ＋ （　　　　　円 ×　.　　 × 0.　）		
	4 四路線に面する宅地 　　（C）　　　［側方路線価］　（奥行価格　［側方　路線影響加算率］ 　　　　　　　　［裏面路線価］　補正率）　二方	（1㎡当たりの価額） 円	D
1	円 ＋ （　　　　　円 ×　.　　 × 0.　）		
	5-1 間口が狭小な宅地等　（間口狭小　（奥行長大 　（AからDまでのうち該当するもの）　補正率）　補正率）	（1㎡当たりの価額） 円	E
平	300,000 円 × （　1.00 　×0.98　）	294,000	
方	5-2 不　整　形　地 　（AからDまでのうち該当するもの）　　不整形地補正率※ 　　　　　　円 ×　　0.3	（1㎡当たりの価額） 円	K

自 用 地 の 評 価 額	自用地1平方メートル当たりの価額 （AからKまでのうちの該当記号） （ E ）　　　円 　　294,000	地　積 ㎡ 200.00	総　　　　　額 （自用地1㎡当たりの価額）×（地積） 円 58,800,000	L

土地及び土地の上に存する権利の評価明細書（第2表）

（平成

セットバックを 必要とす る宅地の評価額	（自用地の評価額）　（自用地の評価額）　（該当地積） 　円 － （　　　円 × ㎡／（総地積）㎡ × 0.7 ）	（自用地の評価額） 円	M
都市計画道路 予定地の区域内にある宅地の評価額	（自用地の評価額） 　円 ×（1− 0.　）	（自用地の評価額） 円	

計	借 地 権	（自用地の評価額）　　　　（借地権割合） 58,800,000 円 ×　　0.70	円 41,160,000	T
算	貸 家 建 付 借 地 権	（T,AAのうちの該当記号）　　（借家権割合）（賃貸割合） 　　（ T ） 41,160,000 円 ×（1− 0.30 × 80.00㎡／100.00㎡）	円 31,281,600	U
	転貸	（T,AAのうちの該当記号）　　（借地権割合）	円	

140

農地の評価

1 ……農地の分類

　農地を評価する場合、その農地を純農地、中間農地、市街地周辺農地及び市街地農地のいずれかに分類します（評価通達34）。

　なお、上記の農地の種類と農地法、農業振興地域の整備に関する法律及び都市計画法との関係は、基本的には、次のとおりです（国税庁ホームページ・質疑応答事例（農地の評価上の分類））。

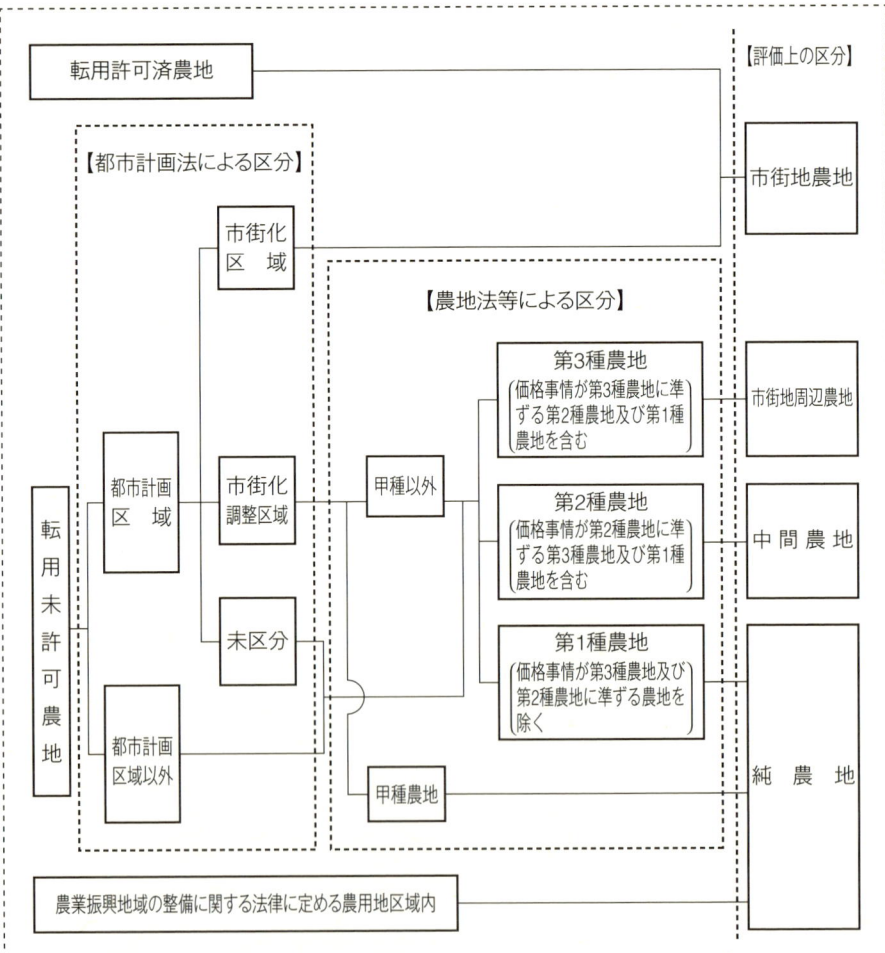

注2　第1種農地とは、農地法第4条第2項第1号ロに掲げる農地のうち甲種農地以外の農地をいいます。

注3　第2種農地とは、農地法第4条第2項第1号イ及びロに掲げる農地（同号ロ(1)に掲げる農地を含みます。）以外の農地をいいます。

注4　第3種農地とは、農地法第4条第2項第1号ロ(1)に掲げる農地（農用地区域内にある農地を除きます。）をいいます。

2 ……純農地の範囲と評価方法

◼ 純農地の範囲

純農地とは、次に掲げる農地のうち、いずれかに該当するものをいい、市街地農地に該当する農地を除きます（評価通達36）。

イ　農用地区域内にある農地

ロ　市街化調整区域内にある農地のうち、第1種農地又は甲種農地に該当するもの

ハ　上記イ及びロに該当する農地以外の農地のうち、第1種農地に該当するものをいい、近傍農地の売買実例価額、精通者意見価格等に照らし、第2種農地又は第3種農地に準ずる農地と認められるものを除きます。

◼ 純農地の評価方法

純農地の価額は、その農地の固定資産税評価額に、田又は畑の別に、地勢、土性、水利等の状況の類似する地域ごとに、その地域にある農地の売買実例価額、精通者意見価格等を基として国税局長の定める倍率を乗じて計算した金額によって評価します（評価通達37：倍率方式）。

なお、国税局長の定める倍率については、国税庁のホームページで確認することができます。

事例
CASE BOOK　　**純農地の評価**

例えば、評価する農地が、川崎市麻生区岡上の市街化調整区域内の農業振興地域内の農用地区域に存する田の場合（平成30年分）には、その農地の固定資産税評価額に43を乗じて計算した金額がその農地の評価額となります。

平成30年分　　**倍　率　表**　　1頁

市区町村名：川崎市麻生区　　　　　　　　　　　　　　　　　　　　　川崎西税務署

音順	町（丁目）又は大字名	適　用　地　域　名	借地権割合 %	固定資産税評価額に乗ずる倍率等						
				宅地	田	畑	山林	原野	牧場	池沼
お	王禅寺	市街化調整区域								
		1　特別緑地保全地区		—	—		中 203	—		
		2　上記以外の地域	50	1.3		中 87	中 101	—		
		市街化区域	—	路線	比準	比準	比準	比準		
	岡上	市街化調整区域								
		1　農業振興地域内の農用地区域			純 43	純 57				
		2　特別緑地保全地区		—	—		中 177	中 177		
		3　上記以外の地域	50	1.2	中 54	中 112	中 88	中 88		
		市街化区域	—	路線	比準	比準	比準	比準		
か	片平	市街化調整区域	50	1.3	—	中 80	中 91	中 91		
		市街化区域	—	路線	比準	比準	比準	比準		
	上麻生3丁目	市街化調整区域	50	1.3	—	中 110	—	—		
		市街化区域	—	路線	比準	比準	比準	比準		
く	栗木	市街化調整区域	50	1.2	—	中 131	中 101	中 101		
	栗木1・3丁目	市街化調整区域	50	1.2	—	中 92	—	—		
		市街化区域	—	路線	比準	比準	比準	比準		
	黒川	市街化調整区域								
		1　黒川上地区								
		（1）農業振興地域内の農用地区域 （区域内の山林・原野は除く）			純 41	純 63	—	—		
		（2）特別緑地保全地区 （地区内の田・畑は除く）		—	—		中 183	—		
		（3）上記以外の地域	50	1.3	中 54	中 80	中 91	中 91		
		2　黒川東地区								
		（1）農業振興地域内の農用地区域 （区域内の山林・原野は除く）			純 97					
		（2）上記以外の地域	50	1.3	—	中 128	中 91	中 91		
		市街化区域	—	路線	比準	比準	比準	比準		
こ	五力田	市街化調整区域								
		1　特別緑地保全地区		—	—		中 198			

3 ……中間農地の範囲と評価方法

▉ 中間農地の範囲

　中間農地とは、次に掲げる農地のうち、いずれかに該当するものをいい、市街地農地に該当する農地を除きます（評価通達36-2）。

　イ　第2種農地に該当するもの

　ロ　上記イに該当する農地以外の農地のうち、近傍農地の売買実例価額、精通者意見価格等に照らし、第2種農地に準ずる農地と認められるもの

▉ 中間農地の評価方法

　中間農地の価額は、その農地の固定資産税評価額に、田又は畑の別に、地価事情の類似する地域ごとに、その地域にある農地の売買実例価額、精通者意見価格等を基として国税局長の定める倍率を乗じて計算した金額によって評価します（評価通達38：倍率方式）。

　なお、国税局長の定める倍率については、国税庁のホームページで確認することができます。

事例　CASE BOOK　中間農地の評価

　例えば、評価する農地が、川崎市麻生区王禅寺の市街化調整区域内の特別緑地保全地区以外の地域に存する畑の場合（平成30年分）には、その農地の固定資産税評価額に87を乗じて計算した金額がその農地の評価額となります。

市区町村名：川崎市麻生区　　　　　　　　　　　　　　　　川崎西税務署

音順	町（丁目）又は大字名	適　用　地　域　名	借地権割合	固定資産税評価額に乗ずる倍率等						
			％	宅地	田	畑	山林	原野	牧場	池沼
お	王禅寺	市街化調整区域								
		1　特別緑地保全地区		—	—	—	中 203			
		2　上記以外の地域	50	1.3		中 87	中 101			
		市街化区域	—	路線	比準	比準	比準	比準		
	岡上	市街化調整区域								
		1　農業振興地域内の農用地区域		—	純 43	純 57	—			
		2　特別緑地保全地区		—	—	—	中 177	中 177		
		3　上記以外の地域	50	1.2	中 54	中 112	中 88	中 88		
		市街化区域	—	路線	比準	比準	比準	比準		
か	片平	市街化調整区域	50	1.3	—	中 80	中 91	中 91		
		市街化区域	—	路線	比準	比準	比準	比準		
	上麻生3丁目	市街化調整区域	50	1.3	—	中 110				
		市街化区域	—	路線	比準	比準	比準	比準		
く	栗木	市街化調整区域	50	1.2	—	中 131	中 101	中 101		
	栗木1・3丁目	市街化調整区域	50	1.2	—	中 92				
		市街化区域	—	路線	比準	比準	比準	比準		
	黒川	市街化調整区域								
		1　黒川上地区								
		（1）農業振興地域内の農用地区域 　　（区域内の山林・原野は除く）		—	純 41	純 63	—			
		（2）特別緑地保全地区 　　（地区内の田・畑は除く）		—	—	—	中 183			
		（3）上記以外の地域	50	1.3	中 54	中 80	中 91	中 91		
		2　黒川東地区								
		（1）農業振興地域内の農用地区域 　　（区域内の山林・原野は除く）		—	純 97					
		（2）上記以外の地域	50	1.3	—	中 128	中 91	中 91		
		市街化区域	—	路線	比準	比準	比準	比準		
ご	五力田	市街化調整区域								
		1　特別緑地保全地区		—	—	—	中 198			

4 ……市街地周辺農地の範囲と評価方法

◢ 市街地周辺農地の範囲

　市街地周辺農地とは、次に掲げる農地のうち、いずれかに該当するものをいい、市街地農地に該当する農地を除きます（評価通達36-3）。

　イ　第3種農地に該当するもの

　ロ　上記イに該当する農地以外の農地のうち、近傍農地の売買実例価額、精通者意見価格等に照らし、第3種農地に準ずる農地と認められるもの

◢ 市街地周辺農地の評価方法

　市街地周辺農地の価額は、評価通達40（市街地農地の評価）の本文の定めにより評価したその農地が市街地農地であるとした場合の価額の100分の80に相当する金額によって評価します（評価通達39）。

5 ……市街地農地の範囲と評価方法

◢ 市街地農地の範囲

　市街地農地とは、次に掲げる農地のうち、そのいずれかに該当するものをいいます（評価通達36-4）。

　イ　農地法第4条《農地の転用の制限》又は第5条《農地又は採草放牧地の転用のための権利移動の制限》に規定する許可（以下「転用許可」といいます。）を受けた農地

　ロ　市街化区域内にある農地

　ハ　農地法等の一部を改正する法律附則第2条第5項の規定によりなお従前の例によるものとされる改正前の農地法第7条第1項第4号の規定により、転用許可を要しない農地として、都道府県知事の指定を受けたもの

◢ 市街地農地の評価方法

　市街地農地の価額は、その農地が宅地であるとした場合の1㎡当たりの価額（その農地が、路線価地域内にある場合には路線価方式により評価した宅地の価額をいい、

倍率地域内にある場合には倍率方式により評価した宅地の価額をいいます。）から、その農地を宅地に転用する場合において通常必要と認められる1㎡当たりの造成費に相当する金額として、整地、土盛り又は土止めに要する費用の額がおおむね同一と認められる地域ごとに国税局長の定める金額を控除した金額に、その農地の地積を乗じて計算した金額によって評価します（宅地比準方式）。

　ただし、市街化区域内に存する市街地農地については、その農地の固定資産税評価額に地価事情の類似する地域ごとに、その地域にある農地の売買実例価額、精通者意見価格等を基として国税局長の定める倍率を乗じて計算した金額によって評価することができるものとし、その倍率が定められている地域にある市街地農地の価額は、その農地の固定資産税評価額にその倍率を乗じて計算した金額によって評価します（評価通達40）。

　なお、倍率方式により評価する場合の近傍宅地の価額については、固定資産税評価証明書を入手する際に、税務手続きの関係で近傍宅地の価額が必要である旨申し出れば、その価額を教示してもらえます。

（注1）その農地が宅地であるとした場合の1㎡当たりの価額は、その付近にある宅地について評価通達11（（評価の方式））に定める方式によって評価した1㎡当たりの価額を基とし、その宅地とその農地との位置、形状等の条件の差を考慮して評価します。

> 　市街地農地等を宅地比準方式で評価する場合のその農地と付近の宅地との形状による条件差については、評価する農地の所在する地区について定められている画地調整率を参考として計算して差し支えありません。また倍率地域にあるものについては、普通住宅地区の画地調整率を参考とすることができます（国税庁ホームページ・質疑応答事例（市街地農地等を宅地比準方式で評価する場合の形状による条件差））。

（注2）その農地が宅地であるとした場合の1㎡当たりの価額については、その農地が宅地であるとした場合において評価通達20-2（（地積規模の大きな宅地の評価））の定めの適用対象となるとき（同21-2（（倍率方式による評価））ただし書において同20-2の定めを準用するときを含みます。）には、同項の定めを適用して計算します。

（注3）その農地を宅地に転用する場合において通常必要と認められる1㎡当たりの造成費に相当する金額として、整地、土盛り又は土止めに要する費用の額がおおむね同一と認められる地域ごとに国税局長の定める金額は、国税庁ホームページで確認することができます（国税庁ホームページ　⇒　関連サイトの路線価図、評価倍率表　⇒　評価年分　⇒　都道府県　⇒　その他土地関係の宅地造成費の金額表）。

市街地農地の評価

イ　路線価地域内にある市街地農地の場合

①	市街地農地の面積	400 m²
②	路線価格	70,000円
③	地区区分	普通住宅地区
④	間口	20 m
⑤	奥行	20 m
⑥	1 m²当たりの造成費	16,635円／m²

（造成費の計算については、下記【参考】宅地造成費の金額表1(1)を参照してください。）

市街地農地等の評価明細書

☑市街地農地　　市街地山林
市街地周辺農地　　市街地原野

（平成十八年分以降用）

所 在 地 番				
現 況 地 目			① 地 積	400 ㎡

評価の基とした宅地の1平方メートル当たりの評価額	所 在 地 番		③（ 評 価 額 ）
	② 評価額の計算内容	路線価額　　　　70,000円／m² 奥行補正率　　　　　　1.00	円 70,000

評価する農地等が宅地であるとした場合の1平方メートル当たりの評価額	④ 評価上考慮したその農地等の道路からの距離、形状等の条件に基づく評価額の計算内容	⑤（ 評 価 額 ） 円 70,000

					⑥	円
		整	整 地 費	（整地を要する面積）　（1㎡当たりの整地費） 400　㎡ ×　　　700 円		280,000
地 造 成 費 の	坦		伐採・抜根費	する面積）　（1㎡当…	⑦	円
		土 盛 費	（土盛りを要する面積）（平均の高さ）（1㎡当たりの土盛費） 400　㎡ ×　1 m ×　6,500 円		⑨	円 2,600,000
	地	土 止 費	（ 擁 壁 面 の 長 さ ）（平均の高さ）（1㎡当たりの土止費） 60　m ×　1 m ×　68,600 円		⑩	円 4,116,000
		合計額の計算	⑥ ＋ ⑦ ＋ ⑧ ＋ ⑨ ＋ ⑩		⑪	円 6,996,000
		1㎡当たりの計算	⑪ ÷ ①		⑫	円 17,490

市街地農地等の評価額	（⑤－⑫（又は⑮））×① （注）市街地周辺農地については、さらに0.8を乗ずる。	円 21,004,000

ロ　倍率地域内にある市街地農地の場合

① 　市街地農地の面積　　　　　　　　　　450m²

② 　近傍宅地の固定資産税評価額　　　70,000円／m²

※ 　近傍宅地は、市街地農地と位置的補正を必要としない場所にあり、画地調整を要しない宅地です。

③　宅地の倍率　　　　　　　　　　　　　1.3倍

④　間口　　　　　　　　　　　　　　　　15m

⑤　奥行　　　　　　　　　　　　　　　　30m

　（倍率方式で評価する市街地農地の画地調整を行う場合には、普通住宅地区の補正率を用いることから、奥行補正率は、0.95となります。）

⑥　1m²当たりの造成費　　　　　　　　23,100円／m²

　（造成費の計算については、下記【参考】宅地造成費の金額表1(1)及び(2)を参照してください。）

市 街 地 農 地 等 の 評 価 明 細 書

市街地農地　　　市街地山林
市街地周辺農地　　市街地原野

所　在　地　番				
現　況　地　目			①　地積	450 ㎡
評価の基とした宅地の1平方メートル当たりの評価額	②　評価額の計算内容	近傍宅地の固定資産税評価額　70,000円／m² 評価倍率　　　　　　　　　　　1.3	③（評価額） 　　　　　　　円 91,000	
評価する農地等が宅地であるとした場合の1平方メートル当たりの評価額	④　評価上考慮したその農地等の道路からの距離、形状等の条件に基づく評価額の計算内容	奥行補正率　　　　　　　　　　0.95	⑤（評価額） 　　　　　　　円 86,450	

計算	傾斜地	傾斜度に係る造成費	（傾斜度）　　　9　度	⑬　22,100 円
		伐採・抜根費	（伐採・抜根を要する面積）（1㎡当たりの伐採・抜根費） 450　　㎡　×　　　1,000　円	⑭　450,000 円
		1㎡当たりの計算	⑬　＋　（　⑭　÷　①　）	⑮　23,100 円

市街地農地等の評価額	（⑤－⑫（又は⑮））×① （注）市街地周辺農地については、さらに0.8を乗ずる。	28,507,500 円

（平成十八年分以降用）

【参考】

例えば、令和元年分の神奈川県の宅地造成費については、次のとおりです。

令和元年分（神奈川県）宅地造成費の金額表（抜粋）

1 市街地農地等の評価に係る宅地造成費

「市街地農地」、「市街地周辺農地」、「市街地山林」（注）及び「市街地原野」を評価する場合における宅地造成費の金額は、平坦地と傾斜地の区分によりそれぞれ次の表の金額のとおりです。

(1) 平坦地の宅地造成費

工事費目	造成区分	金額
整地費（整地費）	整地を必要とする面積1m²当たり	700円
整地費（伐採・抜根費）	伐採・抜根を必要とする面積1m²当たり	1,000円
整地費（地盤改良費）	地盤改良を必要とする面積1m²当たり	1,800円
土盛費	他から土砂を搬入して土盛りを必要とする場合の土盛り体積1m³当たり	6,500円
土止費	土止めを必要とする場合の擁壁の面積1m²当たり	68,600円

注1 「整地費」とは、①凹凸がある土地の地面を地ならしするための工事費又は②土盛工事を要する土地について、土盛工事をした後の地面を地ならしするための工事費をいいます。

注2 「伐採・抜根費」とは、樹木が生育している土地について、樹木を伐採し、根等を除去するための工事費をいいます。したがって、整地工事によって樹木を除去できる場合には、造成費に本工事費を含めません。

注3 「地盤改良費」とは、湿田など軟弱な表土で覆われた土地の宅地造成に当たり、地盤を安定させるための工事費をいいます。

注4 「土盛費」とは、道路よりも低い位置にある土地について、宅地として利用できる高さ（原則として道路面）まで搬入した土砂で埋め立て、地上げする場合の工事費をいいます。

注5 「土止費」とは、道路よりも低い位置にある土地について、宅地として利用できる高さ（原則として道路面）まで地上げする場合に、土盛りした土砂の流出や崩壊を防止するために構築する擁壁工事費をいいます。

(2) 傾斜地の宅地造成費

傾斜度	金　額
3度超5度以下	17,900円/m²
5度超10度以下	22,100円/m²
10度超15度以下	33,900円/m²
15度超20度以下	48,200円/m²
20度超25度以下	53,300円/m²
25度超30度以下	55,500円/m²

注1　「傾斜地の宅地造成費」の金額は、整地費、土盛費、土止費の宅地造成に要するすべての費用を含めて算定したものです。

　　　なお、この金額には、伐採・抜根費は含まれていないことから、伐採・抜根を要する土地については、「平坦地の宅地造成費」の「伐採・抜根費」の金額を基に算出し加算します。

注2　傾斜度3度以下の土地については、「平坦地の宅地造成費」の額により計算します。

注3　傾斜度については、原則として、測定する起点は評価する土地に最も近い道路面の高さとし、傾斜の頂点（最下点）は、評価する土地の頂点（最下点）が奥行距離の最も長い地点にあるものとして判定します。

注4　宅地比準方式により評価する市街地農地及び市街地周辺農地についても、経済合理性の観点から宅地への転用が見込めない場合には、宅地への転用が見込めない市街地山林の評価方法（評価通達49）に準じて、その価額は、純農地（評価対象地からみて距離的に最も近い場所に所在する純農地）の価額により評価することになります。

　　　なお、市街地周辺農地については、市街地農地であるとした場合の価額の100分の80に相当する金額によって評価する（評価通達39（市街地周辺農地の評価））ことになっていますが、これは、宅地転用が許可される地域の農地ではあるものの、まだ現実に許可を受けていないことを考慮したものですので、純農地の価額に比準して評価する場合には、80％相当額に減額する必要はありません。

2　農業用施設用地の評価に係る宅地造成費

　農業用施設用地の評価に係る宅地造成費の金額は、市街地農地等の評価に係る宅地造成費の金額を用いて算定します。

注1　宅地造成費については、評価する農業用施設用地の課税時期現在の現況から判定します。例えば、農業用施設用地の現況が、土盛り、土止めを行っておらず、畑を整地した程度のものであれば、加算する造成費は整地費のみとなります。

注2　農業用施設用地の1m²当たりの価額は、その付近にある標準的な宅地の1m²当たりの金額を限度とします。

3 宅地造成費の計算例

(1) 平坦地の宅地造成費の計算例

　市街地農地の面積が400㎡、一面が道路に面した間口20m、奥行き20mの土盛り1m
を必要とする画地で、道路面を除いた三面について土止めを必要とする場合

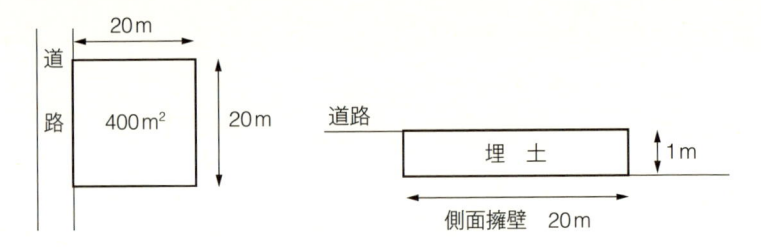

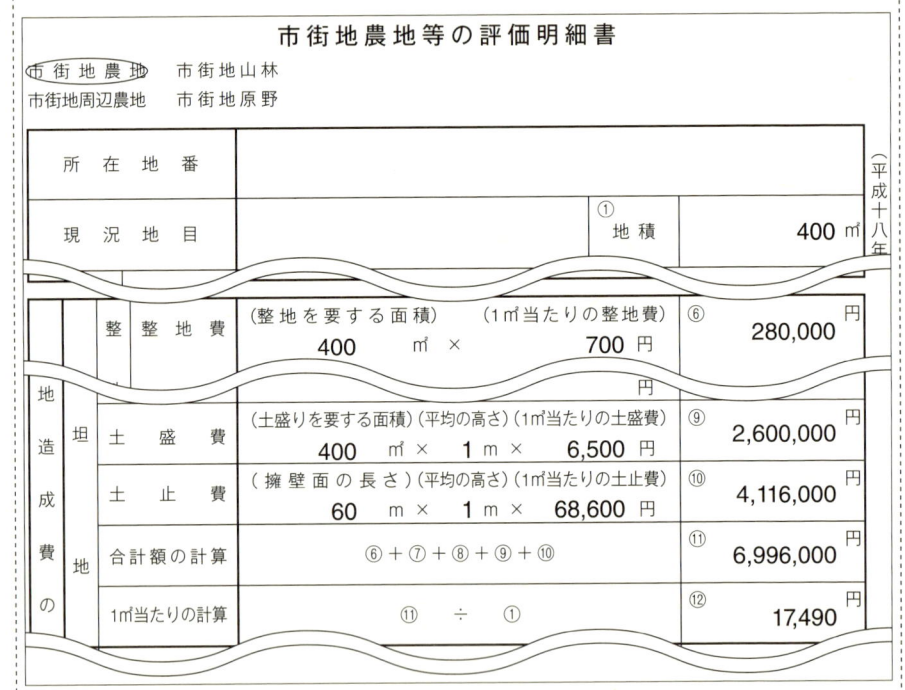

(2) 傾斜地の宅地造成費の計算例

　道路の地表に対し傾斜度9度の市街地農地で、面積が480㎡、全面積について伐採・抜
根を要する場合

154

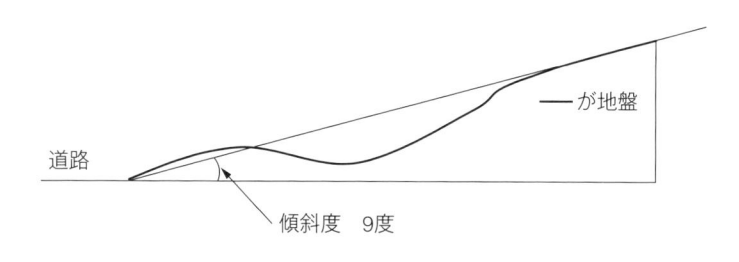

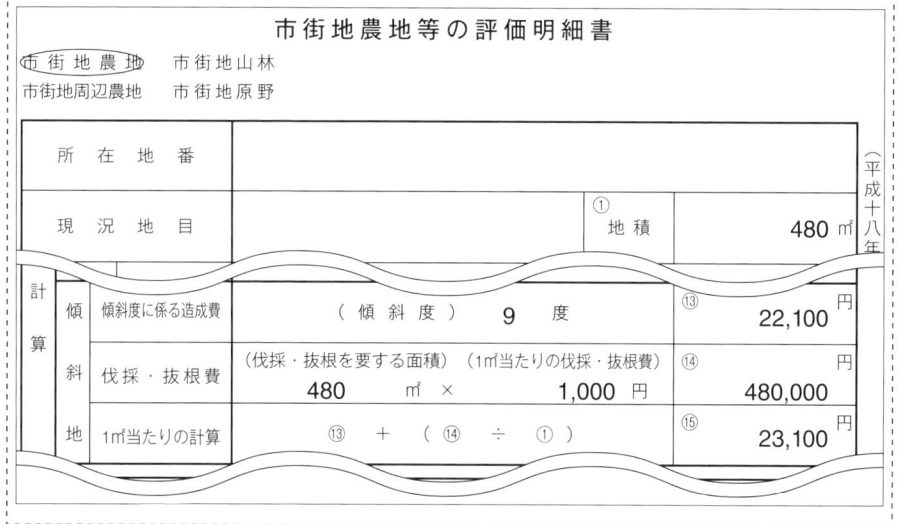

右の図表内のテキスト:

道路　━━ が地盤　傾斜度　9度

市街地農地等の評価明細書

市街地農地　市街地山林
市街地周辺農地　市街地原野

所　在　地　番			（平成十八年
現　況　地　目		① 地　積	480 ㎡

計算	傾	傾斜度に係る造成費	（　傾斜度　）　9　度	⑬ 22,100 円
	斜	伐採・抜根費	（伐採・抜根を要する面積）　（1㎡当たりの伐採・抜根費） 480　㎡　×　1,000　円	⑭ 480,000 円
	地	1㎡当たりの計算	⑬　＋　（　⑭　÷　①　）	⑮ 23,100 円

6 ……生産緑地の評価

　生産緑地（生産緑地法第2条《定義》第3号に規定する生産緑地のうち、課税時期において同法第10条《生産緑地の買取りの申出》の規定により市町村長に対し生産緑地を時価で買い取るべき旨の申出（以下「買取りの申出」といいます。）を行った日から起算して3月（生産緑地法の一部を改正する法律（平成3年法律第39号）附則第2条第3項の規定の適用を受ける同項に規定する旧第二種生産緑地地区に係る旧生産緑地にあっては1月）を経過しているもの以外のものをいいます。以下同じです。）の価額は、その生産緑地が生産緑地でないものとしての農地の価額から、その価額に次に掲げる生産緑地の別にそれぞれ次に掲げる割合を乗じて計算した金額を控除した金額によって評価します（評価通達40-3）。

① 課税時期において市町村長に対し買取りの申出をすることができない生産緑地

課税時期から買取りの申出をすることが できることとなる日までの期間	割合
5年以下のもの	100分の10
5年を超え10年以下のもの	100分の15
10年を超え15年以下のもの	100分の20
15年を超え20年以下のもの	100分の25
20年を超え25年以下のもの	100分の30
25年を超え30年以下のもの	100分の35

② 課税時期において市町村長に対し買取りの申出が行われていた生産緑地又は買取りの申出をすることができる生産緑地　100分の5

【参考】

　生産緑地に指定されると告示の日から30年間は、原則として建築物の建築、宅地の造成等はできないという行為制限が付されることになります（生産緑地法8）。このような生産緑地の価額は、行為制限の解除の前提となっている買取りの申出のできる日までの期間に応じて定めた一定の割合を減額して評価することとしています。

　ところで、この買取りの申出は30年間経過した場合のほか、その生産緑地に係る農林漁業の主たる従事者が死亡したときにもできる（生産緑地法10）こととされていることから、主たる従事者が死亡した時の生産緑地の価額は、生産緑地でないものとして評価した価額の95％相当額で評価します（国税庁ホームページ・質疑応答事例（生産緑地の評価））。

---

7 ……貸し付けられている農地の評価

　耕作権、永小作権等の目的となっている農地の評価は、次に掲げる区分に従って評価します（評価通達41）。

① 耕作権の目的となっている農地の価額は、評価通達37（（純農地の評価））から40（（市街地農地の評価））までの定めにより評価したその農地の価額（以下「自用地としての価額」といいます。）から、同通達42（（耕作権の評価）、下記9参照）の定めにより評価した耕作権の価額を控除した金額によって評価します。

② 永小作権の目的となっている農地の価額は、その農地の自用地としての価額か

ら、相続税法第23条（（地上権及び永小作権の評価）、下記10参照）又は地価税法
第24条（（地上権及び永小作権の評価））の規定により評価した永小作権の価額を
控除した金額によって評価します。

③　区分地上権の目的となっている農地の価額は、その農地の自用地としての価額
から、評価通達43-2（（区分地上権の評価）、下記11参照）の定めにより評価した
区分地上権の価額を控除した金額によって評価します。

④　区分地上権に準ずる地役権の目的となっている農地の価額は、その農地の自用
地としての価額から、評価通達43-3（（区分地上権に準ずる地役権の評価）、下記
12参照）の定めにより評価した区分地上権に準ずる地役権の価額を控除した金額
によって評価します。

【参考】

　農地に賃借権等の権利を設定するためには、農地法3条の定めるところにより都道府県知
事（現行、原則として農業委員会）の許可を受けなければならないので、いわゆるやみ小作
については耕作権を認めることができません。

　したがって、その農地は、自用地として評価します（国税庁ホームページ・質疑応答事例
（農地法の許可を受けないで他人に耕作させている農地の評価））。

8 ……農地の上に存する権利が競合する場合の農地の評価

①　耕作権又は永小作権及び区分地上権の目的となっている農地の価額は、次の算
式により計算した金額で評価します（評価通達41-2(1)）。

【算式】

その農地の自用地としての評価額　－　区分地上権の価額　－　耕作権の価額又
は永小作権の価額

②　区分地上権及び区分地上権に準ずる地役権の目的となっている承役地である農
地の価額は、次の算式により計算した金額で評価します（評価通達41-2(2)）。

【算式】

その農地の自用地としての評価額　－　区分地上権の価額　－　区分地上権に準
ずる地役権の価額

③　耕作権又は永小作権及び区分地上権に準ずる地役権の目的となっている承役地
である農地の価額は、次の算式により計算した金額で評価します（評価通達41-2

(3))。

その農地の自用地としての評価額 － 区分地上権に準ずる地役権の価額 －
耕作権の価額又は永小作権の価額

9 ……耕作権の評価

耕作権の評価は、次に掲げる区分に従って、それぞれ評価します（評価通達42）。

① 純農地及び中間農地に係る耕作権の価額は、評価通達37《純農地の評価》及び
38《中間農地の評価》に定める方式により評価したその農地の価額に、耕作権割
合（耕作権が設定されていないとした場合の農地の価額に対するその農地に係る
耕作権の価額の割合をいいます。以下同じです。）を乗じて計算した金額によっ
て評価します。なお、耕作権割合は、国税庁ホームページで確認することができ、
例えば、東京都の場合、純農地及び中間農地に係る耕作権割合は100分の50です。

② 市街地周辺農地及び市街地農地に係る耕作権の価額は、その農地が転用される
場合に通常支払われるべき離作料の額、その農地の付近にある宅地に係る借地権
の価額等を参酌して求めた金額によって評価しますが、例えば、東京国税局管内
の市街地周辺農地及び市街地農地の場合には100分の35の割合で評価しても差し
支えありません。

10 ……地上権及び永小作権の評価

地上権及び永小作権の価額は、相続税法第23条《地上権及び永小作権の評価》又は
地価税法第24条《地上権及び永小作権の評価》の規定によって評価します。

【参考】

相続税法23条は、地上権（借地借家法に規定する借地権又は民法第269条の2第1項
（地下又は空間を目的とする地上権）の地上権に該当するものを除きます。以下同じ
です。）及び永小作権の価額は、その残存期間に応じ、その目的となっている土地の
これらの権利を取得した時におけるこれらの権利が設定されていない場合の時価に、
次に定める割合を乗じて算出した金額による旨規定しています。

残存期間	割　合
10年以下のもの	100分の5
10年を超え15年以下のもの	100分の10
15年を超え20年以下のもの	100分の20
20年を超え25年以下のもの	100分の30
25年を超え30年以下のもの及び 地上権で存続期間の定めのないもの	100分の40
30年を超え35年以下のもの	100分の50
35年を超え40年以下のもの	100分の60
40年を超え45年以下のもの	100分の70
45年を超え50年以下のもの	100分の80
50年を超えるもの	100分の90

　なお、存続期間の定めのない永小作権の価額は、存続期間を30年（別段の慣習があるときは、それによる。）とみなし、相続税法第23条《地上権及び永小作権の評価》又は地価税法第24条《地上権及び永小作権の評価》の規定によって評価します（評価通達43）。

11 ……区分地上権の評価

　農地に係る区分地上権の価額は、評価通達27-4《区分地上権の評価》（第5章4**2**参照）の定めを準用して評価します（評価通達43-2）。

12 ……区分地上権に準ずる地役権の評価

　農地に係る区分地上権に準ずる地役権の価額は、その区分地上権に準ずる地役権の目的となっている承役地である農地の自用地としての価額を基とし、評価通達27-5《区分地上権に準ずる地役権の評価》（第5章5**2**参照）の定めを準用して評価します（評価通達43-3）。

13 ……農地の上に存する権利が競合する場合の耕作権又は永小作権の評価

　農地の上に存する権利が競合する場合の耕作権又は永小作権の価額は、次の区分に従い、それぞれ次の算式により計算した金額によって評価します（評価通達43-4）。
① 　耕作権又は永小作権及び区分地上権が設定されている場合の耕作権又は永小作権の価額
　【算式】
　耕作権の価額又は永小作権の価額　×　（1　－　区分地上権の価額　÷　その農地の自用地としての価額）
② 　区分地上権に準ずる地役権が設定されている承役地に耕作権又は永小作権が設定されている場合の耕作権又は永小作権の価額
　【算式】
　耕作権の価額又は永小作権の価額　×　（1　－　区分地上権に準ずる地役権　÷　その農地の自用地としての価額）

14 ……個別事例（国税庁ホームページ・質疑応答事例等）

■1 市民農園として貸し付けられている農地の評価

　特定農地貸付けに関する農地法等の特例に関する法律に規定する特定農地貸付けの用に供している農地については、農地所有者と農地の借手である地方公共団体との間で行われる賃貸借及びその地方公共団体と市民農園の借手である住民との間で行われる賃貸借については、農地法第18条に定める賃貸借の解除制限の規定の適用はないものとされていることから、耕作権の目的となっている農地には該当しません。よって、その市民農園として貸し付けられている農地については賃貸借契約の期間制限に係る斟酌を行うこととなり、その斟酌は、原則として、評価通達87（賃借権の評価）(2)の定めに準じて賃借権の残存期間に応じ、その賃借権が地上権であるとした場合に適用される法定地上権割合の2分の1に相当する割合とされます。
　ただし、次の要件の全てを満たす市民農園の用に供されている農地については、残存期間が20年以下の法定地上権割合に相当する20%の斟酌をすることとして差し支えありません。

ロ　地方自治法第244条の2の規定により条例で設置される市民農園であること。

ロ　土地の賃貸借契約に次の事項が定められ、かつ、相続税及び贈与税の課税時期後において引き続き市民農園として貸し付けられること。

①　貸付期間が、20年以上であること

②　正当な理由がない限り、貸付けを更新すること

③　農地の所有者は、貸付期間の中途において正当な理由がない限り、土地の返還を求めることはできないこと

なお、この適用を受けるためには、相続税又は贈与税の申告書に賃貸借契約書等の書類を添付する必要があります。

❷ 特定市民農園として貸し付けられている農地の評価

（1）特定市民農園の範囲

特定市民農園とは、次の各基準のいずれにも該当する借地方式による市民農園であって、都道府県及び政令指定都市が設置するものは農林水産大臣及び建設大臣から、その他の市町村が設置するものは都道府県知事からその旨の認定書の交付を受けたものをいいます。

イ　地方公共団体が設置する市民農園整備促進法第2条第2項の市民農園であること

ロ　地方自治法第244条の2第1項に規定する条例で設置される市民農園であること

ハ　その市民農園の区域内に設けられる施設が、市民農園整備促進法第2条第2項第2号に規定する市民農園施設のみであること

ニ　その市民農園の区域内に設けられる建築物の建築面積の総計が、その市民農園の敷地面積の100分の12を超えないこと

ホ　その市民農園の開設面積が500㎡以上であること

ヘ　市民農園の開設者である地方公共団体がその市民農園を公益上特別の必要がある場合その他正当な事由なく廃止（特定市民農園の要件に該当しなくなるような変更を含みます。）しないこと

なお、この要件については「特定市民農園の基準に該当する旨の認定申請書」への記載事項とされています。

ト　土地所有者と地方公共団体との土地貸借契約に次の事項の定めがあること

①　貸付期間が20年以上であること

②　正当な事由がない限り貸付けを更新すること

③　土地所有者は、貸付けの期間の中途において正当な事由がない限り土地の返

第7章　農地の評価

還を求めることはできないこと

(2) 特定市民農園として貸し付けられている農地の評価

　特定市民農園の用地として貸し付けられている土地の価額は、その土地が特定市民農園の用地として貸し付けられていないものとして評価した価額から、その価額に100分の30を乗じて計算した金額を控除した金額によって評価します。

　なお、この取扱いの適用を受けるに当たっては、その土地が、課税時期において特定市民農園の用地として貸し付けられている土地に該当する旨の地方公共団体の長の証明書（相続税又は贈与税の申告期限までに、その土地について権原を有することとなった相続人、受遺者又は受贈者全員からその土地を引き続き当該特定市民農園の用地として貸し付けることに同意する旨の申出書の添付があるものに限ります。）を所轄税務署長に提出する必要があります（個別通達、課評2-15・課資2-212、平成6年12月19日）。

③ 農業経営基盤強化促進法に基づく農用地利用集積計画の公告により賃借権が設定されている農地の評価

　農業経営基盤強化促進法に基づく農用地利用集積計画の公告により設定されている賃借権に係る農地の賃貸借については、農地法第17条（農地又は採草放牧地の賃貸借の更新）本文の賃貸借の法定更新などの適用が除外されており、いわゆる耕作権としての価格が生じるような強い権利ではありません。

　そのため、この農用地利用集積計画の公告により賃借権が設定されている農地の価額は、その農地の自用地としての価額から、その価額に100分の5を乗じて計算した金額を控除した価額によって評価します。

　（注）　なお、その賃貸借に基づく賃借権の価額（その農地の自用地としての価額の100分の5相当額）については、相続税又は贈与税の課税価格に算入する必要はありません。

【参考】

　昭和56年6月9日付直評10ほか1課共同「農用地利用増進法等の規定により設定された賃貸借により貸し付けられた農用地等の評価について」（「農用地利用増進法」は、農業経営基盤の強化のための関係法律の整備に関する法律により「農業経営基盤強化促進法」と改題されています。）

④ 農地中間管理機構に賃貸借により貸し付けられている農地の評価

　農地中間管理事業の推進に関する法律第2条第4項に規定する農地中間管理機構に貸し付けられている農地の賃貸借については、農地法第17条（農地又は採草放牧地の

賃貸借の更新）本文の賃貸借の法定更新の規定の適用が除外され、また、同法第18条（農地又は採草放牧地の賃貸借の解約等の制限）第1項本文の規定の適用が除外されるなど、いわゆる耕作権としての価格が生じるような強い権利ではありません。

このため、農地中間管理機構に賃貸借により貸し付けられている農地の価額は、その農地の自用地としての価額から、その価額に100分の5を乗じて計算した金額を控除した価額によって評価します。

なお、農地法第3条第1項第14号の2の規定に基づき農地中間管理機構に貸し付けられている農地のうち、賃貸借期間が10年未満のものについては、農地法第17条本文及び同法18条第1項本文の規定が適用されますので、耕作権の目的となっている農地として評価します。

なお、農地中間管理事業の推進に関する法律に基づく農用地利用配分計画の認可の公告により設定された賃借権の価額については、相続税又は贈与税の課税価格に算入する必要はありません。

【参考】

昭和56年6月9日付直評10ほか1課共同「農用地利用増進法等の規定により設定された賃貸借により貸し付けられた農用地等の評価について」（「農用地利用増進法」は、農業経営基盤の強化のための関係法律の整備に関する法律により「農業経営基盤強化促進法」と改題されています。）

⑤ 10年以上の期間の定めのある賃貸借により貸し付けられている農地の評価

農地について10年以上の期間の定めのある賃貸借については、農地法第18条（農地又は採草放牧地の賃貸借の解約等の制限）第1項本文の適用が除外されており、いわゆる耕作権としての価格が生じるような強い権利ではありません。

そのため、10年以上の期間の定めのある賃貸借により貸し付けられている農地の価額は、その農地の自用地としての価額から、その価額の100分の5を乗じて計算した金額を控除した価額によって評価します。

なお、その賃貸借に基づく賃借権の価額（その農地の自用地としての価額の100分の5相当額）については、相続税又は贈与税の課税価格に算入する必要はありません。

【参考】

昭和56年6月9日付直評10ほか1課共同「農用地利用増進法等の規定により設定された賃貸借により貸し付けられた農用地等の評価について」（「農用地利用増進法」は、農業経営基盤の強化のための関係法律の整備に関する法律により「農業経営基盤強化

促進法」と改題されています。）

山林の評価

1 ……山林の分類

　山林を評価する場合、その山林を純山林、中間山林及び市街地山林（一般的には、市街化区域内にある山林）のいずれかに分類して評価します。

　評価通達上、純山林、中間山林及び市街地山林についての定義はありませんが、一般的には、①純山林とは、通常の林業経営を前提とした林地をいい、宅地への転用が不可能な土地を、②中間山林とは、市街地周辺又は別荘地帯にある山林で、純山林とは状況を異にすることから売買価額の水準が純山林より高い山林を、③市街地山林とは、市街化区域にある山林又は宅地のうちに介在する山林をいい、売買価額が宅地並みの水準である山林をいいます。

　なお、いずれの山林に該当するかは、評価倍率表（国税庁ホームページ参照）で確認することができます。

2 ……純山林の評価方法

　純山林の価額は、その山林の固定資産税評価額に、地勢、土層、林産物の搬出の便等の状況の類似する地域ごとに、その地域にある山林の売買実例価額、精通者意見価格等を基として国税局長の定める倍率を乗じて計算した金額によって評価します（評価通達47：倍率方式）。

　なお、国税局長の定める倍率については、国税庁のホームページで確認することができます。

事例
CASE BOOK　　**純山林の評価**

　例えば、評価する山林が、青梅市天ケ瀬町の市街化調整区域内に存する山林の場合（平成30年分）には、その山林の固定資産税評価額に13を乗じて計算した金額がその山林の評価額となります。

※　国税局長の定める倍率の確認方法
　　国税庁ホームページ　⇒　関連サイトの路線価図、評価倍率表　⇒　評価年分
　　⇒　都道府県　⇒　評価倍率表の一般の土地等用　⇒　青梅市　⇒　天ケ瀬町

市区町村名：青梅市　　　　　　　　　　　　　　　　　　青梅税務署

音順	町（丁目）又は大字名	適　用　地　域　名	借地権割合	固定資産税評価額に乗ずる倍率等						
			%	宅地	田	畑	山林	原野	牧場	池沼
あ	天ヶ瀬町	市街化調整区域	40	1.1	中 17	中 28	純 13	純 13		
		市街化区域	－	路線	比準	比準	比準	比準		
い	今井1丁目	市街化調整区域	40	1.2	中 17	中 22	中 16	中 16		
		市街化区域	－	路線	比準	比準	比準	比準		
	今井2丁目	市街化調整区域								
		1　農業振興地域内の農用地区域				純 12	純 16			
		2　上記以外の地域	50	1.1	中 17	中 22	中 32	中 32		
		市街化区域	－	路線	比準	比準	比準	比準		
	今井3丁目	全域		路線	比準	比準	比準	比準		
	今井4・5丁目	農業振興地域内の農用地区域				純 12	純 16			
		上記以外の地域								
		1　主要地方道44号線（岩蔵街道）沿い	50	1.2	中 17	中 21	中 68	中 68		
		2　上記以外の地域	50	1.2	中 17	中 21	中 68	中 68		
	今寺1丁目	全域	－	路線	比準	比準	比準	比準		
	今寺2丁目	市街化調整区域								
		1　農業振興地域内の農用地区域				純 12	純 16			
		2　上記以外の地域	50	1.1	中 17	中 22	中 32	中 32		
		市街化区域	－	路線	比準	比準	比準	比準		
	今寺3～5丁目	全域	－	路線	比準	比準	比準	比準		
う	裏宿町	市街化調整区域								
		1　国道411号線（青梅街道）以北の地域	40	1.3	中 17	中 25	純 7.8	純 7.8		
		2　上記以外の地域	40	1.1	中 17	中 28	純 10	純 10		
		市街化区域	－	路線	比準	比準	比準	比準		
お	大柳町	市街化調整区域	40	1.1	中 17	中 28	純 13	純 13		
		市街化区域	－	路線	比準	比準	比準	比準		
	小曽木1丁目	全域	40	1.1	純 16	純 17	中 18	中 18		
	小曽木2丁目	農業振興地域内の農用地区域				純 14	純 16			
		上記以外の地域	40	1.1	純 14	純 17	中 21	中 21		

3 ……中間山林の評価方法

中間山林の価額は、その山林の固定資産税評価額に、地価事情の類似する地域ごとに、その地域にある山林の売買実例価額、精通者意見価格等を基として国税局長の定める倍率を乗じて計算した金額によって評価します（評価通達48：倍率方式）。

中間山林の評価

例えば、評価する山林が、青梅市今井1丁目の市街化調整区域に存する山林の場合（平成30年分）には、その山林の固定資産税評価額に16を乗じて計算した金額がその山林の評価額となります。

市区町村名：青梅市　　　　　　　　　　　　　　　　　　　青梅税務署

音順	町（丁目）又は大字名	適用地域名	借地権割合	固定資産税評価額に乗ずる倍率等						
			％	宅地	田	畑	山林	原野	牧場	池沼
あ	天ヶ瀬町	市街化調整区域	40	1.1	中 17	中 28	純 13	純 13		
		市街化区域	—	路線	比準	比準	比準	比準		
い	今井１丁目	市街化調整区域	40	1.2	中 17	中 22	中 16	中 16		
		市街化区域	—	路線	比準	比準	比準	比準		
	今井２丁目	市街化調整区域								
		1　農業振興地域内の農用地区域			純 12	純 16				
		2　上記以外の地域	50	1.1	中 17	中 22	中 32	中 32		
		市街化区域	—	路線	比準	比準	比準	比準		
	今井３丁目	全域	—	路線	比準	比準	比準	比準		
	今井４・５丁目	農業振興地域内の農用地区域			純 12	純 16				
		上記以外の地域								
		1　主要地方道４４号線（岩蔵街道）沿い	50	1.2	中 17	中 21	中 68	中 68		
		2　上記以外の地域	50	1.2	中 17	中 21	中 68	中 68		
	今寺１丁目	全域	—	路線	比準	比準	比準	比準		
	今寺２丁目	市街化調整区域								
		1　農業振興地域内の農用地区域			純 12	純 16				
		2　上記以外の地域	50	1.1	中 17	中 22	中 32	中 32		
		市街化区域	—	路線	比準	比準	比準	比準		
	今寺３〜５丁目	全域	—	路線	比準	比準	比準	比準		
う	裏宿町	市街化調整区域								
		1　国道４１１号線（青梅街道）以北の地域	40	1.3	中 17	中 25	純 7.8	純 7.8		
		2　上記以外の地域	40	1.1	中 17	中 28	純 10	純 10		
		市街化区域	—	路線	比準	比準	比準	比準		
お	大柳町	市街化調整区域	40	1.1	中 17	中 28	純 13	純 13		
		市街化区域	—	路線	比準	比準	比準	比準		
	小曽木１丁目	全域	40	1.1	純 16	純 17	中 18	中 18		
	小曽木２丁目	農業振興地域内の農用地区域			純 14	純 16				
		上記以外の地域	40	1.1	純 14	17	中 21	中 21		

第8章　山林の評価

169

4 ……市街地山林の評価方法

市街地山林の価額は、その山林が宅地であるとした場合の1m²当たりの価額から、その山林を宅地に転用する場合において通常必要と認められる1m²当たりの造成費に相当する金額として、整地、土盛り又は土止めに要する費用の額がおおむね同一と認められる地域ごとに国税局長の定める金額を控除した金額に、その山林の地積を乗じて計算した金額によって評価します（評価通達49：宅地比準方式）。

ただし、その市街地山林の固定資産税評価額に地価事情の類似する地域ごとに、その地域にある山林の売買実例価額、精通者意見価格等を基として国税局長の定める倍率を乗じて計算した金額によって評価することができるものとし、その倍率が定められている地域にある市街地山林の価額は、その山林の固定資産税評価額にその倍率を乗じて計算した金額によって評価します。

なお、その市街地山林について宅地への転用が見込めないと認められる場合には、その山林の価額は、近隣の純山林の価額に比準して評価しますが（評価通達49）、その際の比準元となる具体的な純山林は、評価対象地の近隣の純山林、すなわち、評価対象地からみて距離的に最も近い場所に所在する純山林となります。

(注1)　その山林が宅地であるとした場合の1m²当たりの価額は、その付近にある宅地について評価通達11（（評価の方式））に定める方式によって評価した1m²当たりの価額を基とし、その宅地とその山林との位置、形状等の条件の差を考慮して評価します。

　　　なお、その山林が宅地であるとした場合の1m²当たりの価額については、その山林が宅地であるとした場合において評価通達20-2（（地積規模の大きな宅地の評価））の定めの適用対象となるとき（同通達21-2（（倍率方式による評価））ただし書において同通達20-2の定めを準用するときを含みます。）には、同項の定めを適用して計算することになります。

(注2)　その山林を宅地に転用する場合において通常必要と認められる1m²当たりの造成費の計算方法は、上記市街地農地の評価方法の【参考】の宅地造成費の金額表を参照のこと。

(注3)　「その市街地山林について宅地への転用が見込めないと認められる場合」とは、その山林を本項本文によって評価した場合の価額が近隣の純山林の価額に比準して評価した価額を下回る場合、又はその山林が急傾斜地等であるために宅地造成ができないと認められる場合をいいます。

また、市街地山林の具体的な評価は、上記市街地農地の評価方法と同様です。

5 ……保安林の評価

　森林法その他の法令の規定に基づき土地の利用又は立木の伐採について制限を受けている山林（特別緑地保全地区内にある山林を除きます。）の価額は、評価通達45（（評価の方式））から同49（（市街地山林の評価））までの定めにより評価した価額（その山林が森林法第25条（（指定））の規定により保安林として指定されており、かつ、倍率方式により評価すべきものに該当するときは、その山林の付近にある山林につき同通達45から49までの定めにより評価した価額に比準して評価した価額とします。）から、その価額にその山林の上に存する立木について同通達123（（保安林等の立木の評価））に定める割合を乗じて計算した金額を控除した金額によって評価します（評価通達50）。

　　(注)　保安林は、地方税法第348条《固定資産税の非課税の範囲》第2項第7号の規定により、固定資産税は非課税とされています。

【参考】

　評価通達123に定める割合

法令に基づき定められた伐採関係の区分	控除割合
一　部　皆　伐	0.3
択　　　　伐	0.5
単　木　選　伐	0.7
禁　　　　伐	0.8

6 ……特別緑地保全地区内にある山林の評価

　都市緑地法第12条に規定する特別緑地保全地区（首都圏近郊緑地保全法第4条第2項第3号に規定する近郊緑地特別保全地区及び近畿圏の保全区域の整備に関する法律第6条第2項に規定する近郊緑地特別保全地区を含みます。）内にある山林（林業を営むために立木の伐採が認められる山林で、かつ、純山林に該当するものを除きます。）の価額は、評価通達45（（評価の方式））から49（（市街地山林の評価））までの定めにより評価した価額から、その価額に100分の80を乗じて計算した金額を控除した金額によって評価します（評価通達50-2）。

7 ……貸し付けられている山林の評価

　賃借権、地上権等の目的となっている山林の評価は、次に掲げる区分に従い、それぞれ次に定める方法により評価します（評価通達51）。

①　賃借権の目的となっている山林の価額は、評価通達47《純山林の評価》から同50-2までの定めにより評価したその山林の価額（以下「自用地としての価額」といいます。）から、同54《賃借権の評価》の定めにより評価したその賃借権の価額を控除した金額によって評価します。

②　地上権の目的となっている山林の価額は、その山林の自用地としての価額から相続税法第23条《地上権及び永小作権の評価》又は地価税法第24条《地上権及び永小作権の評価》の規定により評価したその地上権の価額を控除した金額によって評価します。

③　区分地上権の目的となっている山林の価額は、その山林の自用地としての価額から評価通達53-2《区分地上権の評価》の定めにより評価した区分地上権の価額を控除した金額によって評価します。

④　区分地上権に準ずる地役権の目的となっている承役地である山林の価額は、その山林の自用地としての価額から評価通達53-3《区分地上権に準ずる地役権の評価》の定めにより評価したその区分地上権に準ずる地役権の価額を控除した金額によって評価します。

8 ……土地の上に存する権利が競合する場合の山林の評価

土地の上に存する権利が競合する場合の山林の価額は、次に掲げる区分に従って評価します（評価通達51-2）

①　賃借権又は地上権及び区分地上権の目的となっている山林の価額は、その山林の自用地の価額から、評価通達53-2の定めにより評価した区分地上権の価額及び同通達54-2(1)の定めにより評価した賃借権又は地上権の価額を控除した金額によって評価します。

②　区分地上権及び区分地上権に準ずる地役権の目的となっている承役地である山林の価額は、その山林の自用地の価額から、評価通達53-2の定めにより評価した区分地上権の価額及び同53-3の定めにより評価した区分地上権に準ずる地役権の価額を控除した金額によって評価します。

③　賃借権又は地上権及び区分地上権に準ずる地役権の目的となっている承役地である山林の価額は、その山林の自用地の価額から評価通達53-3の定めにより評価した区分地上権に準ずる地役権の価額及び同54-2(2)の定めにより評価した賃借権又は地上権の価額を控除した金額によって評価します。

9 ……分収林契約に基づいて貸し付けられている山林の評価

立木の伐採又は譲渡による収益を一定の割合により分収することを目的として締結された分収林契約（所得税法施行令第78条《用語の意義》に規定する「分収造林契約」又は「分収育林契約」をいいます。以下同じです。）に基づいて設定された地上権又は賃借権の目的となっている山林の価額は、その分収林契約により定められた山林の所有者に係る分収割合に相当する部分の山林の自用地としての価額と、その他の部分の山林について評価通達51《貸し付けられている山林の評価》又は同51-2の定めにより評価した価額との合計額によって評価します。

(注1)　上記の「分収林契約」には、旧公有林野等官行造林法第1条《趣旨》の規定に基づく契約も含まれます。

（注2）　上記の定めを算式によって示せば、次のとおりです。

【算式】

（その山林の自用地としての価額（A）　×　山林所有者の分収割合　（B））＋（（A）　－
地上権又は賃借権の価額）　×　（　1　－　（B））　＝　分収林契約に係る山林の価額

10 ……残存期間の不確定な地上権の評価

立木一代限りとして設定された地上権などのように残存期間の不確定な地上権の価額は、課税時期の現況により、立木の伐採に至るまでの期間をその残存期間として相続税法第23条《地上権及び永小作権の評価》又は地価税法第24条《地上権及び永小作権の評価》の規定によって評価します（評価通達53）。

11 ……区分地上権の評価

山林に係る区分地上権の価額は、評価通達27-4《区分地上権の評価》の定めを準用して評価します（評価通達53-2）。

12 ……区分地上権に準ずる地役権の評価

山林に係る区分地上権に準ずる地役権の価額は、その区分地上権に準ずる地役権の目的となっている承役地である山林の自用地としての価額を基とし、評価通達27-5《区分地上権に準ずる地役権の評価》の定めを準用して評価します（評価通達53-3）。

13 ……賃借権の評価

賃借権の評価は、次に掲げる区分に従って評価します（評価通達54）。

①　純山林に係る賃借権の価額は、その賃借権の残存期間に応じ、相続税法第23条《地上権及び永小作権の評価》又は地価税法第24条《地上権及び永小作権の評価》の規定を準用して評価します。この場合において、契約に係る賃借権の残存期間がその権利の目的となっている山林の上に存する立木の現況に照らし更新されることが明らかであると認める場合においては、その契約に係る賃借権の残存期間に更新によって延長されると認められる期間を加算した期間をもってその賃借権の残存期間とします。

② 中間山林に係る賃借権の価額は、賃貸借契約の内容、利用状況等に応じ、①又は③の定めにより求めた価額によって評価します。

③ 市街地山林に係る賃借権の価額は、その山林の付近にある宅地に係る借地権の価額等を参酌して求めた価額によって評価します。

14 ……土地の上に存する権利が競合する場合の賃借権又は地上権の評価

土地の上に存する権利が競合する場合の賃借権又は地上権の価額は、次に掲げる区分に従って評価します（評価通達54-2）。

① 賃借権又は地上権及び区分地上権が設定されている場合の賃借権又は地上権の価額は、次の算式により計算した金額で評価します。

【算式】

評価通達54の定めにより評価した賃借権の価額又は相続税法第23条若しくは地価税法第24条の規定により評価した地上権の価額　×　（　1－　評価通達53-2の定めにより評価した区分地上権の価額　÷　その山林の自用地としての価額）

② 区分地上権に準ずる地役権が設定されている承役地に賃借権又は地上権が設定されている場合の賃借権又は地上権の価額は、次の算式で計算した金額で評価します。

【算式】

評価通達54の定めにより評価した賃借権の価額又は相続税法第23条若しくは地価税法第24条の規定により評価した地上権の価額　×　（　1－　評価通達53-3の定めにより評価した区分地上権に準ずる地役権の価額　÷　その山林の自用地としての価額）

15 ……分収林契約に基づき設定された地上権等の評価

分収林契約に基づき設定された地上権又は賃借権の価額は、相続税法第23条《地上権及び永小作権の評価》若しくは地価税法第24条《地上権及び永小作権の評価》の規定又は評価通達53《残存期間の不確定な地上権の評価》、54《賃借権の評価》若しくは同通達54-2の定めにかかわらず、これらの定めにより評価したその地上権又は賃借権の価額にその分収林契約に基づき定められた造林又は育林を行う者に係る分収割合を乗じて計算した価額によって評価します（評価通達55）。

16 ……山林及び立木の評価に関する個別通達

　公益的機能別施業森林区域内の山林及び立木の評価について（平成14年6月4日、課評2-3、課資2-6、平成24年7月12日付課評2-35外（第10章［参考資料］16を参照してください。）

雑種地の評価

1 ……雑種地の意義

雑種地とは、宅地、田、畑、山林、原野、牧場、池沼及び鉱泉地以外の土地をいい、具体的には、駐車場、資材置場、ゴルフ場、遊園地、運動場、競馬場、野球場、テニスコート、下水処理場敷地、変電所敷地、ドッグラン敷地、鉄塔敷地、稲干場、塚地、柴草地、不毛地、砂地、土取場跡、引込線敷地又は鉄軌道用地等が該当します。

2 ……雑種地の評価

雑種地の価額は、原則として、その雑種地と状況が類似する付近の土地について評価した $1\,\mathrm{m}^2$ 当たりの価額を基とし、その土地とその雑種地との位置、計上等の条件の差を考慮して求めた価額に、その雑種地の地積を乗じて計算した金額によって評価することとされています。

雑種地は、駐車場、資材置場、テニスコート等のように宅地に類似するものもあれば、原野に類似するものもあり、その現況は、千差万別であるため、雑種地の価額は評価しようとする雑種地の付近にあって、状況が類似する土地の価額から比準して評価することとされています。

ただし、雑種地について倍率が定められている地域にある場合には倍率方式で評価することになります（評価通達82）。

ゴルフ場の用に供されている土地は評価通達83、遊園地の用に供されている土地は評価通達83-2、文化財建造物である構築物の用に供されている土地は評価通達83-3、鉄道又は軌道の用に供されている土地は評価通達84に規定されています。

❶ 市街化区域内の雑種地

市街化区域にある雑種地は、現況が宅地に類似する場合は、隣接又は付近の宅地の価額を基に、位置、計上等の条件の差を考慮して評価します。

また、現況が農地や山林に類似する場合は、市街地農地や市街地山林を評価する場合と同じように評価します。

❷ 市街化調整区域内の雑種地

市街化調整区域とは、市街化を抑制すべき区域とされています（都市計画法第7条）。この地域は原則として宅地開発や建築が認められないことになっています。ただし、

都市計画法第34条の各号に該当する場合は例外的に宅地開発や建築が認められます。

　このため、市街化調整区域の雑種地の評価については、状況が類似する土地の地目を判定することになります。

　純農地・純山林・純原野に該当するか、店舗等の建築が可能な幹線道路沿いや市街化区域との境界付近に該当するか、それ以外かにより判定することになります。

　また、付近の宅地の価額である近傍宅地価格を基に宅地比準として評価する場合、評価する課税時期において各種法的規制（開発行為や建築制限、用途制限等）を受けるため、有効利用できる宅地との差として「しんしゃく割合（減価率）を判定することになります。

　しんしゃく割合は、本来、市街化の影響度と雑種地の利用状況によって個別に判定することになりますが、下表のしんしゃく割合によっても差し支えないとされています。

国税庁ホームページ・質疑応答事例
（市街化調整区域内にある雑種地の評価）

	周囲（地域）の状況	比準地目	しんしゃく割合
弱　市街化の影響度　強	① 純農地、純山林、純原野	農地比準、山林比準、原野比準（注1）	
	② ①と③の地域の中間（周囲の状況により判定）	宅地比準	しんしゃく割合 50%
			しんしゃく割合 30%
	③ 店舗等の建築が可能な幹線道路沿いや市街化区域との境界付近（注2）	宅地価格と同等の取引実態が認められる地域（郊外型店舗が建ち並ぶ地域等）	しんしゃく割合 0%

（注）1　農地等の価額を基として評価する場合で、評価対象地が資材置場、駐車場等として利用されているときは、その土地の価額は、原則として、財産評価基本通達24-5（農業用施設用地の評価）に準じて農地等の価額に造成費相当額を加算した価額により評価します（ただし、その価額は宅地の価額を基として評価した価額を上回らないことに留意してください。）。

　　　2　③の地域は、線引き後に沿道サービス施設が建設される可能性のある土地（都市計画法第34条第9号、第43条第2項）や、線引き後に日常生活に必要な物品の小売業等の店舗として開発又は建築される可能性のある土地（都市計画法第34条第1号、第43条第2項）の存する地域をいいます。

　　　3　都市計画法第34条第11号に規定する区域内については、上記の表によらず、個別に判定します。

都市計画法第34条第1号

　　　主として当該開発区域の周辺の地域において居住している者の利用に供する政令で定める公益上必要な建築物又はこれらの者の日常生活のため必要な物品の販売、加工若しくは修理その他の業務を営む店舗、事業場その他これらに類する建築物の建築の用に供する目的で行う開発行為

都市計画法第34条第9号

　　　市街化区域内において建築し、又は建設することが困難又は不適当なものとして政令で定める建築物又は第一種特定工作物の建築又は建設の用に供する目的で行う開発行為

都市計画法第34条第11号

　　　市街化区域に隣接し、又は近接し、かつ、自然的社会的諸条件から市街化区域と一体的な日常生活圏を構成していると認められる地域であっておおむね五十以上の建築物（市街化区域内に存するものを含む。）が連たんしている地域のうち、政令で定める基準に従い、都道府県（指定都市等又は事務処理市町村の区域内にあっては、当該指定都市等又は事務処理市町村。以下この号及び次号において同じ。）の条例で指定する土地の区域内において行う開発行為で、予定建築物等の用途が、開発区域及びその周辺の地域における環境の保全上支障があると認められる用途として都道府県の条例で定めるものに該当しないもの

　以上のように、都市計画による宅地開発や建築が可能かどうかを関係行政庁への調査を実施することにより判断することになりますので、市街化調整区域にある雑種地の評価については、関係行政庁への調査が重要になります。

（1）農地等比準により評価する場合

　評価対象雑種地の周囲の状況が純農地、純山林、純原野である場合、農地価額等をもとに、農地等とした場合の1m²当たりの価額に地積を乗じて評価することになります。

（2）しんしゃく割合50%で評価する場合

　市街化調整区域内の雑種地として、開発行為や建築が禁止されており、建築不可であり、駐車場や資材置場として利用されている場合となります。

　この場合、付近の宅地価額を基に評価します。付近の宅地価額は近傍宅地の固定資産税評価額に評価倍率を乗じます。

（3）しんしゃく割合30%で評価する場合

　市街化調整区域内の雑種地であるが、幹線道路沿いや市街化地域との境界にあり、市街化の影響度が強いとともに市街化調整区域内のため、法的規制は受けるが比較的緩やかであり、建物の建築は可能であるが、その用途が店舗等に限定される場合となります。

この場合も付近の宅地価額を基に評価します。付近の宅地価額は近傍宅地の固定資産税評価額に評価倍率を乗じます。

（4）しんしゃく割合0％で評価する場合

市街化調整区域内の雑種地であるが、幹線道路沿いや市街化地域との境界にあり、住宅や店舗等が立ち並ぶ地域であり、宅地と同様の取引が認められ、建築可能な場合となります。

この場合も付近の宅地価額を基に評価します。付近の宅地価額は近傍宅地の固定資産税評価額に評価倍率を乗じます。

3 貸し付けられている雑種地の評価

土地の所有者が、自らその土地を貸駐車場として利用している場合には、その土地の自用地としての価額により評価しますが、車庫などの施設を駐車場の利用者の費用で造ることを認めるような契約の場合には、土地の賃貸借になると考えられますので、その土地の自用地としての価額から、賃借権の価額を控除した金額によって評価することになります。

このように賃借権の目的となっている雑種地は、評価通達87による賃借権の価額を控除することになります。ただし、その賃借権の価額が、評価通達86ただし書きに掲げる金額を下回る場合には、その雑種地の自用地としての価額から評価通達86ただし書きに掲げる金額を控除した金額によって評価することになります。

評価通達87（賃借権の評価）

雑種地に係る賃借権の価額は、原則として、その賃貸借契約の内容、利用の状況等を勘案して評定した価額によって評価する。ただし、次に掲げる区分に従い、それぞれ次に掲げるところにより評価することができるものとする。

(1) 地上権に準ずる権利として評価することが相当と認められる賃借権（例えば、賃借権の登記がされているもの、設定の対価として権利金その他の一時金の授受のあるもの、堅固な構築物の所有を目的とするものなどがこれに該当する。）の価額は、その雑種地の自用地としての価額に、その賃借権の残存期間に応じその賃借権が地上権であるとした場合に適用される相続税法第23条《地上権及び永小作権の評価》若しくは地価税法第24条《地上権及び永小作権の評価》に規定する割合（以下「法定地上権割合」という。）又はその賃借権が借地権であるとした場合に適用される借地権割合のいずれか低い割合を乗じて計算した金額によって評価する。

(2) (1)に掲げる賃借権以外の賃借権の価額は、その雑種地の自用地としての価額に、その賃

相続税法第23条

　地上権（借地借家法に規定する借地権又は民法第269条の2第1項（地下又は空間を目的とする地上権）の地上権に該当するものを除く。）及び永小作権の価額は、その残存期間に応じ、その目的となっている土地のこれらの権利を取得した時におけるこれらの権利が設定されていない場合の時価に、次に定める割合を乗じて算出した金額による。

　残存期間が10年以下のもの　100分の5

　残存期間が10年を超え15年以下のもの　100分の10

　残存期間が15年を超え20年以下のもの　100分の20

　残存期間が20年を超え25年以下のもの　100分の30

　残存期間が25年を超え30年以下のもの及び地上権で存続期間の定めのないもの　100分の40

　残存期間が30年を超え35年以下のもの　100分の50

　残存期間が35年を超え40年以下のもの　100分の60

　残存期間が40年を超え45年以下のもの　100分の70

　残存期間が45年を超え50年以下のもの　100分の80

　残存期間が50年を超えるもの　100分の90

地価税第24条

　地上権（借地権又は民法第269条の2第1項（地下又は空間を目的とする地上権）の地上権に該当するものを除く。）及び永小作権の価額は、次の各号に掲げる地上権等の区分に応じ、その目的となっている土地の課税時期における当該地上権等が設定されていないものとした場合の時価に、当該各号に定める割合を乗じて計算した金額による。

　一　残存期間が10年以下であるもの　100分の5

　二　残存期間が10年を超え15年以下であるもの　100分の10

　三　残存期間が15年を超え20年以下であるもの　100分の20

　四　残存期間が20年を超え25年以下であるもの　100分の30

　五　残存期間が25年を超え30年以下であるもの及び地上権で存続期間の定めのないもの　100分の40

　六　残存期間が30年を超え35年以下であるもの　100分の50

　七　残存期間が35年を超え40年以下であるもの　100分の60

　八　残存期間が40年を超え45年以下であるもの　100分の70

　九　残存期間が45年を超え50年以下であるもの　100分の80

　十　残存期間が50年を超えるもの　100分の90

評価通達86（貸し付けられている雑種地の評価）
　　賃借権、地上権等の目的となっている雑種地の評価は、次に掲げる区分に従い、それぞれ次に掲げるところによる。

(1)　賃借権の目的となっている雑種地の価額は、原則として、評価通達82《雑種地の評価》から同84《鉄軌道用地の評価》までの定めにより評価した雑種地の価額（以下この節において「自用地としての価額」という。）から、同87《賃借権の評価》の定めにより評価したその賃借権の価額を控除した金額によって評価する。

　　ただし、その賃借権の価額が、次に掲げる賃借権の区分に従いそれぞれ次に掲げる金額を下回る場合には、その雑種地の自用地としての価額から次に掲げる金額を控除した金額によって評価する。

　イ　地上権に準ずる権利として評価することが相当と認められる賃借権（例えば、賃借権の登記がされているもの、設定の対価として権利金その他の一時金の授受のあるもの、堅固な構築物の所有を目的とするものなどがこれに該当する。）

　　　その雑種地の自用地としての価額に、その賃借権の残存期間に応じ次に掲げる割合を乗じて計算した金額

　　(イ)　残存期間が5年以下のもの　　100分の5

　　(ロ)　残存期間が5年を超え10年以下のもの　　100分の10

　　(ハ)　残存期間が10年を超え15年以下のもの　　100分の15

　　(ニ)　残存期間が15年を超えるもの　　100分の20

　ロ　イに該当する賃借権以外の賃借権

　　　その雑種地の自用地としての価額に、その賃借権の残存期間に応じイに掲げる割合の2分の1に相当する割合を乗じて計算した金額

(2)　地上権の目的となっている雑種地の価額は、その雑種地の自用地としての価額から相続税法第23条《地上権及び永小作権の評価》又は地価税法第24条《地上権及び永小作権の評価》の規定により評価したその地上権の価額を控除した金額によって評価する。

(3)　区分地上権の目的となっている雑種地の価額は、その雑種地の自用地としての価額から評価通達87-2《区分地上権の評価》の定めにより評価したその区分地上権の価額を控除した金額によって評価する。

(4)　区分地上権に準ずる地役権の目的となっている承役地である雑種地の価額は、その雑種地の自用地としての価額から評価通達87-3《区分地上権に準ずる地役権の評価》の定めにより評価したその区分地上権に準ずる地役権の価額を控除した金額によって評価する。

（注）上記(1)又は(2)において、賃借人又は地上権者がその雑種地の造成を行っている場合には、

　上記（注）は、ゴルフ場用地等のように賃借人が造成を行っている場合でも、評価通達86の(1)又は(2)により造成後のゴルフ場用地の価額を基に貸し付けられている雑種地の価額を評価すると造成費相当額分だけ高くなっている価額から賃借権等を控除するとういう不合理な評価となってしまうため、賃借人が造成を行っている場合は、造成が行われていないものとして、状況が類似する付近の土地の価額（その土地が宅地の場合には宅地の価額、山林の場合は山林の価額）を基に位置、形状等の条件等を考慮した評価額から賃借権等の価額を控除して評価することとされています。

4　雑種地の評価における具体的な計算例

事例 CASE BOOK　路線価地域内にある雑種地の場合

① 　地目は、雑種地
② 　地積は、480m²
③ 　正面の路線価は、180,000円
④ 　間口は、20m
⑤ 　奥行は、24m
⑥ 　利用区分は、自用地
⑦ 　地区区分は、普通住宅地区
⑧ 　駐車場として利用しているため、宅地造成費は発生せず

各種補正率
（ア）　正面の奥行価格補正率…奥行24mで普通住宅地区の場合、0.97
（イ）　間口狭小補正率…間口20mで普通住宅地区の場合、1.00
（ウ）　奥行長大補正率…奥行率は2未満（24m÷20m）であり、1.00

土地及び土地の上に存する権利の評価明細書（第1表）

局 （所）　署
年分　　　ページ

（平成三十年分以降用）

（住居表示）　（　　　　　　　　）	所有者	住　所（所在地）		使用者	住　所（所在地）	
所在地番		氏　　名（法人名）			氏　　名（法人名）	

地　　目	地　積	路　　　線　　　価				地形図及び参考事項
宅 地　原 野 ① **雑種地** ② 　　㎡ 田　畑　[　　] 山　林	**480** ⑥	正　面 ③ **180,000**	側　方　円	側　方　円	裏　面 ⑦ 円	

間口距離 ④ **20**ｍ	利用区分	自 用 地　貸家建付借地権 貸 宅 地　転 貸 借 地 権 貸家建付地　転 借 権 借 地 権　借家人の有する権利 私　　道	地区区分	ビル街地区　**普通住宅地区** 高度商業地区　中小工場地区 繁華街地区　大工場地区 普通商業・併用住宅地区	参考事項
奥行距離 ⑤ **24**ｍ					

	1　一路線に面する宅地 　（正面路線価） **180,000** 円×	**（ア）**（奥行価格補正率） **0.97**			（1㎡当たりの価額） **174,600** 円	A
自	2　二路線に面する宅地 　　（A）　（該当するもの） 　　　円 ×	（奥行価格 補正率） 0.3	側方		（1㎡当たりの価額） 円	K

自用地の額	自用地1平方メートル当たりの価額 （AからKまでのうちの該当記号） （ **A** ）　　円 **174,600**	地　積 ㎡ **480**	総　　　　　額 （自用地1㎡当たりの価額）×（地　積） 円 **83,808,000**	L

事例
CASE BOOK

倍率地域内にある雑種地で宅地に状況が類似する場合

市街化調整区域

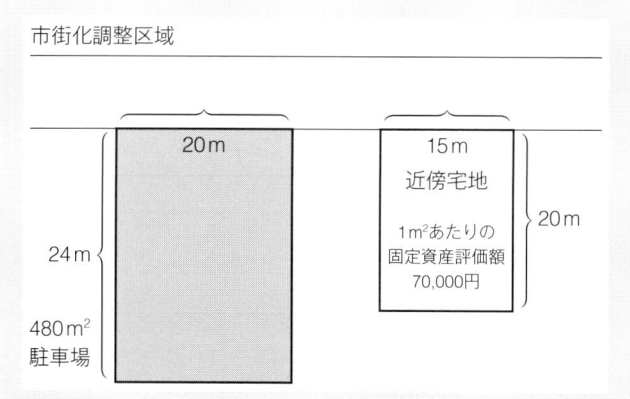

① 地目は、雑種地

② 地積は、480㎡

③ 近傍宅地の固定資産税評価額は70,000円　宅地の評価倍率が1.1倍
　近傍宅地の1㎡当たりの評価額77,000円（70,000円×1.1倍）

④ 間口は、20ｍ

⑤ 奥行は、24ｍ

⑥　利用区分は、自用地

⑦　地区区分は、普通住宅地区

⑧　駐車場として利用しているため、宅地造成費は発生せず

⑨　周囲の状況は、純農地でも、店舗等の建築が可能な幹線道路沿いや市街化区域との境界でもなく、建築は不可の土地である。

各種補正率

（ア）　正面の奥行価格補正率…奥行24ｍで普通住宅地区の場合、0.97

（イ）　間口狭小補正率…間口20ｍで普通住宅地区の場合、1.00

（ウ）　奥行長大補正率…奥行率は2未満（24ｍ÷20ｍ）であり、1.00

（エ）　しんしゃく割合…建築は不可のため、0.5

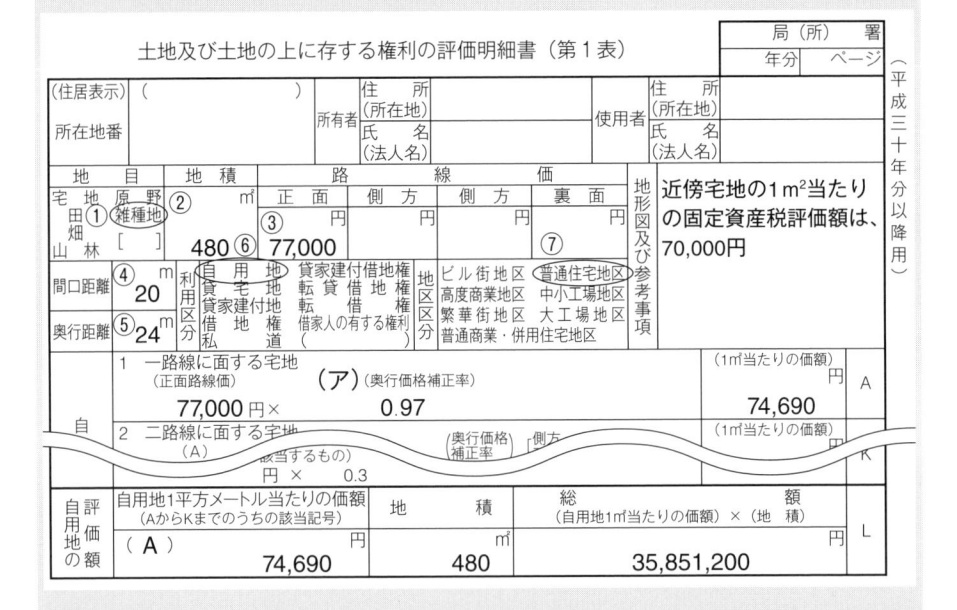

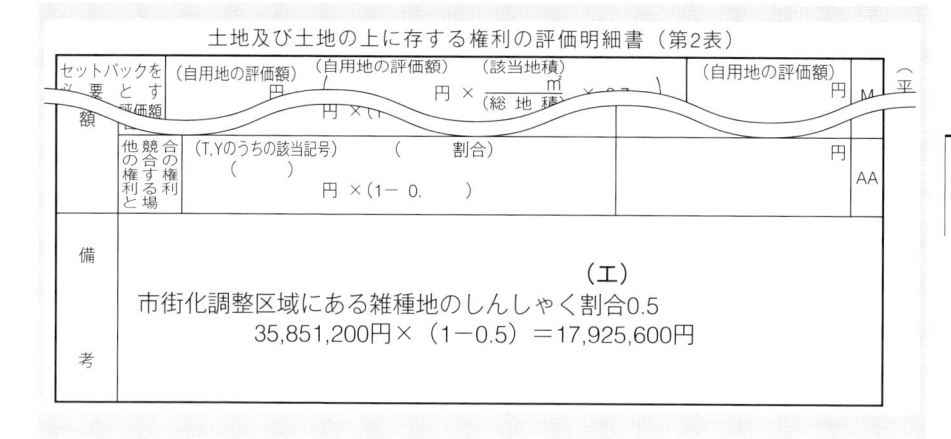

土地及び土地の上に存する権利の評価明細書（第2表）

セットバックを 必要とする 評価額	（自用地の評価額） 円	（自用地の評価額） 円 ×	（該当地積） $\dfrac{㎡}{（総地積）}$ ×	（自用地の評価額） 円	M	〜平
	他 の競 権合 利す とる 場利	（T,Yのうちの該当記号）　（　　割合） （　　） 円 ×（1− 0.　　）		円	AA	

備 考	**（エ）** 市街化調整区域にある雑種地のしんしゃく割合0.5 35,851,200円 ×（1−0.5）＝17,925,600円

事例
CASE BOOK

貸し付けられている雑種地の場合

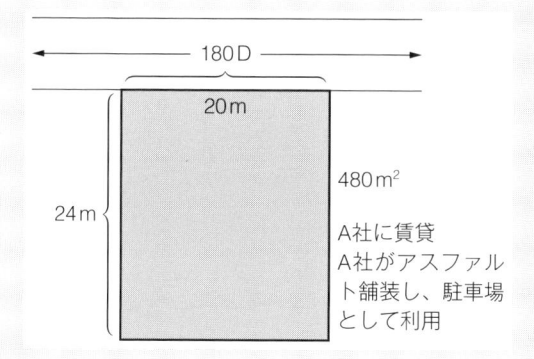

- 180D -
20m
24m
480㎡

A社に賃貸
A社がアスファルト舗装し、駐車場
として利用

① 地目は、雑種地
② 地積は、480㎡
③ 正面の路線価は、180,000円
④ 間口は、20m
⑤ 奥行は、24m
⑥ 利用区分は、賃借権の目的となっている土地
　　残存期間2年
⑦ 地区区分は、普通住宅地区
⑧ 駐車場として利用しているため、宅地造成費は発生せず

第9章　雑種地の評価

187

各種補正率

（ア）　正面の奥行価格補正率…奥行24ｍで普通住宅地区の場合、0.97

（イ）　間口狭小補正率…間口20ｍで普通住宅地区の場合、1.00

（ウ）　奥行長大補正率…奥行率は２未満（24ｍ÷20ｍ）であり、1.00

（エ）　賃借権の割合…残存期間が２年であり、地上権に準ずる賃借権以外ものであ
るため、0.025（5％の２分の１）

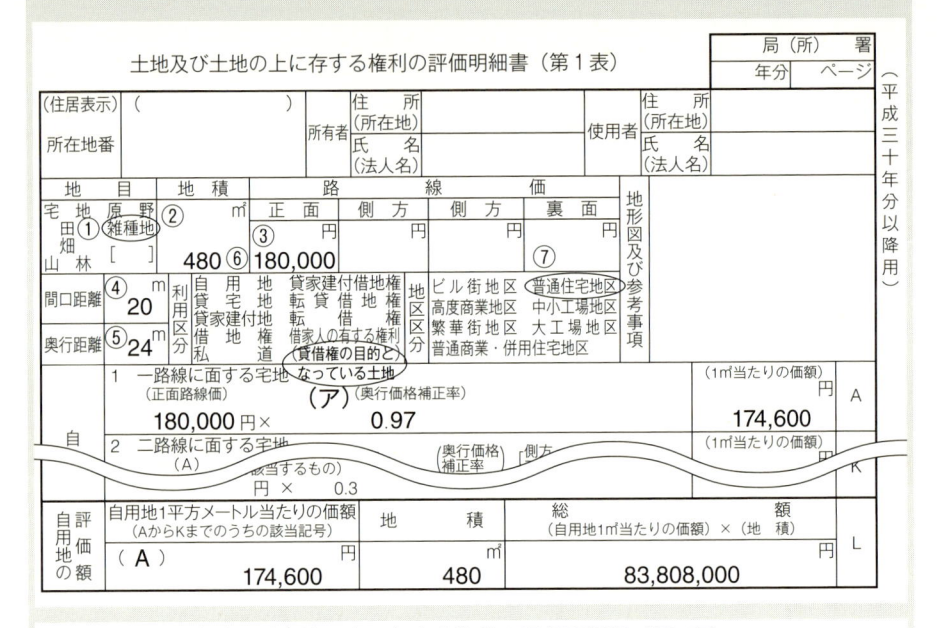

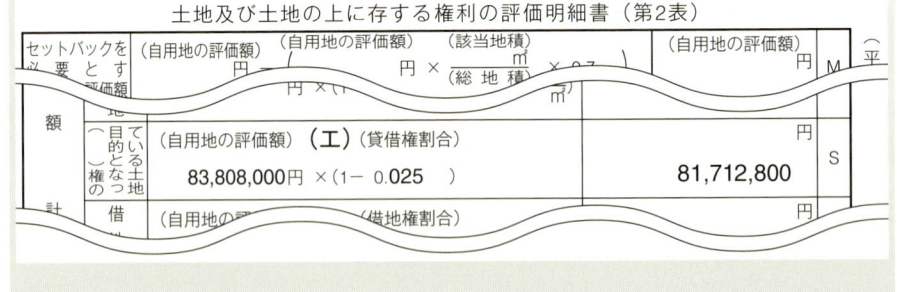

3 ……個別事例

都市公園の用地として貸し付けられている土地の評価について（個別通達）

（課評2-4　課資2-122　平成4年4月22日）

1　都市公園の用地として貸し付けられている土地の範囲

　　都市公園の用地として貸し付けられている土地とは、都市公園法第2条第1項第1号（（定義））に規定する公園又は緑地（堅固な公園施設が設置されているもので、面積が500平方メートル以上あるものに限る。）の用に供されている土地として貸し付けられているもので、次の要件を備えるものとする。

(1)　土地所有者と地方公共団体との土地貸借契約に次の事項の定めがあること

　　イ　貸付けの期間が20年以上であること

　　ロ　正当な事由がない限り貸付けを更新すること

　　ハ　土地所有者は、貸付けの期間の中途において正当な事由がない限り土地の返還を求めることはできないこと。

(2)　相続税又は贈与税の申告期限までに、その土地についての権原を有することとなった相続人又は受贈者全員から当該土地を引き続き公園用地として貸し付けることに同意する旨の申出書が提出されていること

2　都市公園の用地として貸し付けられている土地の評価

　　都市公園の用地として貸し付けられている土地の価額は、その土地が都市公園の用地として貸し付けられていないものとして、昭和39年4月25日付直資56、直審（資）17「財産評価基本通達」の第2章（（土地及び土地の上に存する権利））の定めにより評価した価額から、その価額に100分の40を乗じて計算した金額を控除した金額によって評価する。

3　適用時期等

　　この取扱いは、平成4年1月1日以後に相続若しくは遺贈又は贈与により取得した都市公園の用地として貸し付けられている土地の評価に適用する。

　　なお、この取扱いの適用を受けるに当たっては、当該土地が都市公園の用地として貸し付けられている土地に該当する旨の地方公共団体の証明書（上記1の(2)に掲げた申出書の写しの添付があるものに限る。）を所轄税務署長に提出するものとする。

参考資料・様式

参考資料・様式一覧

[参考資料]

1　奥行価格補正率表

2　側方路線影響加算率表

3　二方路線影響加算率表

4　地積区分表

5　不整形地補正率表

6　間口狭小補正率表

7　奥行長大補正率表

8　がけ地補正率表

9　「令和元年分の基準年利率について」の一部改正について

10　相当の地代を支払っている場合等の借地権等についての相続税及び贈与税の取扱いについて

11　使用貸借に係る土地についての相続税及び贈与税の取扱いについて

12　借地借家法（抄）

13　東京都の事業の施行に伴う損失補償基準実施細目（抄）

14　傾斜度区分の判定表

15　一般定期借地権の目的となっている宅地の評価に関する取扱いについて

16　公益的機能別施業森林区域内の山林及び立木の評価について

[様式]

1　土地及び土地の上に存する権利の評価明細書

2　特定路線価設定申出書などの記載例

[参考資料]

1 ……奥行価格補正率表

（昭45直資3-13・平3課評2-4外・平18課評2-27外・平29課評2-46外改正）

奥行距離 （メートル）	ビル街 地区	高度商業 地区	繁華街 地区	普通商業・ 併用住宅 地区	普通住宅 地区	中小工場 地区	大工場 地区
4未満	0.80	0.90	0.90	0.90	0.90	0.85	0.85
4以上6未満		0.92	0.92	0.92	0.92	0.90	0.90
6 〃 8 〃	0.84	0.94	0.95	0.95	0.95	0.93	0.93
8 〃 10 〃	0.88	0.96	0.97	0.97	0.97	0.95	0.95
10 〃 12 〃	0.90	0.98	0.99	0.99	1.00	0.96	0.96
12 〃 14 〃	0.91	0.99	1.00	1.00		0.97	0.97
14 〃 16 〃	0.92	1.00				0.98	0.98
16 〃 20 〃	0.93					0.99	0.99
20 〃 24 〃	0.94					1.00	1.00
24 〃 28 〃	0.95				0.97		
28 〃 32 〃	0.96		0.98		0.95		
32 〃 36 〃	0.97		0.96	0.97	0.93		
36 〃 40 〃	0.98		0.94	0.95	0.92		
40 〃 44 〃	0.99		0.92	0.93	0.91		
44 〃 48 〃	1.00		0.90	0.91	0.90		
48 〃 52 〃		0.99	0.88	0.89	0.89		
52 〃 56 〃		0.98	0.87	0.88	0.88		
56 〃 60 〃		0.97	0.86	0.87	0.87		
60 〃 64 〃		0.96	0.85	0.86	0.86	0.99	
64 〃 68 〃		0.95	0.84	0.85	0.85	0.98	
68 〃 72 〃		0.94	0.83	0.84	0.84	0.97	
72 〃 76 〃		0.93	0.82	0.83	0.83	0.96	
76 〃 80 〃		0.92	0.81	0.82			
80 〃 84 〃		0.90	0.80	0.81	0.82	0.93	
84 〃 88 〃		0.88		0.80			
88 〃 92 〃		0.86			0.81	0.90	
92 〃 96 〃	0.99	0.84					
96 〃 100 〃	0.97	0.82					
100 〃	0.95	0.80			0.80		

2 ‥‥‥側方路線影響加算率表

（平3課評2–4外・平18課評2–27外改正）

地区区分	加算率	
	角地の場合	準角地の場合
ビル街地区	0.07	0.03
高度商業地区 繁華街地区	0.10	0.05
普通商業・併用住宅地区	0.08	0.04
普通住宅地区 中小工場地区	0.03	0.02
大工場地区	0.02	0.01

（注）　準角地とは、次図のように一系統の路線の屈折部の内側に位置する
ものをいう。

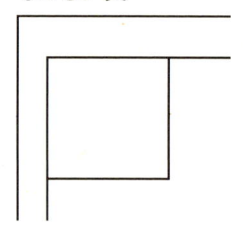

3 ‥‥‥二方路線影響加算率表

（平3課評2–4外・平18課評2–27外改正）

地区区分	加算率
ビル街地区	0.03
高度商業地区 繁華街地区	0.07
普通商業・併用住宅地区	0.05
普通住宅地区 中小工場地区 大工場地区	0.02

4 ……地積区分表

（平11課評2−12外追加・平18課評2−27外改正）

地区区分＼地積区分	A	B	C
高度商業地区	1,000 m² 未満	1,000 m² 以上 1,500 m² 未満	1,500 m² 以上
繁華街地区	450 m² 未満	450 m² 以上 700 m² 未満	700 m² 以上
普通商業・併用住宅地区	650 m² 未満	650 m² 以上 1,000 m² 未満	1,000 m² 以上
普通住宅地区	500 m² 未満	500 m² 以上 750 m² 未満	750 m² 以上
中小工場地区	3,500 m² 未満	3,500 m² 以上 5,000 m² 未満	5,000 m² 以上

5 ……不整形地補正率表

（平11課評2−12外追加・平18課評2−27外改正）

かげ地割合＼地積区分	高度商業地区、繁華街地区、普通商業・併用住宅地区、中小工場地区			普通住宅地区		
	A	B	C	A	B	C
10%以上	0.99	0.99	1.00	0.98	0.99	0.99
15% 〃	0.98	0.99	0.99	0.96	0.98	0.99
20% 〃	0.97	0.98	0.99	0.94	0.97	0.98
25% 〃	0.96	0.98	0.99	0.92	0.95	0.97
30% 〃	0.94	0.97	0.98	0.90	0.93	0.96
35% 〃	0.92	0.95	0.98	0.88	0.91	0.94
40% 〃	0.90	0.93	0.97	0.85	0.88	0.92
45% 〃	0.87	0.91	0.95	0.82	0.85	0.90
50% 〃	0.84	0.89	0.93	0.79	0.82	0.87
55% 〃	0.80	0.87	0.90	0.75	0.78	0.83
60% 〃	0.76	0.84	0.86	0.70	0.73	0.78
65% 〃	0.70	0.75	0.80	0.60	0.65	0.70

（注）

1 不整形地の地区区分に応ずる地積区分は、付表4「地積区分表」による。

2 かげ地割合は次の算式により計算した割合による。

$$「かげ地割合」＝\frac{想定整形地の地積－不整形地の地積}{想定整形地の地積}$$

3 間口狭小補正率の適用がある場合においては、この表により求めた不整形地補正率に間口狭小補正率を乗じて得た数値を不整形地補正率とする。ただし、その最小値はこの表に定める不整形地補正率の最小値（0.60）とする。

   また、奥行長大補正率の適用がある場合においては、選択により、不整形地補正率を適用せず、間口狭小補正率に奥行長大補正率を乗じて得た数値によって差し支えない。

4 大工場地区にある不整形地については、原則として不整形地補正を行わないが、地積がおおむね9,000平方メートル程度までのものについては、付表4「地積区分表」及びこの表に掲げる中小工場地区の区分により不整形地としての補正を行って差し支えない。

6 ……間口狭小補正率表

（昭45直資3-13・平3課評2-4外・平18課評2-27外改正）

地区区分／間口距離（メートル）	ビル街地区	高度商業地区	繁華街地区	普通商業・併用住宅地区	普通住宅地区	中小工場地区	大工場地区
4未満	—	0.85	0.90	0.90	0.90	0.80	0.80
4以上6未満	—	0.94	1.00	0.97	0.94	0.85	0.85
6 〃 8 〃	—	0.97		1.00	0.97	0.90	0.90
8 〃 10 〃	0.95	1.00			1.00	0.95	0.95
10 〃 16 〃	0.97					1.00	0.97
16 〃 22 〃	0.98						0.98
22 〃 28 〃	0.99						0.99
28 〃	1.00						1.00

7 ……奥行長大補正率表

（昭45直資3-13・平3課評2-4外改正）

地区区分／奥行距離／間口距離	ビル街地区	高度商業地区 繁華街地区 普通商業・併用住宅地区	普通住宅地区	中小工場地区	大工場地区
2以上3未満	1.00	1.00	0.98	1.00	1.00
3 〃 4 〃		0.99	0.96	0.99	
4 〃 5 〃		0.98	0.94	0.98	
5 〃 6 〃		0.96	0.92	0.96	
6 〃 7 〃		0.94	0.90	0.94	
7 〃 8 〃		0.92		0.92	
8 〃		0.90		0.90	

8 ……がけ地補正率表

（平3課評2-4外・平11課評2-12外改正）

がけ地の方位／がけ地地積／総地積	南	東	西	北
0.10以上	0.96	0.95	0.94	0.93
0.20 〃	0.92	0.91	0.90	0.88
0.30 〃	0.88	0.87	0.86	0.83
0.40 〃	0.85	0.84	0.82	0.78
0.50 〃	0.82	0.81	0.78	0.73
0.60 〃	0.79	0.77	0.74	0.68
0.70 〃	0.76	0.74	0.70	0.63
0.80 〃	0.73	0.70	0.66	0.58
0.90 〃	0.70	0.65	0.60	0.53

（注）　がけ地の方位については、次により判定する。
1　がけ地の方位は、斜面の向きによる。

2　2方位以上のがけ地がある場合は、次の算式により計算した割合をがけ地補正率とする。

$$\frac{\left[\begin{array}{c}\text{総地積に対するがけ} \\ \text{地部分の全地積の割} \\ \text{合に応ずるA方位の} \\ \text{がけ地補正率}\end{array} \times \begin{array}{c}\text{A方位} \\ \text{のがけ} \\ \text{地の地} \\ \text{積}\end{array} + \begin{array}{c}\text{総地積に対するがけ} \\ \text{地部分の全地積の割} \\ \text{合に応ずるB方位の} \\ \text{がけ地補正率}\end{array} \times \begin{array}{c}\text{B方位} \\ \text{のがけ} \\ \text{地の地} \\ \text{積}\end{array} + \cdots\cdots\right]}{\text{がけ地部分の全地積}}$$

3　この表に定められた方位に該当しない「東南斜面」などについては、がけ地の方位の東と南に応ずるがけ地補正率を平均して求めることとして差し支えない。

9 ……「令和元年分の基準年利率について」の一部改正について

（課評2-30　令和元年7月29日）

令和元年5月20日付課評2-16「令和元年分の基準年利率について」（法令解釈通達）について、平成31年4月分から令和元年6月分の基準年利率を定め、下記のとおり改正したから、これによられたい。

記

○　基準年利率

（単位：％）

区分	年数又は期間	平成31年1月	2月	3月	4月	令和元年5月	6月	7月	8月	9月	10月	11月	12月
短期	1年	0.01	0.01	0.01	0.01	0.01	0.01						
	2年												
中期	3年	0.01	0.01	0.01	0.01	0.01	0.01						
	4年												
	5年												
	6年												
長期	7年以上	0.1	0.1	0.1	0.05	0.1	0.05						

（注）　課税時期の属する月の年数又は期間に応ずる基準年利率を用いることに留意する。

〔参考1〕複利表（平成31年1～3月、令和元年5月分）

〔参考１〕

複　　　利　　　表（平成31年1月～3月、令和元年5月分）

区分	年数	年0.01%の複利年金現価率	年0.01%の複利現価率	年0.01%の年賦償還率	年1.5%の複利終価率
短期	1	1.000	1.000	1.000	1.015
	2	2.000	1.000	0.500	1.030

区分	年数	年0.01%の複利年金現価率	年0.01%の複利現価率	年0.01%の年賦償還率	年1.5%の複利終価率
中期	3	2.999	1.000	0.333	1.045
	4	3.999	1.000	0.250	1.061
	5	4.999	1.000	0.200	1.077
	6	5.998	0.999	0.167	1.093

区分	年数	年0.1%の複利年金現価率	年0.1%の複利現価率	年0.1%の年賦償還率	年1.5%の複利終価率
長期	7	6.972	0.993	0.143	1.109
	8	7.964	0.992	0.126	1.126
	9	8.955	0.991	0.112	1.143
	10	9.945	0.990	0.101	1.160
	11	10.934	0.989	0.091	1.177
	12	11.922	0.988	0.084	1.195
	13	12.909	0.987	0.077	1.213
	14	13.896	0.986	0.072	1.231
	15	14.881	0.985	0.067	1.250
	16	15.865	0.984	0.063	1.268
	17	16.848	0.983	0.059	1.288
	18	17.830	0.982	0.056	1.307
	19	18.811	0.981	0.053	1.326
	20	19.792	0.980	0.051	1.346
	21	20.771	0.979	0.048	1.367
	22	21.749	0.978	0.046	1.387
	23	22.726	0.977	0.044	1.408
	24	23.703	0.976	0.042	1.429
	25	24.678	0.975	0.041	1.450
	26	25.652	0.974	0.039	1.472
	27	26.626	0.973	0.038	1.494
	28	27.598	0.972	0.036	1.517
	29	28.569	0.971	0.035	1.539
	30	29.540	0.970	0.034	1.563
	31	30.509	0.969	0.033	1.586
	32	31.478	0.969	0.032	1.610
	33	32.445	0.968	0.031	1.634
	34	33.412	0.967	0.030	1.658
	35	34.378	0.966	0.029	1.683

区分	年数	年0.1%の複利年金現価率	年0.1%の複利現価率	年0.1%の年賦償還率	年1.5%の複利終価率
長期	36	35.342	0.965	0.028	1.709
	37	36.306	0.964	0.028	1.734
	38	37.269	0.963	0.027	1.760
	39	38.231	0.962	0.026	1.787
	40	39.191	0.961	0.026	1.814
	41	40.151	0.960	0.025	1.841
	42	41.110	0.959	0.024	1.868
	43	42.068	0.958	0.024	1.896
	44	43.025	0.957	0.023	1.925
	45	43.981	0.956	0.023	1.954
	46	44.936	0.955	0.022	1.983
	47	45.890	0.954	0.022	2.013
	48	46.843	0.953	0.021	2.043
	49	47.796	0.952	0.021	2.074
	50	48.747	0.951	0.021	2.105
	51	49.697	0.950	0.020	2.136
	52	50.646	0.949	0.020	2.168
	53	51.595	0.948	0.019	2.201
	54	52.542	0.947	0.019	2.234
	55	53.489	0.947	0.019	2.267
	56	54.434	0.946	0.018	2.301
	57	55.379	0.945	0.018	2.336
	58	56.323	0.944	0.018	2.371
	59	57.265	0.943	0.017	2.407
	60	58.207	0.942	0.017	2.443
	61	59.148	0.941	0.017	2.479
	62	60.088	0.940	0.017	2.517
	63	61.027	0.939	0.016	2.554
	64	61.965	0.938	0.016	2.593
	65	62.902	0.937	0.016	2.632
	66	63.838	0.936	0.016	2.671
	67	64.773	0.935	0.015	2.711
	68	65.708	0.934	0.015	2.752
	69	66.641	0.933	0.015	2.793
	70	67.574	0.932	0.015	2.835

（注）　1　複利年金現価率、複利現価率及び年賦償還率は小数点以下第４位を四捨五入により、複利終価率は小数点以下第４位を切捨てにより作成している。

2　複利年金現価率は、定期借地権等、著作権、営業権、鉱業権等の評価に使用する。

3　複利現価率は、定期借地権等の評価における経済的利益（保証金等によるもの）の計算並びに特許権、信託受益権、清算中の会社の株式及び無利息債務等の評価に使用する。

4　年賦償還率は、定期借地権等の評価における経済的利益（差額地代）の計算に使用する。

5　複利終価率は、標準伐期齢を超える立木の評価に使用する。

［参考2］ 複利表（平成31年4月、令和元年6月分）

［参考2］

複 利 表 （平成31年4月、令和元年6月分）

区分	年数	年0.01%の複利年金現価率	年0.01%の複利現価率	年0.01%の年賦償還率	年1.5%の複利終価率
短期	1	1.000	1.000	1.000	1.015
	2	2.000	1.000	0.500	1.030

区分	年数	年0.01%の複利年金現価率	年0.01%の複利現価率	年0.01%の年賦償還率	年1.5%の複利終価率
中期	3	2.999	1.000	0.333	1.045
	4	3.999	1.000	0.250	1.061
	5	4.999	1.000	0.200	1.077
	6	5.998	0.999	0.167	1.093

区分	年数	年0.05%の複利年金現価率	年0.05%の複利現価率	年0.05%の年賦償還率	年1.5%の複利終価率
長期	7	6.986	0.997	0.143	1.109
	8	7.982	0.996	0.125	1.126
	9	8.978	0.996	0.111	1.143
	10	9.973	0.995	0.100	1.160
	11	10.967	0.995	0.091	1.177
	12	11.961	0.994	0.084	1.195
	13	12.955	0.994	0.077	1.213
	14	13.948	0.993	0.072	1.231
	15	14.940	0.993	0.067	1.250
	16	15.932	0.992	0.063	1.268
	17	16.924	0.992	0.059	1.288
	18	17.915	0.991	0.056	1.307
	19	18.905	0.991	0.053	1.326
	20	19.895	0.990	0.050	1.346
	21	20.885	0.990	0.048	1.367
	22	21.874	0.989	0.046	1.387
	23	22.863	0.989	0.044	1.408
	24	23.851	0.988	0.042	1.429
	25	24.838	0.988	0.040	1.450
	26	25.825	0.987	0.039	1.472
	27	26.812	0.987	0.037	1.494
	28	27.798	0.986	0.036	1.517
	29	28.784	0.986	0.035	1.539
	30	29.769	0.985	0.034	1.563
	31	30.753	0.985	0.033	1.586
	32	31.737	0.984	0.032	1.610
	33	32.721	0.984	0.031	1.634
	34	33.704	0.983	0.030	1.658
	35	34.687	0.983	0.029	1.683

区分	年数	年0.05%の複利年金現価率	年0.05%の複利現価率	年0.05%の年賦償還率	年1.5%の複利終価率
長期	36	35.669	0.982	0.028	1.709
	37	36.651	0.982	0.027	1.734
	38	37.632	0.981	0.027	1.760
	39	38.613	0.981	0.026	1.787
	40	39.593	0.980	0.025	1.814
	41	40.573	0.980	0.025	1.841
	42	41.552	0.979	0.024	1.868
	43	42.531	0.979	0.024	1.896
	44	43.509	0.978	0.023	1.925
	45	44.487	0.978	0.022	1.954
	46	45.464	0.977	0.022	1.983
	47	46.441	0.977	0.022	2.013
	48	47.417	0.976	0.021	2.043
	49	48.393	0.976	0.021	2.074
	50	49.368	0.975	0.020	2.105
	51	50.343	0.975	0.020	2.136
	52	51.317	0.974	0.019	2.168
	53	52.291	0.974	0.019	2.201
	54	53.264	0.973	0.019	2.234
	55	54.237	0.973	0.018	2.267
	56	55.210	0.972	0.018	2.301
	57	56.182	0.972	0.018	2.336
	58	57.153	0.971	0.017	2.371
	59	58.124	0.971	0.017	2.407
	60	59.094	0.970	0.017	2.443
	61	60.064	0.970	0.017	2.479
	62	61.034	0.969	0.016	2.517
	63	62.003	0.969	0.016	2.554
	64	62.971	0.969	0.016	2.593
	65	63.939	0.968	0.016	2.632
	66	64.907	0.968	0.015	2.671
	67	65.874	0.967	0.015	2.711
	68	66.841	0.967	0.015	2.752
	69	67.807	0.966	0.015	2.793
	70	68.772	0.966	0.015	2.835

（注） 1 複利年金現価率、複利現価率及び年賦償還率は小数点以下第4位を四捨五入により、複利終価率は小数点以下第4位を切捨てにより作成している。

2 複利年金現価率は、定期借地権等、著作権、営業権、鉱業権等の評価に使用する。

3 複利現価率は、定期借地権等の評価における経済的利益（保証金等によるもの）の計算並びに特許権、信託受益権、清算中の会社の株式及び無利息債務等の評価に使用する。

4 年賦償還率は、定期借地権等の評価における経済的利益（差額地代）の計算に使用する。

5 複利終価率は、標準伐期齢を超える立木の評価に使用する。

10 ……相当の地代を支払っている場合等の借地権等について の相続税及び贈与税の取扱いについて

（課資2–58（例規）　直評9　昭和60年6月5日　〔改正〕平成3年12月18日　課資2–51、平成17年5月31日　課資2–4）

標題のことについては、下記のとおり定めたから、これによられたい。

（趣旨）

　借地権の設定された土地について権利金の支払に代え相当の地代を支払うなどの特殊な場合の相続税及び贈与税の取扱いを定めたものである。

　したがって、借地権の設定に際し通常権利金を支払う取引上の慣行のある地域において、通常の地代（その地域において通常の賃貸借契約に基づいて通常支払われる地代をいう。）を支払うことにより借地権の設定があった場合又は通常の地代が授受されている借地権若しくは貸宅地の相続、遺贈又は贈与があった場合には、この通達の取扱いによることなく、相続税法基本通達及び相続税財産評価に関する基本通達等の従来の取扱いによるのであるから留意する。

（相当の地代を支払って土地の借受けがあった場合）

1　借地権（建物の所有を目的とする地上権又は賃借権をいう。以下同じ。）の設定に際しその設定の対価として通常権利金その他の一時金（以下「権利金」という。）を支払う取引上の慣行のある地域において、当該権利金の支払に代え、当該土地の自用地としての価額に対しておおむね年6％程度の地代（以下「相当の地代」という。）を支払っている場合は、借地権を有する者（以下「借地権者」という。）については当該借地権の設定による利益はないものとして取り扱う。

　　この場合において、「自用地としての価額」とは、昭和39年4月25日付直資56ほか1課共同「財産評価基本通達」（以下「評価基本通達」という。）25（（貸宅地の評価））の（1）に定める自用地としての価額をいう（以下同じ。）。

　　ただし、通常支払われる権利金に満たない金額を権利金として支払っている場合又は借地権の設定に伴い通常の場合の金銭の貸付けの条件に比し特に有利な条件による金銭の貸付けその他特別の経済的な利益（以下「特別の経済的利益」という。）を与えている場合は、当該土地の自用地としての価額から実際に支払っている権利金の額及び供与した特別の経済的利益の額を控除した金額を相当の地

代の計算の基礎となる当該土地の自用地としての価額とする。

(注)

1　相当の地代の額を計算する場合に限り、「自用地としての価額」は、評価基本通達25（（貸宅地の評価））の（1）に定める自用地としての価額の過去3年間（借地権を設定し、又は借地権若しくは貸宅地について相続若しくは遺贈又は贈与があった年以前3年間をいう。）における平均額によるものとする。

2　本文のただし書により土地の自用地としての価額から控除すべき金額があるときは、当該金額は、次の算式により計算した金額によるのであるから留意する。

（算式）

$$\text{その権利金又は特別の経済的な利益の額} \times \frac{\text{当該土地の自用地としての価額}}{\text{借地権の設定時における当該土地の通常の取引価額}}$$

（相当の地代に満たない地代を支払って土地の借受けがあった場合）

2　借地権の設定に際しその設定の対価として通常権利金を支払う取引上の慣行のある地域において、当該借地権の設定により支払う地代の額が相当の地代の額に満たない場合、借地権者は、当該借地権の設定時において、次の算式により計算した金額から実際に支払っている権利金の額及び供与した特別の経済的利益の額を控除した金額に相当する利益を土地の所有者から贈与により取得したものとして取り扱う。

（算式）

$$\text{自用地としての価額} \times \text{借地権割合} \times \left(1 - \frac{\text{実際に支払っている地代の年額} - \text{通常の地代の年額}}{\text{相当の地代の年額} - \text{通常の地代の年額}}\right)$$

上記の算式中の「自用地としての価額」等は、次による。

(1)　「自用地としての価額」は、実際に支払っている権利金の額又は供与した特別の経済的利益の額がある場合に限り、1（（相当の地代を支払って土地の借受けがあった場合））の本文の定めにかかわらず、借地権の設定時における当該土地の通常の取引価額によるのであるから留意する。

(2)　「借地権割合」は、評価基本通達27（（借地権の評価））に定める割合をいう。

(3)　「相当の地代の年額」は、実際に支払っている権利金の額又は供与した特別の経済的利益の額がある場合であっても、これらの金額がないものとして計算した金額による。

（注）　通常権利金を支払う取引上の慣行のある地域において、通常の賃貸借契約に基づいて通常支払われる地代を支払うことにより借地権の設定があっ

た場合の利益の額は、次に掲げる場合に応じ、それぞれ次に掲げる金額によるのであるから留意する。

(1)　実際に支払っている権利金の額又は供与した特別の経済的利益の額がない場合　評価基本通達27（（借地権の評価））により計算した金額

(2)　実際に支払っている権利金の額又は供与した特別の経済的利益の額がある場合　通常支払われる権利金の額から実際に支払っている権利金の額及び供与した特別の経済的利益の額を控除した金額

（相当の地代を支払っている場合の借地権の評価）

3　借地権が設定されている土地について、相当の地代を支払っている場合の当該土地に係る借地権の価額は、次によって評価する。

(1)　権利金を支払っていない場合又は特別の経済的利益を供与していない場合　零

(2)　(1)以外の場合　原則として2（（相当の地代に満たない地代を支払って土地の借受けがあった場合））に定める算式に準じて計算した金額

（相当の地代に満たない地代を支払っている場合の借地権の評価）

4　借地権が設定されている土地について、支払っている地代の額が相当の地代の額に満たない場合の当該土地に係る借地権の価額は、原則として2（（相当の地代に満たない地代を支払って土地の借受けがあった場合））に定める算式に準じて計算した金額によって評価する。

（「土地の無償返還に関する届出書」が提出されている場合の借地権の価額）

5　借地権が設定されている土地について、平成13年7月5日付課法3-57ほか11課共同「法人課税関係の申請、届出等の様式の制定について」（法令解釈通達）に定める「土地の無償返還に関する届出書」（以下「無償返還届出書」という。）が提出されている場合の当該土地に係る借地権の価額は、零として取り扱う。（平成17課資2-4　改正）

（相当の地代を収受している場合の貸宅地の評価）

6　借地権が設定されている土地について、相当の地代を収受している場合の当該土地に係る貸宅地の価額は、次によって評価する。

(1)　権利金を収受していない場合又は特別の経済的利益を受けていない場合

当該土地の自用地としての価額の100分の80に相当する金額

(2)　(1) 以外の場合

　　　当該土地の自用地としての価額から3（（相当の地代を支払っている場合の借地権の評価））の（2）による借地権の価額を控除した金額（以下この項において「相当の地代調整貸宅地価額」という。）

　　　ただし、その金額が当該土地の自用地としての価額の100分の80に相当する金額を超えるときは、当該土地の自用地としての価額の100分の80に相当する金額

(注)　上記（1）及び（2）のただし書に該当する場合において、被相続人が同族関係者となっている同族会社に対し土地を貸し付けている場合においては、昭和43年10月28日付直資3-22ほか2課共同「相当の地代を収受している貸宅地の評価について」通達（以下「43年直資3-22通達」という。）の適用があることに留意する。

　　　この場合において、上記（2）のただし書に該当するときは、43年直資3-22通達中「自用地としての価額」とあるのは「相当の地代調整貸宅地価額」と、「その価額の20％に相当する金額」とあるのは「その相当の地代調整貸宅地価額と当該土地の自用地としての価額の100分の80に相当する金額との差額」と、それぞれ読み替えるものとする。

（相当の地代に満たない地代を収受している場合の貸宅地の評価）

7　借地権が設定されている土地について、収受している地代の額が相当の地代の額に満たない場合の当該土地に係る貸宅地の価額は、当該土地の自用地としての価額から4（（相当の地代に満たない地代を支払っている場合の借地権の評価））に定める借地権の価額を控除した金額（以下この項において「地代調整貸宅地価額」という。）によって評価する。

　　　ただし、その金額が当該土地の自用地としての価額の100分の80に相当する金額を超える場合は、当該土地の自用地としての価額の100分の80に相当する金額によって評価する。

　　　なお、被相続人が同族関係者となっている同族会社に対し土地を貸し付けている場合には、43年直資3-22通達の適用があることに留意する。この場合において、同通達中「相当の地代」とあるのは「相当の地代に満たない地代」と、「自用地としての価額」とあるのは「地代調整貸宅地価額」と、「その価額の20％に相当する金額」とあるのは「その地代調整貸宅地価額と当該土地の自用地としての価額

の100分の80に相当する金額との差額」と、それぞれ読み替えるものとする。

（「土地の無償返還に関する届出書」が提出されている場合の貸宅地の評価）

8　借地権が設定されている土地について、無償返還届出書が提出されている場合の当該土地に係る貸宅地の価額は、当該土地の自用地としての価額の100分の80に相当する金額によって評価する。

　　なお、被相続人が同族関係者となっている同族会社に対し土地を貸し付けている場合には、43年直資3-22通達の適用があることに留意する。この場合において、同通達中「相当の地代を収受している」とあるのは「「土地の無償返還に関する届出書」の提出されている」と読み替えるものとする。

　（注）　使用貸借に係る土地について無償返還届出書が提出されている場合の当該土地に係る貸宅地の価額は、当該土地の自用地としての価額によって評価するのであるから留意する。

（相当の地代を引き下げた場合）

9　借地権の設定に際し、相当の地代を支払った場合においても、その後その地代を引き下げたときは、その引き下げたことについて相当の理由があると認められる場合を除き、その引き下げた時における借地権者の利益については2（（相当の地代に満たない地代を支払って土地の借受けがあった場合））の定めに準じて取り扱う。

　　また、2（（相当の地代に満たない地代を支払って土地の借受けがあった場合））又は上記により利益を受けたものとして取り扱われたものについて、その後その地代を引き下げたときは、その引き下げたことについて相当の理由があると認められる場合を除き、その引き下げた時における利益（2（（相当の地代に満たない地代を支払って土地の借受けがあった場合））又は上記により受けた利益の額を控除したところによる。）については上記と同様に取り扱う。

（相当の地代を支払っている場合の貸家建付借地権等の価額）

10　（1）　3（（相当の地代を支払っている場合の借地権の評価））から5（（「土地の無償返還に関する届出書」が提出されている場合の借地権の価額））までに定める借地権（以下「相当の地代を支払っている場合の借地権等」という。）が設定されている土地について、貸家の目的に供された場合又は相当の地代の支払、相当の地代に満たない地代の支払若しくは無償返還届出書の提出により借地権

の転貸があった場合の評価基本通達28（（貸家建付借地権の評価））から31（（借家人の有する宅地等に対する権利の評価））までに定める貸家建付借地権、転貸借地権、転借権又は借家人の有する権利の価額は、相当の地代を支払っている場合の借地権等の価額を基として1（（相当の地代を支払って土地の借受けがあった場合）から9（（相当の地代を引き下げた場合））までの定めによるものとする。

(2)　借地権（（1）に該当する借地権を除く。）が設定されている土地について、相当の地代の支払、相当の地代に満たない地代の支払又は無償返還届出書の提出により借地権の転貸があった場合の評価基本通達29（（転貸借地権の評価））から31（（借家人の有する宅地等に対する権利の評価））までに定める転貸借地権、転借権又は借家人の有する権利の価額は、評価基本通達27（（借地権の評価））の定めにより評価したその借地権の価額を基として1（（相当の地代を支払って土地の借受けがあった場合））から9（（相当の地代を引き下げた場合））までの定めによるものとする。

（地価税における借地権等の評価）

11　3（（相当の地代を支払っている場合の借地権の評価））から8（（「土地の無償返還に関する届出書」が提出されている場合の貸宅地の評価））まで及び10（（相当の地代を支払っている場合の貸家建付借地権等の価額））の定めは、地価税の課税価格計算の基礎となる土地等の価額の評価について準用する。

11 ……使用貸借に係る土地についての相続税及び贈与税の取扱いについて

（直資2-189（例規）　直所2-76　直法2-92　昭和48年11月1日）

　標題のことについては、次のとおり定め、今後処理するものからこれによることとしたので、通達する。

　なお、この取扱いは、個人間の貸借関係の実情を踏まえて定めたものであるから、当事者のいずれか一方が法人である場合のその一方の個人については、原則として、従来どおり法人税の取扱いに準拠して取り扱うこととなることに留意されたい。

（趣旨）

　建物又は構築物の所有を目的とする使用貸借に係る土地に関する相続税及び贈与税

の取扱いについて所要の整備を図ることとしたものである。

記

（使用貸借による土地の借受けがあった場合）

1　建物又は構築物（以下「建物等」という。）の所有を目的として使用貸借による土地の借受けがあった場合においては、借地権（建物等の所有を目的とする地上権又は賃借権をいう。以下同じ。）の設定に際し、その設定の対価として通常権利金その他の一時金（以下「権利金」という。）を支払う取引上の慣行がある地域（以下「借地権の慣行のある地域」という。）においても、当該土地の使用貸借に係る使用権の価額は、零として取り扱う。

　　この場合において、使用貸借とは、民法（明治29年法律第89号）第593条に規定する契約をいう。したがって、例えば、土地の借受者と所有者との間に当該借受けに係る土地の公租公課に相当する金額以下の金額の授受があるにすぎないものはこれに該当し、当該土地の借受けについて地代の授受がないものであっても権利金その他地代に代わるべき経済的利益の授受のあるものはこれに該当しない。

（使用貸借による借地権の転借があった場合）

2　借地権を有する者（以下「借地権者」という。）からその借地権の目的となっている土地の全部又は一部を使用貸借により借り受けてその土地の上に建物等を建築した場合又は借地権の目的となっている土地の上に存する建物等を取得し、その借地権者からその建物等の敷地を使用貸借により借り受けることとなった場合においては、借地権の慣行のある地域においても、当該借地権の使用貸借に係る使用権の価額は、零として取り扱う。

　　この場合において、その貸借が使用貸借に該当するものであることについては、当該使用貸借に係る借受者、当該借地権者及び当該土地の所有者についてその事実を確認するものとする。

（注）

1　上記の確認に当たっては、別紙様式1「借地権の使用貸借に関する確認書」を用いる。

2　上記確認の結果、その貸借が上記の使用貸借に該当しないものであるときは、その実態に応じ、借地権又は転借権の贈与として贈与税の課税関係を生ずる場合があることに留意する。

（使用貸借に係る土地等を相続又は贈与により取得した場合）

3　使用貸借に係る土地又は借地権を相続（遺贈及び死因贈与を含む。以下同じ。）又は贈与（死因贈与を除く。以下同じ。）により取得した場合における相続税又は贈与税の課税価格に算入すべき価額は、当該土地の上に存する建物等又は当該借地権の目的となっている土地の上に存する建物等の自用又は貸付けの区分にかかわらず、すべて当該土地又は借地権が自用のものであるとした場合の価額とする。

（使用貸借に係る土地等の上に存する建物等を相続又は贈与により取得した場合）

4　使用貸借に係る土地の上に存する建物等又は使用貸借に係る借地権の目的となっている土地の上に存する建物等を相続又は贈与により取得した場合における相続税又は贈与税の課税価格に算入すべき価額は、当該建物等の自用又は貸付けの区分に応じ、それぞれ当該建物等が自用又は貸付けのものであるとした場合の価額とする。

（借地権の目的となっている土地を当該借地権者以外の者が取得し地代の授受が行われないこととなった場合）

5　借地権の目的となっている土地を当該借地権者以外の者が取得し、その土地の取得者と当該借地権者との間に当該土地の使用の対価としての地代の授受が行われないこととなった場合においては、その土地の取得者は、当該借地権者から当該土地に係る借地権の贈与を受けたものとして取り扱う。ただし、当該土地の使用の対価としての地代の授受が行われないこととなった理由が使用貸借に基づくものでないとしてその土地の取得者からその者の住所地の所轄税務署長に対し、当該借地権者との連署による「当該借地権者は従前の土地の所有者との間の土地の賃貸借契約に基づく借地権者としての地位を放棄していない」旨の申出書が提出されたときは、この限りではない。

（注）

1　上記の「土地の使用の対価としての地代の授受が行われないこととなった場合」には、例えば、土地の公租公課に相当する金額以下の金額の授受がある場合を含み、権利金その他地代に代わるべき経済的利益の授受のある場合は含まれないことに留意する（以下7において同じ。）

2　上記の申出書は、別紙様式2「借地権者の地位に変更がない旨の申出書」を用いる。

（経過的取扱い　──　土地の無償借受け時に借地権相当額の課税が行われている場合）

6　従前の取扱いにより、建物等の所有を目的として無償で土地の借受けがあった時に当該土地の借受者が当該土地の所有者から当該土地に係る借地権の価額に相当する利益を受けたものとして当該借受者に贈与税が課税されているもの、又は無償で借り受けている土地の上に存する建物等を相続若しくは贈与により取得した時に当該建物等を相続若しくは贈与により取得した者が当該土地に係る借地権に相当する使用権を取得したものとして当該建物等の取得者に相続税若しくは贈与税が課税されているものについて、今後次に掲げる場合に該当することとなったときにおける当該建物等又は当該土地の相続税又は贈与税の課税価格に算入すべき価額は、次に掲げる場合に応じ、それぞれ次に掲げるところによる。

(1)　当該建物等を相続又は贈与により取得した場合　当該建物等の自用又は貸付けの区分に応じ、それぞれ当該建物等が自用又は貸付けのものであるとした場合の価額とし、当該建物等の存する土地に係る借地権の価額に相当する金額を含まないものとする。

(2)　当該土地を相続又は贈与により取得した場合　当該土地を相続又は贈与により取得する前に、当該土地の上に存する当該建物等の所有者が異動している場合でその時に当該建物等の存する土地に係る借地権の価額に相当する金額について相続税又は贈与税の課税が行われていないときは、当該土地が自用のものであるとした場合の価額とし、当該建物等の所有者が異動していない場合及び当該建物等の所有者が異動している場合でその時に当該建物等の存する土地に係る借地権の価額に相当する金額について、相続税又は贈与税の課税が行われているときは、当該土地が借地権の目的となっているものとした場合の価額とする。

（経過的取扱い　──　借地権の目的となっている土地をこの通達の施行前に当該借地権者以外の者が取得している場合）

7　この通達の施行前に、借地権の目的となっている土地を当該借地権者以外の者が取得し、その者と当該借地権者との間に当該土地の使用の対価としての地代の授受が行われないこととなったもの（この通達の施行後に処理するものを除く。）について、今後次に掲げる場合に該当することとなったときにおける当該土地の上に存する建物等又は当該土地の相続税又は贈与税の課税価格に算入すべき価額は、次に掲げる場合に応じ、それぞれ次に掲げるところによる。

(1)　当該建物等を相続又は贈与により取得した場合　当該建物等の自用又は貸

第 10 章　参考資料・様式

付けの区分に応じ、それぞれ当該建物等が自用又は貸付けのものであるとした場合の価額とし、当該建物等の存する土地に係る借地権の価額に相当する金額を含まないものとする。

(2) 当該土地を相続又は贈与により取得した場合　当該土地を相続又は贈与により取得する前に、当該土地の上に存する当該建物等の所有者が異動している場合でその時に当該建物等の存する土地に係る借地権の価額に相当する金額について相続税又は贈与税の課税が行われていないときは、当該土地が自用のものであるとした場合の価額とし、当該建物等の所有者が異動していない場合及び当該建物等の所有者が異動している場合でその時に当該建物等の存する土地に係る借地権の価額に相当する金額について相続税又は贈与税の課税が行われているときは、当該土地が借地権の目的となっているものとした場合の価額とする。

・別紙様式1

借地権の使用貸借に関する確認書

① 　（借地権者）　　　　　　　　　　（借受者）

　　_____は、_____に対し、平成　年　月　日にその借地

　している下記の土地 { に建物を建築させることになりました。 / の上に建築されている建物を贈与（譲渡）しました。 } しかし、その土地の使用

　　　　　　　　　　　　　　　　　　　　（借地権者）

　関係は使用貸借によるものであり、_____の借地権者としての従前の地位には、何ら変

　更はありません。

記

　土地の所在_____

　地　　　積_____㎡

② 　上記①の事実に相違ありません。したがって、今後相続税等の課税に当たりましては、建物の所有者はこ

　の土地について何らの権利を有さず、借地権者が借地権を有するものとして取り扱われることを確認します。

　　　平成　　年　　月　　日

　　　借 地 権 者 (住所) _____ (氏名) _____ ㊞

　　　建物の所有者 (住所) _____ (氏名) _____ ㊞

③ 　上記①の事実に相違ありません。

　　　平成　　年　　月　　日

　　　土地の所有者 (住所) _____ (氏名) _____ ㊞

※

　　上記①の事実を確認した。

　　　平成　　年　　月　　日

　　　　（確認者）_____ 税務署 _____ 部門　担当者 ㊞

（注）　※印欄は記入しないでください。　　　　　　　　　　　　（資5－32－A4統一）

借地権者の地位に変更がない旨の申出書

平成　年　月　日

_____税務署長　殿

（土地の所有者）
_____は、平成　年　月　日に借地権の目的となっている

（借地権者）
下記の土地の所有権を取得し、以後その土地を_____に無償で貸し

付けることとなりましたが、借地権者は従前の土地の所有者との間の土地の賃貸借契約に

基づく借地権者の地位を放棄しておらず、借地権者としての地位には何らの変更をきたす

ものでないことを申し出ます。

記

土地の所在_____

地　　積_____㎡

土地の所有者（住所）_____　（氏名）_____㊞

借 地 権 者（住所）_____　（氏名）_____㊞

（資5－34－A4統一）

12 ……借地借家法（抄）

（平成3年法律第90号　最終改正：平成29年6月2日公布（平成29年法律第45号）改正）

第2章　借地

第1節　借地権の存続期間等

（借地権の存続期間）

第3条　借地権の存続期間は、30年とする。ただし、契約でこれより長い期間を定めたときは、その期間とする。

（借地権の更新後の期間）

第4条　当事者が借地契約を更新する場合においては、その期間は、更新の日から10年（借地権の設定後の最初の更新にあっては、20年）とする。ただし、当事者がこれより長い期間を定めたときは、その期間とする。

（借地契約の更新請求等）

第5条　借地権の存続期間が満了する場合において、借地権者が契約の更新を請求したときは、建物がある場合に限り、前条の規定によるもののほか、従前の契約と同一の条件で契約を更新したものとみなす。ただし、借地権設定者が遅滞なく異議を述べたときは、この限りでない。

2　借地権の存続期間が満了した後、借地権者が土地の使用を継続するときも、建物がある場合に限り、前項と同様とする。

3　転借地権が設定されている場合においては、転借地権者がする土地の使用の継続を借地権者がする土地の使用の継続とみなして、借地権者と借地権設定者との間について前項の規定を適用する。

（借地契約の更新拒絶の要件）

第6条　前条の異議は、借地権設定者及び借地権者（転借地権者を含む。以下この条において同じ。）が土地の使用を必要とする事情のほか、借地に関する従前の経過及び土地の利用状況並びに借地権設定者が土地の明渡しの条件として又は土地の明渡しと引換えに借地権者に対して財産上の給付をする旨の申出をした場合におけるその申

出を考慮して、正当の事由があると認められる場合でなければ、述べることができない。

（建物の再築による借地権の期間の延長）

第7条　借地権の存続期間が満了する前に建物の滅失（借地権者又は転借地権者による取壊しを含む。以下同じ。）があった場合において、借地権者が残存期間を超えて存続すべき建物を築造したときは、その建物を築造するにつき借地権設定者の承諾がある場合に限り、借地権は、承諾があった日又は建物が築造された日のいずれか早い日から20年間存続する。ただし、残存期間がこれより長いとき、又は当事者がこれより長い期間を定めたときは、その期間による。

2　借地権者が借地権設定者に対し残存期間を超えて存続すべき建物を新たに築造する旨を通知した場合において、借地権設定者がその通知を受けた後2月以内に異議を述べなかったときは、その建物を築造するにつき前項の借地権設定者の承諾があったものとみなす。ただし、契約の更新の後（同項の規定により借地権の存続期間が延長された場合にあっては、借地権の当初の存続期間が満了すべき日の後。次条及び第18条において同じ。）に通知があった場合においては、この限りでない。

3　転借地権が設定されている場合においては、転借地権者がする建物の築造を借地権者がする建物の築造とみなして、借地権者と借地権設定者との間について第1項の規定を適用する。

（借地契約の更新後の建物の滅失による解約等）

第8条　契約の更新の後に建物の滅失があった場合においては、借地権者は、地上権の放棄又は土地の賃貸借の解約の申入れをすることができる。

2　前項に規定する場合において、借地権者が借地権設定者の承諾を得ないで残存期間を超えて存続すべき建物を築造したときは、借地権設定者は、地上権の消滅の請求又は土地の賃貸借の解約の申入れをすることができる。

3　前2項の場合においては、借地権は、地上権の放棄若しくは消滅の請求又は土地の賃貸借の解約の申入れがあった日から3月を経過することによって消滅する。

4　第1項に規定する地上権の放棄又は土地の賃貸借の解約の申入れをする権利は、第2項に規定する地上権の消滅の請求又は土地の賃貸借の解約の申入れをする権利を制限する場合に限り、制限することができる。

5　転借地権が設定されている場合においては、転借地権者がする建物の築造を借地権者がする建物の築造とみなして、借地権者と借地権設定者との間について第2項の

規定を適用する。

（強行規定）
第9条　この節の規定に反する特約で借地権者に不利なものは、無効とする。

第2節　借地権の効力
（借地権の対抗力等）
第10条　借地権は、その登記がなくても、土地の上に借地権者が登記されている建物を所有するときは、これをもって第三者に対抗することができる。

2　前項の場合において、建物の滅失があっても、借地権者が、その建物を特定するために必要な事項、その滅失があった日及び建物を新たに築造する旨を土地の上の見やすい場所に掲示するときは、借地権は、なお同項の効力を有する。ただし、建物の滅失があった日から2年を経過した後にあっては、その前に建物を新たに築造し、かつ、その建物につき登記した場合に限る。

3　民法（明治29年法律第89号）第566条第1項及び第3項の規定は、前2項の規定により第三者に対抗することができる借地権の目的である土地が売買の目的物である場合に準用する。

4　民法第533条の規定は、前項の場合に準用する。

（地代等増減請求権）
第11条　地代又は土地の借賃（以下この条及び次条において「地代等」という。）が、土地に対する租税その他の公課の増減により、土地の価格の上昇若しくは低下その他の経済事情の変動により、又は近傍類似の土地の地代等に比較して不相当となったときは、契約の条件にかかわらず、当事者は、将来に向かって地代等の額の増減を請求することができる。ただし、一定の期間地代等を増額しない旨の特約がある場合には、その定めに従う。

2　地代等の増額について当事者間に協議が調わないときは、その請求を受けた者は、増額を正当とする裁判が確定するまでは、相当と認める額の地代等を支払うことをもって足りる。ただし、その裁判が確定した場合において、既に支払った額に不足があるときは、その不足額に年1割の割合による支払期後の利息を付してこれを支払わなければならない。

3　地代等の減額について当事者間に協議が調わないときは、その請求を受けた者は、減額を正当とする裁判が確定するまでは、相当と認める額の地代等の支払を請求する

ことができる。ただし、その裁判が確定した場合において、既に支払を受けた額が正当とされた地代等の額を超えるときは、その超過額に年1割の割合による受領の時からの利息を付してこれを返還しなければならない。

（借地権設定者の先取特権）
第12条　借地権設定者は、弁済期の到来した最後の2年分の地代等について、借地権者がその土地において所有する建物の上に先取特権を有する。
2　前項の先取特権は、地上権又は土地の賃貸借の登記をすることによって、その効力を保存する。
3　第1項の先取特権は、他の権利に対して優先する効力を有する。ただし、共益費用、不動産保存及び不動産工事の先取特権並びに地上権又は土地の賃貸借の登記より前に登記された質権及び抵当権には後れる。
4　前3項の規定は、転借地権者がその土地において所有する建物について準用する。

（建物買取請求権）
第13条　借地権の存続期間が満了した場合において、契約の更新がないときは、借地権者は、借地権設定者に対し、建物その他借地権者が権原により土地に附属させた物を時価で買い取るべきことを請求することができる。
2　前項の場合において、建物が借地権の存続期間が満了する前に借地権設定者の承諾を得ないで残存期間を超えて存続すべきものとして新たに築造されたものであるときは、裁判所は、借地権設定者の請求により、代金の全部又は一部の支払につき相当の期限を許与することができる。
3　前2項の規定は、借地権の存続期間が満了した場合における転借地権者と借地権設定者との間について準用する。

（第三者の建物買取請求権）
第14条　第三者が賃借権の目的である土地の上の建物その他借地権者が権原によって土地に附属させた物を取得した場合において、借地権設定者が賃借権の譲渡又は転貸を承諾しないときは、その第三者は、借地権設定者に対し、建物その他借地権者が権原によって土地に附属させた物を時価で買い取るべきことを請求することができる。

（自己借地権）
第15条　借地権を設定する場合においては、他の者と共に有することとなるときに限

り、借地権設定者が自らその借地権を有することを妨げない。

2　借地権が借地権設定者に帰した場合であっても、他の者と共にその借地権を有するときは、その借地権は、消滅しない。

（強行規定）
第16条　第10条、第13条及び第14条の規定に反する特約で借地権者又は転借地権者に不利なものは、無効とする。

第3節　借地条件の変更等
（借地条件の変更及び増改築の許可）
第17条　建物の種類、構造、規模又は用途を制限する旨の借地条件がある場合において、法令による土地利用の規制の変更、付近の土地の利用状況の変化その他の事情の変更により現に借地権を設定するにおいてはその借地条件と異なる建物の所有を目的とすることが相当であるにもかかわらず、借地条件の変更につき当事者間に協議が調わないときは、裁判所は、当事者の申立てにより、その借地条件を変更することができる。

2　増改築を制限する旨の借地条件がある場合において、土地の通常の利用上相当とすべき増改築につき当事者間に協議が調わないときは、裁判所は、借地権者の申立てにより、その増改築についての借地権設定者の承諾に代わる許可を与えることができる。

3　裁判所は、前2項の裁判をする場合において、当事者間の利益の衡平を図るため必要があるときは、他の借地条件を変更し、財産上の給付を命じ、その他相当の処分をすることができる。

4　裁判所は、前3項の裁判をするには、借地権の残存期間、土地の状況、借地に関する従前の経過その他一切の事情を考慮しなければならない。

5　転借地権が設定されている場合において、必要があるときは、裁判所は、転借地権者の申立てにより、転借地権とともに借地権につき第1項から第3項までの裁判をすることができる。

6　裁判所は、特に必要がないと認める場合を除き、第1項から第3項まで又は前項の裁判をする前に鑑定委員会の意見を聴かなければならない。

（借地契約の更新後の建物の再築の許可）
第18条　契約の更新の後において、借地権者が残存期間を超えて存続すべき建物を新

たに築造することにつきやむを得ない事情があるにもかかわらず、借地権設定者がその建物の築造を承諾しないときは、借地権設定者が地上権の消滅の請求又は土地の賃貸借の解約の申入れをすることができない旨を定めた場合を除き、裁判所は、借地権者の申立てにより、借地権設定者の承諾に代わる許可を与えることができる。この場合において、当事者間の利益の衡平を図るため必要があるときは、延長すべき借地権の期間として第7条第1項の規定による期間と異なる期間を定め、他の借地条件を変更し、財産上の給付を命じ、その他相当の処分をすることができる。

2　裁判所は、前項の裁判をするには、建物の状況、建物の滅失があった場合には滅失に至った事情、借地に関する従前の経過、借地権設定者及び借地権者（転借地権者を含む。）が土地の使用を必要とする事情その他一切の事情を考慮しなければならない。

3　前条第5項及び第6項の規定は、第1項の裁判をする場合に準用する。

（土地の賃借権の譲渡又は転貸の許可）
第19条　借地権者が賃借権の目的である土地の上の建物を第三者に譲渡しようとする場合において、その第三者が賃借権を取得し、又は転借をしても借地権設定者に不利となるおそれがないにもかかわらず、借地権設定者がその賃借権の譲渡又は転貸を承諾しないときは、裁判所は、借地権者の申立てにより、借地権設定者の承諾に代わる許可を与えることができる。この場合において、当事者間の利益の衡平を図るため必要があるときは、賃借権の譲渡若しくは転貸を条件とする借地条件の変更を命じ、又はその許可を財産上の給付に係らしめることができる。

2　裁判所は、前項の裁判をするには、賃借権の残存期間、借地に関する従前の経過、賃借権の譲渡又は転貸を必要とする事情その他一切の事情を考慮しなければならない。

3　第1項の申立てがあった場合において、裁判所が定める期間内に借地権設定者が自ら建物の譲渡及び賃借権の譲渡又は転貸を受ける旨の申立てをしたときは、裁判所は、同項の規定にかかわらず、相当の対価及び転貸の条件を定めて、これを命ずることができる。この裁判においては、当事者双方に対し、その義務を同時に履行すべきことを命ずることができる。

4　前項の申立ては、第1項の申立てが取り下げられたとき、又は不適法として却下されたときは、その効力を失う。

5　第3項の裁判があった後は、第1項又は第3項の申立ては、当事者の合意がある場合でなければ取り下げることができない。

6　裁判所は、特に必要がないと認める場合を除き、第1項又は第3項の裁判をする前

に鑑定委員会の意見を聴かなければならない。

7　前各項の規定は、転借地権が設定されている場合における転借地権者と借地権設定者との間について準用する。ただし、借地権設定者が第3項の申立てをするには、借地権者の承諾を得なければならない。

（建物競売等の場合における土地の賃借権の譲渡の許可）

第20条　第三者が賃借権の目的である土地の上の建物を競売又は公売により取得した場合において、その第三者が賃借権を取得しても借地権設定者に不利となるおそれがないにもかかわらず、借地権設定者がその賃借権の譲渡を承諾しないときは、裁判所は、その第三者の申立てにより、借地権設定者の承諾に代わる許可を与えることができる。この場合において、当事者間の利益の衡平を図るため必要があるときは、借地条件を変更し、又は財産上の給付を命ずることができる。

2　前条第2項から第6項までの規定は、前項の申立てがあった場合に準用する。

3　第1項の申立ては、建物の代金を支払った後2月以内に限り、することができる。

4　民事調停法（昭和26年法律第222号）第19条の規定は、同条に規定する期間内に第1項の申立てをした場合に準用する。

5　前各項の規定は、転借地権者から競売又は公売により建物を取得した第三者と借地権設定者との間について準用する。ただし、借地権設定者が第2項において準用する前条第3項の申立てをするには、借地権者の承諾を得なければならない。

（強行規定）

第21条　第17条から第19条までの規定に反する特約で借地権者又は転借地権者に不利なものは、無効とする。

第4節　定期借地権等

（定期借地権）

第22条　存続期間を50年以上として借地権を設定する場合においては、第9条及び第16条の規定にかかわらず、契約の更新（更新の請求及び土地の使用の継続によるものを含む。次条第1項において同じ。）及び建物の築造による存続期間の延長がなく、並びに第13条の規定による買取りの請求をしないこととする旨を定めることができる。この場合においては、その特約は、公正証書による等書面によってしなければならない。

（事業用定期借地権等）

第23条　専ら事業の用に供する建物（居住の用に供するものを除く。次項において同じ。）の所有を目的とし、かつ、存続期間を30年以上50年未満として借地権を設定する場合においては、第9条及び第16条の規定にかかわらず、契約の更新及び建物の築造による存続期間の延長がなく、並びに第13条の規定による買取りの請求をしないこととする旨を定めることができる。

2　専ら事業の用に供する建物の所有を目的とし、かつ、存続期間を10年以上30年未満として借地権を設定する場合には、第3条から第8条まで、第13条及び第18条の規定は、適用しない。

3　前2項に規定する借地権の設定を目的とする契約は、公正証書によってしなければならない。

（建物譲渡特約付借地権）

第24条　借地権を設定する場合（前条第2項に規定する借地権を設定する場合を除く。）においては、第9条の規定にかかわらず、借地権を消滅させるため、その設定後30年以上を経過した日に借地権の目的である土地の上の建物を借地権設定者に相当の対価で譲渡する旨を定めることができる。

2　前項の特約により借地権が消滅した場合において、その借地権者又は建物の賃借人でその消滅後建物の使用を継続しているものが請求をしたときは、請求の時にその建物につきその借地権者又は建物の賃借人と借地権設定者との間で期間の定めのない賃貸借（借地権者が請求をした場合において、借地権の残存期間があるときは、その残存期間を存続期間とする賃貸借）がされたものとみなす。この場合において、建物の借賃は、当事者の請求により、裁判所が定める。

3　第1項の特約がある場合において、借地権者又は建物の賃借人と借地権設定者との間でその建物につき第38条第1項の規定による賃貸借契約をしたときは、前項の規定にかかわらず、その定めに従う。

（1時使用目的の借地権）

第25条　第3条から第8条まで、第13条、第17条、第18条及び第22条から前条までの規定は、臨時設備の設置その他1時使用のために借地権を設定したことが明らかな場合には、適用しない。

13 ……東京都の事業の施行に伴う損失補償基準実施細目（抄）

（平成31年4月1日）

　別　記

土地利用制限率算定要領

（土地利用制限率）

第1条　基準第25条第1項に掲げる土地の利用が妨げられる程度に応じて適正に定めた割合（以下「土地利用制限率」という。）を算定するため、本要領を定める。

（土地の利用価値）

第2条　土地の利用価値は、地上及び地下に立体的に分布しているものとし、次の各号に掲げる使用する土地の種別に応じ、当該各号に掲げる利用価値の合計とすることを基本とし、それぞれの利用価値の割合は、別表第1（土地の立体利用率配分表）に定める率を標準として適正に定めるものとする。

一　高度市街地内の宅地

　　建物による利用価値及びその他の利用価値（上空における通信用施設、広告用施設、煙突等の施設による利用及び地下における特殊物の埋設、穿井による地下水の利用等をいう。以下同じ。）

二　高度市街地以外の市街地及びこれに準ずる地域（概ね、市街化区域内又は用途地域が指定されている高度市街地以外の区域をいう。）内の宅地又は宅地見込地

　　建物による利用価値、地下の利用価値及びその他の利用価値

三　農地又は林地

　　地上の利用価値、地下の利用価値及びその他の利用価値

（土地利用制限率の算定方法）

第3条　土地利用制限率は、次の各号の区分に従い当該各号に掲げる式により算定するものとする。

一　前条第一号の土地の場合

$$\text{建物による利用価値の割合} \times \frac{B}{A} + \text{その他の利用価値の割合} \times \alpha$$

　　A　　建物利用における各階層の利用率の和

　　B　　空間又は地下の使用により建物利用が制限される各階層の利用率の和

　　α　　空間又は地下の使用によりその他の利用が制限される部分の高さ又は深さによる補正率（0から1までの間で定める。）

二　前条第二号の土地の場合

$$\text{建物による利用価値の割合} \times \frac{B}{A} + \text{地下の利用価値の割合} \times p + \text{その他の利用価値の割合} \times \alpha$$

　　A、B　それぞれ前号に定めるところによる。

　　p　　地下の利用がなされる深度における深度別地下制限率

　　α　　前号の定めるところによる。

三　前条第三号の土地の場合

地上の利用価値の割合×ｑ＋地下の利用価値の割合×ｐ＋その他の利用価値の割合×α

ｑ　　空間又は地下の使用により地上利用が制限される部分の利用率の割合

ｐ　　前号の定めるところによる。

α　　第一号の定めるところによる。

（建物利用における各階層の利用率）

第4条　前条に規定する建物利用における各階層の利用率を求める際の建物の階数及び用途は、原則とし
て、使用する土地を最も有効に使用する場合における階数及び用途とするものとし、当該階数及び用途
は、次の各号に掲げる事項を総合的に勘案して判定するものとする。

一　当該地域に現存する建物の階数及び用途

二　当該地域において近年建築された建物の標準的な階数及び用途

三　土地の容積率を当該土地の建ぺい率で除して得た値の階数

四　当該地域における都市計画上の建ぺい率に対する標準的な実際使用建ぺい率の状況

五　当該地域における用途的地域

六　当該地域における将来の動向等

2　建物の各階層の利用率は、当該地域及び類似地域において近年建築された建物の階層別の賃借料又は
分譲価格等を多数収集して、これを分析して求めるものとする。この場合において、高度市街地内の宅
地にあっては、別表第2（建物階層別利用率表）を参考として用いることができるものとする。

（深度別地下制限率）

第5条　第3条に規定する深度別地下制限率は、地域の状況等を勘案して定めた一定の深度までの間に、
1メートルから10メートルまでの単位で設ける深度階層毎に求めるものとし、原則として当該深度階
層毎に一定の割合をもって低下するとともに、最も浅い深度階層に係る深度別地下制限率を1として算
定するものとする。

（農地等の地上利用）

第6条　第3条に規定する地上利用が制限される部分の利用率は、農地及び林地における農業施設の所要
高、立木の樹高の最大値等を考慮して、地域の状況に応じて、地上利用の高さ及び高度別の利用率を決
定することにより適正に定めるものとする。

（空間又は地下の使用による残地補償）

第7条　同一の土地所有者に属する土地の一部の空間又は地下を使用することによって残地の利用が妨げ
られる場合は、当該残地に関する損失を補償するものとする。

別表 第1 土地の立体利用率配分表

利用率等区分 ＼ 土地の種類	宅地 900%を超えるとき	宅地 600%を超え900%以内	宅地 400%を超え600%以内	宅地 300%を超え500%以内	宅地 150%を超え300%以内	宅地 150%以内	宅地見込地
最有効使用 建物等 利用率	0.9	0.8	0.7	0.7	0.6	0.6	0.6
その他使用 地下 利用率				0.2	0.3	0.3	0.3
その他 利用率	0.1	0.2	0.3	0.1	0.1	0.1	0.1
(δ)の上下配分割合				1:1	2:1	3:1	4:1

利用率等区分 ＼ 土地の種類別	農地 林地
地上利用率	0.9
地下利用率	
その他利用率(δ)	0.1
(δ)の上下配分割合	5:1

(注)

1　建築基準法等で定める用途地域の指定のない区域内の土地については、当該地の属する地域の状況等を考慮のうえ、土地の種類別のいずれかに照応するものによるものとする。

2　土地の種類別のうち、宅地の同一容積率での地下利用率については、原則として当該地の指定用途地域又は用途的地域が商業地域以外の場合等に適用するものとする。

3　土地の種類別のうち、宅地中、当該地の指定用途地域又は用途的地域が商業地域の場合の建物等利用率については、当該地の属する地域の状況等を考慮して、上表の率を基礎に加算することができるものとする。

4　土地の種類別のうち、農地・林地についての地上利用率と地下利用率との配分は、宅地見込地を参考として、それぞれ適正に配分するものとする。

別 表 第2　　建物階層別利用率表

階　層	A　群	B　群	C　　　　群			D　群
9	32.8		30.0	30.0	30.0	
8	32.9		30.0	30.0	30.0	
7	33.0		30.0	30.0	30.0	
6	36.9	67.4	30.0	30.0	30.0	
5	40.1	70.0	30.0	30.0	30.0	
4	42.8	72.7	30.0	30.0	30.0	
3	44.1	75.4	60.0	30.0	30.0	
2	61.5	79.4	70.0	70.0	30.0	
1	100.0	100.0	100.0			100.0
地　下1	55.7	52.9	60.0			
〃　2	33.1		40.0			

A群　　下階が店舗で上階にいくに従い事務所（例外的に更に上階にいくと住宅となる場合もある。）使用となる建物

B群　　全階事務所使用となる建物

C群　　下階が事務所（又は店舗）で大部分の上階が住宅使用となる建物

D群　　全階住宅使用となる建物

注　1　　本表の指数は土地価格の立体分布と建物価格の立体分布とが同一であると推定したことが前提となっている。

　　2　　本表の指数は各群の一応の標準を示すものであるから、実情に応じ補正は妨げない。特に各群間の中間的性格を有する地域にあっては、その実情を反映させるものとする。

　　3　　本表にない階層の指数は本表の傾向及び実情を勘案のうえ補足するものとする。

　　4　　本表は各階層の単位面積当たりの指数であるから、各階層の床面積が異なるときは、それぞれの指数と当該階層の床面積との積が当該階層の有効指数となる。

　　5　　C群の　　　内の指数は当該階層の用途が住宅以外であるときの指数である。

東京都の事業の施行に伴う損失補償基準実施細目制定及び改正の経緯

昭和３８年９月３０日制定	（３８財用評発第５号・昭和３８年１０月１日施行）
昭和４０年６月１２日一部改正	（４０財用評発第２号・昭和４０年６月１５日適用）
昭和４１年６月１０日一部改正	（４１財用評発第６号・昭和４１年６月１０日適用）
昭和４２年６月１日一部改正	（４２財用評発第２号・昭和４２年６月１日適用）
昭和４３年６月１９日一部改正	（４３財用評発第２号・昭和４３年６月１日適用）
昭和４４年５月２８日一部改正	（４４財用評発第１２号・昭和４４年５月２８日適用）
昭和４５年６月１５日一部改正	（４５財用評発第４号・昭和４５年６月１５日適用）
昭和４６年５月１２日一部改正	（４６財用評第８号・昭和４６年４月１日適用）
昭和４７年５月１８日一部改正	（４７財用評第４号・昭和４７年４月１日適用）
昭和４８年６月１８日一部改正	（４８財用評第４号・昭和４８年６月１日適用）
昭和４８年１１月３０日一部改正	（４８財用評第１３号・昭和４８年１２月１日適用）
昭和４９年５月２９日一部改正	（４９財用評第６号・昭和４９年６月１日適用）
昭和４９年１１月３０日一部改正	（４９財用評第４２号・昭和４９年１２月１日適用）
昭和５０年６月１０日一部改正	（５０財用評第２０号・昭和５０年６月１０日適用）
昭和５１年６月１５日一部改正	（５１財用評第２０号・昭和５１年６月１５日適用）
昭和５１年９月３０日一部改正	（５１財用評第４８号・昭和５１年１０月１日適用）
昭和５２年５月３１日一部改正	（５２財用評第１５号・昭和５２年６月１日適用）
昭和５３年６月１０日一部改正	（５３財用評第２０号・昭和５３年６月１０日適用）
昭和５４年３月３０日一部改正	（５３財用評第１０９号・昭和５４年４月１日適用）
昭和５４年１１月２９日一部改正	（５４財用評第７９号・昭和５４年１２月１日施行）
昭和５５年３月３０日一部改正	（５４財用評第１２５号・昭和５５年４月１日施行）
昭和５６年３月３１日一部改正	（５５財用評第２４５号・昭和５６年４月１日施行）
昭和５７年３月３１日一部改正	（５６財用評第２４９号・昭和５７年４月１日施行）
昭和５８年３月２６日一部改正	（５７財用評第２４０号・昭和５８年４月１日施行）
昭和５９年３月２９日一部改正	（５８財用評第２２４号・昭和５９年４月１日施行）
昭和６０年３月２７日一部改正	（５９財用評第２３３号・昭和６０年４月１日施行）
昭和６１年３月２７日一部改正	（６０財用評第２２９号・昭和６１年４月１日施行）
昭和６２年３月２６日一部改正	（６１財用評第２４４号・昭和６２年４月１日施行）
昭和６３年３月３１日一部改正	（６２財用評第３１９号・昭和６３年４月１日施行）
平成元年３月２７日一部改正	（６３財用評第４５０号・平成元年４月１日施行）
平成元年６月２８日一部改正	（元財用評第２９５号・平成元年７月１日施行）
平成２年３月３１日一部改正	（元財用評第５３５号・平成２年４月１日施行）
平成３年３月３０日一部改正	（２財用評第５２７号・平成３年４月１日施行）
平成４年３月３１日一部改正	（３財用評第５２６号・平成４年４月１日施行）
平成５年３月３１日一部改正	（４財用評第５４０号・平成５年４月１日施行）
平成６年３月３１日一部改正	（５財用評第５９７号・平成６年４月１日施行）
平成７年３月２４日一部改正	（６財用評第６２３号・平成７年４月１日施行）
平成８年３月２６日一部改正	（７財用評第５０８号・平成８年４月１日施行）
平成９年３月３１日一部改正	（８財用評第５９４号・平成９年４月１日施行）

平成１０年３月３１日一部改正　　　（９財用評第５１９号・平成１０年４月１日施行）
平成１１年３月１９日一部改正　　　（１０財用評第２５５号・平成１１年４月１日施行）
平成１１年３月３１日一部改正　　　（１０財用評第２７２号・平成１１年４月１日施行）
平成１２年３月３１日一部改正　　　（１１財用評第２３１号・平成１２年４月１日施行）
平成１３年３月３０日一部改正　　　（１２財財評測第３３０号・平成１３年４月１日施行）
平成１４年３月２９日一部改正　　　（１３財財評測第３１０号・平成１４年４月１日施行）
平成１５年３月３１日一部改正　　　（１４財財評測第４４１号・平成１５年４月１日施行）
平成１６年３月３１日一部改正　　　（１５財財評測第４４３号・平成１６年４月１日施行）
平成１７年３月３１日一部改正　　　（１６財財評測第４５０号・平成１７年４月１日施行）
平成１８年３月３１日一部改正　　　（１７財財評測第４５６号・平成１８年４月１日施行）
平成１９年３月３０日一部改正　　　（１８財財評測第４２１号・平成１９年４月１日施行）
平成１９年１１月８日一部改正　　　（１９財財評測第８７号・平成２０年４月１日施行）
平成２０年３月２８日一部改正　　　（１９財財評測第４４２号・平成２０年４月１日施行）
平成２０年７月１５日一部改正　　　（２０財財評測第１２２号・平成２１年４月１日施行）
平成２１年３月３１日一部改正　　　（２０財財評測第５１５号・平成２１年４月１日施行）（別表・参考編）
平成２２年２月　２日一部改正　　　（２１財財評測第４０６号・平成２２年４月１日施行）
平成２２年３月３１日一部改正　　　（２１財財評測第５３６号・平成２２年４月１日施行）（別表・参考編）
平成２３年３月３１日一部改正　　　（２２財財評測第４７６号・平成２３年４月１日施行）
平成２３年３月３１日一部改正　　　（２２財財評測第４７６号・平成２３年４月１日施行）（別表・参考編）
平成２４年３月３０日一部改正　　　（２３財財管第１０１９号・平成２４年４月１日施行）
平成２４年３月３０日一部改正　　　（２３財財管第１０１９号・平成２４年４月１日施行）（別表・参考編）
平成２５年３月２９日一部改正　　　（２４財財管第１０６３号・平成２５年４月１日施行）
平成２５年３月２９日一部改正　　　（２４財財管第１０６３号・平成２５年４月１日施行）（別表・参考編）
平成２６年３月２６日一部改正　　　（２５財財管第１０７９号・平成２６年４月１日施行）（別表・参考編）
平成２７年３月１８日一部改正　　　（２６財財管第９８３号・平成２７年４月１日施行）（別表・参考編）
平成２８年３月３０日一部改正　　　（２７財財管第９６８号・平成２８年４月１日施行）（別表・参考編）
平成２９年３月２８日一部改正　　　（２８財財管第１１５０号・平成２９年４月１日施行）（別表・参考編）
平成３０年３月２８日一部改正　　　（２９財財管第１１１５号・平成３０年４月１日施行）（別表・参考編）
平成３１年３月２６日一部改正　　　（３０財財管第１１１６号・平成３１年４月１日施行）（別表・参考編）

14 ⋯⋯傾斜度区分の判定表

(参考) 高さと傾斜度との関係

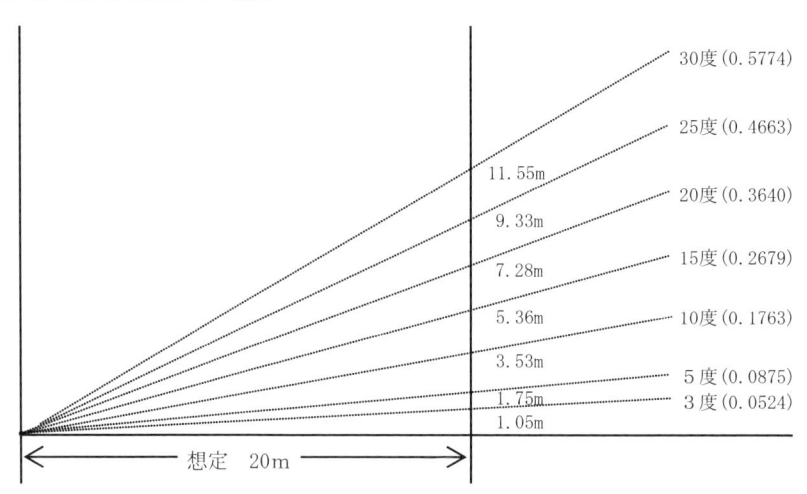

傾斜度区分の判定表

傾　斜　　度	①高さ÷奥行	②奥行÷斜面の長さ
3 度超 5 度以下	0.0524 超 0.0875 以下	0.9962 以上 0.9986 未満
5 度超 10 度以下	0.0875 超 0.1763 以下	0.9848 以上 0.9962 未満
10 度超 15 度以下	0.1763 超 0.2679 以下	0.9659 以上 0.9848 未満
15 度超 20 度以下	0.2679 超 0.3640 以下	0.9397 以上 0.9659 未満
20 度超 25 度以下	0.3640 超 0.4663 以下	0.9063 以上 0.9397 未満
25 度超 30 度以下	0.4663 超 0.5774 以下	0.8660 以上 0.9063 未満

(注)　①及び②の数値は三角比によります。

15 ⋯⋯一般定期借地権の目的となっている宅地の評価に関する取扱いについて

(課評 2-8　課資 1-13　平成 10 年 8 月 25 日（一部改正　平 11.7.26 課評 2-14 外））

標題のことについては、下記に掲げるものの評価について、課税上弊害がない限り、昭和 39 年 4 月 25 日付直資 56、直審（資）17「財産評価基本通達」（以下「評価基本通達」という。）25（（貸宅地の評価））の（2）の定めにかかわらず、評価基本通達 27

((借地権の評価))に定める借地権割合（以下「借地権割合」という。）の地域区分に応じて、当分の間、下記により取り扱うこととしたから、平成10年1月1日以後に相続、遺贈又は贈与により取得したものの評価については、これによられたい。

（趣旨）

評価基本通達9（（土地の上に存する権利の評価上の区分））の（6）に定める定期借地権等の目的となっている宅地の評価については、平成6年2月15日付課評2-2、課資1-2「財産評価基本通達の一部改正について」により、その評価方法を定めているところであるが、借地借家法（平成3年、法律第90号）第2条第1号に規定する借地権で同法第22条（（定期借地権））の規定の適用を受けるもの（以下「一般定期借地権」という。）の目的となっている宅地の評価については、最近における一般定期借地権の設定の実態等を勘案するとともに、納税者の便宜に資するため、所要の措置を講じたものである。

---

*　下記は、最終改正後のものです（平成11年9月1日以後に相続、遺贈又は贈与により取得したものの評価に適用）。

記

1　一般定期借地権の目的となっている宅地の評価

　　借地権割合の地域区分のうち、次の2に定める地域区分に存する一般定期借地権の目的となっている宅地の価額は、課税時期における評価基本通達25（（貸宅地の評価））の（1）に定める自用地としての価額（以下「自用地としての価額」という。）から「一般定期借地権の価額に相当する金額」を控除した金額によって評価する。

　　この場合の「一般定期借地権の価額に相当する金額」とは、課税時期における自用地としての価額に、次の算式により計算した数値を乗じて計算した金額とする。

（算式）

$$(1-底地割合) \times \frac{課税時期におけるその一般定期借地権の残存期間年数に応ずる基準年利率による複利年金現価率}{一般定期借地権の設定期間年数に応ずる基準年利率による複利年金現価率}$$

　（注）　基準年利率は、評価基本通達4-4に定める基準年利率をいう。

2　底地割合

　　1の算式中の「底地割合」は、一般定期借地権の目的となっている宅地のその設定の時における価額が、その宅地の自用地としての価額に占める割合をいうものとし、借地権割合の地域区分に応じ、次に定める割合によるものとする。

（底地割合）

借地権割合			底地割合
	路線価図	評価倍率表	
地域区分	C	70%	55%
	D	60%	60%
	E	50%	65%
	F	40%	70%
	G	30%	75%

（注）

1　借地権割合及びその地域区分は、各国税局長が定める「財産評価基準書」において、各路線価図についてはAからGの表示により、評価倍率表については数値により表示されている。

2　借地権割合の地域区分がA地域、B地域及び評価基本通達27（（借地権の評価））ただし書に定める「借地権の設定に際しその設定の対価として通常権利金その他の一時金を支払うなど借地権の取引慣行があると認められる地域以外の地域」に存する一般定期借地権の目的となっている宅地の価額は、評価基本通達25の（2）に定める評価方法により評価することに留意する。

3　「課税上弊害がない」場合とは、一般定期借地権の設定等の行為が専ら税負担回避を目的としたものでない場合をいうほか、この通達の定めによって評価することが著しく不適当と認められることのない場合をいい、個々の設定等についての事情、取引当事者間の関係等を総合勘案してその有無を判定することに留意する。

　　なお、一般定期借地権の借地権者が次に掲げる者に該当する場合には、「課税上弊害がある」ものとする。

（1）　一般定期借地権の借地権設定者（以下「借地権設定者」という。）の親族

（2）　借地権設定者とまだ婚姻の届出をしないが事実上婚姻関係と同様の事情にある者及びその親族でその者と生計を一にしているもの

（3）　借地権設定者の使用人及び使用人以外の者で借地権設定者から受ける金銭その他の財産によって生計を維持しているもの並びにこれらの者の親族でこれらの者と生計を一にしているもの

(4) 借地権設定者が法人税法（昭和40年法律第34号）第2条第15号（（定義））
に規定する役員（以下「会社役員」という。）となっている会社

(5) 借地権設定者、その親族、上記（2）及び（3）に掲げる者並びにこれらの者
と法人税法第2条第10号（（定義））に規定する政令で定める特殊の関係にある
法人を判定の基礎とした場合に同号に規定する同族会社に該当する法人

(6) 上記（4）又は（5）に掲げる法人の会社役員又は使用人

(7) 借地権設定者が、借地借家法第15条（（自己借地権））の規定により、自ら
一般定期借地権を有することとなる場合の借地権設定者

16 ……公益的機能別施業森林区域内の山林及び立木の評価について

（課評2–3　課資2–6　平成14年6月4日（一部改正　平成24年7月12日付　課評2–35
外））

標題のことについては、下記のとおり定めたから、平成14年4月1日以後に取得した
ものの評価については、これによられたい。

（趣旨）

森林法の一部を改正する法律（平成13年法律第109号、平成14年4月1日施行）によ
り、同法による改正後の森林法（昭和26年法律第249号）に公益的機能別施業森林区
域内の森林施業の方法その他森林の整備に関する事項等が定められたことに伴い、当
該区域内の山林及び立木の評価方法を定めたものである。

記

（公益的機能別施業森林区域内の山林の評価）

1　森林法（昭和26年法律第249号）第11条第5項の規定による市町村の長の認定を
受けた同法第11条第1項に規定する森林経営計画（以下「森林経営計画」という。）
が定められていた区域内に存する山林のうち、次に掲げるものの価額は、財産評価
基本通達45（（評価の方式））に定める方式によって評価した価額から、その価額に
別表に掲げる森林の区分に応じて定める割合を乗じて計算した金額に相当する金額
を控除した金額によって評価する。

(1) 相続又は遺贈により取得した場合

　イ　森林法第17条第1項の規定により効力を有するものとされる森林経営計画において、同法第11条第5項第2号ロに規定する公益的機能別施業森林区域内（以下「公益的機能別施業森林区域内」という。）にあるもの（特定遺贈及び死因贈与（特定の名義で行われるものに限る。）により取得する場合を除く。）

　ロ　次に掲げる森林経営計画において、公益的機能別施業森林区域内にあるもの

　　①　被相続人を委託者とする森林の経営の委託に関する契約（以下「森林経営委託契約」という。）が締結されていたことにより、受託者（次の②に掲げる受託者を除く。）が認定を受けていた森林経営計画で、相続人、受遺者又は死因贈与による受贈者（以下「相続人等」という。）の申出により、森林経営委託契約が継続され、かつ、受託者の森林経営計画として存続する場合における当該森林経営計画

　　②　被相続人を委託者、相続人等を受託者とする森林経営委託契約が締結されていたことにより、当該受託者が認定を受けていた森林経営計画で、当該受託者の森林経営計画として存続する場合における当該森林経営計画

(2) 贈与により取得した場合

　次に掲げる森林経営計画において、公益的機能別施業森林区域内にあるもの

　イ　贈与者を委託者とする森林経営委託契約が締結されていたことにより、受託者（次のロに掲げる受託者を除く。）が認定を受けていた森林経営計画で、贈与前に贈与を停止条件とする森林経営委託契約が締結されることにより、受託者の森林経営計画として存続する場合における当該森林経営計画

　ロ　贈与者を委託者、受贈者を受託者とする森林経営委託契約が締結されていたことにより、当該受託者が認定を受けていた森林経営計画で、当該受託者の森林経営計画として存続する場合における当該森林経営計画

　ハ　贈与者が認定を受けていた森林経営計画で、贈与後に森林法第12条第1項に基づく当該森林経営計画の変更の認定を受けたことにより、受贈者の森林経営計画として存続する場合における当該森林経営計画

（公益的機能別施業森林区域内の立木の評価）

2　森林経営計画が定められていた区域内に存する立木のうち、次に掲げるものの価額は、財産評価基本通達113（（森林の主要樹種の立木の評価））、117（（森林の主要樹種以外の立木の評価））又は122（（森林の立木以外の立木の評価））の定めにより評価した価額から、その価額に別表に掲げる森林の区分に応じて定める割合を乗じ

て計算した金額を控除した金額によって評価する。

(1) 相続又は遺贈により取得した場合

イ 森林法第17条第1項の規定により効力を有するものとされる森林経営計画において、公益的機能別施業森林区域内にあるもの（特定遺贈及び死因贈与（特定の名義で行われるものに限る。）により取得する場合を除く。）

ロ 次に掲げる森林経営計画において、公益的機能別施業森林区域内にあるもの

① 被相続人を委託者とする森林経営委託契約が締結されていたことにより、受託者（次の②に掲げる受託者を除く。）が認定を受けていた森林経営計画で、相続人等の申出により、森林経営委託契約が継続され、かつ、受託者の森林経営計画として存続する場合における当該森林経営計画

② 被相続人を委託者、相続人等を受託者とする森林経営委託契約が締結されていたことにより、当該受託者が認定を受けていた森林経営計画で、当該受託者の森林経営計画として存続する場合における当該森林経営計画

(2) 贈与により取得した場合

次に掲げる森林経営計画において、公益的機能別施業森林区域内にあるもの

イ 贈与者を委託者とする森林経営委託契約が締結されていたことにより、受託者（次のロに掲げる受託者を除く。）が認定を受けていた森林経営計画で、贈与前に贈与を停止条件とする森林経営委託契約が締結されることにより、受託者の森林経営計画として存続する場合における当該森林経営計画

ロ 贈与者を委託者、受贈者を受託者とする森林経営委託契約が締結されていたことにより、当該受託者が認定を受けていた森林経営計画で、当該受託者の森林経営計画として存続する場合における当該森林経営計画

ハ 贈与者が認定を受けていた森林経営計画で、贈与後に森林法第12条第1項に基づく当該森林経営計画の変更の認定を受けたことにより、受贈者の森林経営計画として存続する場合における当該森林経営計画

（保安林等の評価）

3 上記1（（公益的機能別施業森林区域内の山林の評価））又は2（（公益的機能別施業森林区域内の立木の評価））に該当する山林又は立木が、森林法その他の法令の規定に基づき土地の利用又は立木の伐採について制限を受けている場合には、その山林又は立木の価額は、財産評価基本通達50（（保安林等の評価））又は123（（保安林等の立木の評価））によって評価した価額と上記1（（公益的機能別施業森林区域内の山林の評価））又は2（（公益的機能別施業森林区域内の立木の評価））によって

評価した価額のいずれか低い金額により評価する。

(注) この通達において使用する用語については、次の点に留意する。

1 「森林法第11条第5項」については、森林法第12条第3項において準用する場合又は木材の安定供給の確保に関する特別措置法（平成8年法律第47号）第10条第2項の規定により読み替えて適用される森林法第12条第3項において準用する場合を含む。

2 「市町村の長」については、森林法第19条の規定の適用がある場合には、同条第1項各号に掲げる場合の区分に応じ当該各号に定める者をいう。

3 「森林経営計画」については、森林法第16条又は木材の安定供給の確保に関する特別措置法第10条第3項の規定による認定の取消しがあった森林経営計画を含まない。

4 「森林経営計画が定められていた区域内」については、森林法第11条第1項に規定する森林経営計画の全部又は一部として定められる森林の保健機能の増進に関する特別措置法（平成元年法律第71号）第6条第1項に規定する森林保健機能増進計画に係る区域内を含まない。

(別表)

森林の区分	割合
・　森林法施行規則第13条第1項に規定する水源涵（かん）養機能維持増進森林 ・　森林法施行規則第13条第2項に規定する土地に関する災害の防止及び土壌の保全の機能、快適な環境の形成の機能又は保健文化機能の維持増進を図るための森林施業を推進すべき森林として市町村森林整備計画において定められている森林その他水源涵（かん）養機能維持増進森林以外の森林（以下「水源涵（かん）養機能維持増進森林以外の森林」という。）のうち、森林法施行規則第13条第2項第1号に規定する複層林施業森林（同項第3号に規定する択伐複層林施業森林を除く。）及び標準伐期齢のおおむね2倍以上に相当する林齢を超える林齢において主伐を行う森林施業を推進すべき森林として市町村森林整備計画において定められている森林	0.2
・　水源涵（かん）養機能維持増進森林以外の森林のうち、森林法施行規則第13条第2項第2号に規定する特定広葉樹育成施業森林及び同項第3号に規定する択伐複層林施業森林	0.4

(附則)

森林法の一部を改正する法律（平成23年法律第20号）附則第8条の規定により、なお従前の例によることとされた、平成24年3月31日以前に市町村の長の認定を受けた森林施業計画が定められている区域内に存する山林又は立木の評価については、この法令解釈通達の改正前の取扱いを適用する。

1 ……土地及び土地の上に存する権利の評価明細書

| 土地及び土地の上に存する権利の評価明細書（第1表） | | 局(所) | 署 | 年分 | ページ |

| 所在地番 | (住居表示) ( ) | 所有者 | 住 所(所在地) 氏 名(法人名) | | 使用者 | 住 所(所在地) 氏 名(法人名) |

| 地 目 | | 地 積 | 路 線 価 | | | | | 地形図及び参考事項 |
| 宅地 山林 田 雑種地 畑 | | ㎡ | 正 面 円 | 側 方 円 | 側 方 円 | 裏 面 円 | |

| 間口距離 | m | 利用区分 | 自用地 私 道 貸宅地 貸家建付借地権 貸家建付地 転 貸 借 地 権 借 地 権 ( ) | 地区区分 | ビル街地区 普通住宅地区 高度商業地区 中小工場地区 繁華街地区 大 工 場 地 区 普通商業・併用住宅地区 |
| 奥行距離 | m | | | | |

自 用 地 1 平 方 メ ー ト ル 当 た り の 価 額		1 一路線に面する宅地 (正面路線価) (奥行価格補正率) 円 ×		(1㎡当たりの価額) 円	A
		2 二路線に面する宅地 (A) [側方・裏面 路線価] (奥行価格補正率) [側方・二方 路線影響加算率] 円 + (円 × . × .)		(1㎡当たりの価額) 円	B
		3 三路線に面する宅地 (B) [側方・裏面 路線価] (奥行価格補正率) [側方・二方 路線影響加算率] 円 + (円 × . × .)		(1㎡当たりの価額) 円	C
		4 四路線に面する宅地 (C) [側方・裏面 路線価] (奥行価格補正率) [側方・二方 路線影響加算率] 円 + (円 × . × .)		(1㎡当たりの価額) 円	D
		5-1 間口が狭小な宅地等 (AからDまでのうち該当するもの) (間口狭小補正率) (奥行長大補正率) 円 × (. × .)		(1㎡当たりの価額) 円	E
		5-2 不 整 形 地 (AからDまでのうち該当するもの) 不整形地補正率※ 円 × 0. ※不整形地補正率の計算 (想定整形地の間口距離) (想定整形地の奥行距離) (想定整形地の地積) m × m = ㎡ (想定整形地の地積) (不整形地の地積) (想定整形地の地積) (かげ地割合) (㎡ － ㎡) ÷ ㎡ = % (不整形地補正率表の補正率) (間口狭小補正率) (小数点以下2位未満切捨て) [不 整 形 地 補 正 率] [①、②のいずれか低い] 0. × . = 0. ① [率、0.6を下限とする。] (奥行長大補正率) (間口狭小補正率) . × . = 0. ②		(1㎡当たりの価額) 円	F
		6 地積規模の大きな宅地 (AからFまでのうち該当するもの) 規模格差補正率※ 円 × 0. ※規模格差補正率の計算 (地積(Ⓐ)) (Ⓑ) (Ⓒ) (地積(Ⓐ)) (小数点以下2位未満切捨て) { (㎡× +) ÷ ㎡ } × 0.8 = 0.		(1㎡当たりの価額) 円	G
		7 無 道 路 地 (F又はGのうち該当するもの) (※) 円 × (1 － 0.) ※割合の計算 (0.4を上限とする。) (正面路線価) (通路部分の地積) (F又はGのうち 該当するもの) (評価対象地の地積) (円 × ㎡) ÷ (円 × ㎡) = 0.		(1㎡当たりの価額) 円	H
		8-1 がけ地等を有する宅地 [南 、 東 、 西 、 北] (AからHまでのうち該当するもの) (がけ地補正率) 円 × 0.		(1㎡当たりの価額) 円	I
		8-2 土砂災害特別警戒区域内にある宅地 (AからHまでのうち該当するもの) 特別警戒区域補正率※ 円 × 0. ※がけ地補正率の適用がある場合の特別警戒区域補正率の計算 (0.5を下限とする。) [南 、 東 、 西 、 北] (特別警戒区域補正率表の補正率) (がけ地補正率) (小数点以下2位未満切捨て) 0. × 0. = 0.		(1㎡当たりの価額) 円	J
		9 容積率の異なる2以上の地域にわたる宅地 (AからJまでのうち該当するもの) (控除割合 (小数点以下3位未満四捨五入)) 円 × (1 － 0.)		(1㎡当たりの価額) 円	K
		10 私 道 (AからKまでのうち該当するもの) 円 × 0.3		(1㎡当たりの価額) 円	L

| 自用地の評価額 | 自用地1平方メートル当たりの価額 (AからLまでのうちの該当記号) ( ) | 地 積 ㎡ | 総 額 (自用地1㎡当たりの価額)×(地 積) 円 | M |

(注) 1 5-1の「間口が狭小な宅地等」と5-2の「不整形地」は重複して適用できません。
　　 2 5-2の「不整形地」の「AからDまでのうち該当するもの」欄の価額について、AからDまでの欄で計算できない場合には、（第2表）の「備考」欄等で計算してください。
　　 3 「がけ地等を有する宅地」であり、かつ、「土砂災害特別警戒区域内にある宅地」である場合については、8-1の「がけ地等を有する宅地」欄ではなく、8-2の「土砂災害特別警戒区域内にある宅地」欄で計算してください。

(資4-25-1-A4統一)

土地及び土地の上に存する権利の評価明細書（第2表）

			記号
セットバックを必要とする宅地の評価額	（自用地の評価額） 円 － (（自用地の評価額） 円 × $\dfrac{㎡}{（総地積）㎡}$ × 0.7)	（自用地の評価額） 円	N
都市計画道路予定地の区域内にある宅地の評価額	（自用地の評価額）（補正率） 円 × 0.	（自用地の評価額） 円	O

| 大規模工場用地等の評価額 | ○ 大規模工場用地等
（正面路線価）　　（地積）　　　　（地積が20万㎡以上の場合は0.95）
円 × 　㎡ × | 円 | P |
| | ○ ゴルフ場用地等
（宅地とした場合の価額）（地積）　$\binom{1㎡当たり}{の造成費}$　（地積）
(円 × ㎡×0.6) － (円× ㎡) | 円 | Q |

利用区分	算　　　式	総　　　額	記号
総額計算による価額 貸宅地	（自用地の評価額）　　　　　（借地権割合） 円 × (1－ 0.)	円	R
貸家建付地	（自用地の評価額又はT）（借地権割合）（借家権割合）（賃貸割合） 円 × (1－ 0. × 0. × $\dfrac{㎡}{㎡}$)	円	S
（目的となっている土地）権利の	（自用地の評価額）　　　　（　割合） 円 × (1－ 0.)	円	T
借地権	（自用地の評価額）　　　（借地権割合） 円 × 0.	円	U
貸家建付借地権	（U,ABのうちの該当記号）（借家権割合）（賃貸割合） ( ) 円 × (1－ 0. × $\dfrac{㎡}{㎡}$)	円	V
転貸借地権	（U,ABのうちの該当記号）（借地権割合） ( ) 円 × (1－ 0.)	円	W
転借権	（U,V,ABのうちの該当記号）（借地権割合） ( ) 円 × 0.	円	X
借家人の有する権利	（U,X,ABのうちの該当記号）（借家権割合）（賃借割合） ( ) 円 × 0. × $\dfrac{㎡}{㎡}$	円	Y
（　）権	（自用地の評価額）　　　（　割合） 円 × 0.	円	Z
権利が競合する場合の土地	（R,Tのうちの該当記号）（　割合） ( ) 円 × (1－ 0.)	円	AA
他の権利と競合する場合の権利	（U,Zのうちの該当記号）（　割合） ( ) 円 × (1－ 0.)	円	AB
備考			

(注)　区分地上権と区分地上権に準ずる地役権とが競合する場合については、備考欄等で計算してください。

（資4−25−2−A4統一）

235

2 ……特定路線価設定申出書などの記載例

特定路線価設定申出書などの記載例

特定路線価設定申出書などの記載例

評価する土地等に接している道路に路線価が設定されていないため、路線価を基に評価することができない場合に、その土地等を評価するための路線価（特定路線価）の設定を申し出るときに使用します。特定路線価の設定が必要か確認するため、「**特定路線価設定申出書の提出チェックシート**」を併せてご活用ください。

平成
令和 △年分　特定路線価設定申出書

課税年分を記入します。

○○税務署長

令和○年○月○日

納税義務者からの申出に限ります。

申 出 者　住所（所在地）　○○市○○5丁目6番7号
（納税義務者）

氏名（名称）　**国税　三郎**　国税 印

職業　（業種）**不動産貸付業**　電話番号　○○-○○○○

記入しないでください。

相続税等の申告のため、路線価の設定されていない道路のみに接している土地等を評価する必要があるので、特定路線価の設定について、次のとおり申し出ます。

1	特定路線価の設定を必要とする理由	☑ 相続税申告のため（相続開始日R△年8月20日）
		被相続人〔 住所　○○市○○5丁目6番7号
		氏名　**国税　太郎**
		職業　不動産貸付業
		□ 贈与税申告のため（受贈日＿＿＿＿）

添付書類には、評価する土地等及び特定路線価の設定を申し出る道路の位置が特定できるよう適宜の目印などを付してください。　＜例＞

| 2 | 評価する土地等及び特定路線価を設定する道路の所在地、状況等 | 「別紙　特定路線価により評価する価を設定する道路の所在地、状況等の |

特定路線価を設定する道路

評価する土地

特定路線価を設定する道路に接続する路線価の設定されている路線

210D

3	添付資料	(1) 物件案内図（住宅地図の写し
		(2) 地形図（公図、実測図の写し）
		(3) 写真　　撮影日R○年3月
		(4) その他　・特定路線価設定申出書の提出チェックシート
		・令和○年分路線価図○○○○○ページ
		・登記事項証明書の写し

4	連絡先	〒○○○－○○○○
		住　所　　　　○○市○○町123番地
		氏　名　　　　埼玉　京子
		職　業　税理士　　　電話番号　○○-○○○○

| 5 | 送付先 | □ 申出者に送付 |
| | | ☑ 連絡先に送付 |

回答書の送付先をいずれか指定してください。
（注）いずれの場合も、申出者名で回答書が作成されますのでご了承ください。

※ □欄には、該当するものにレ点を付してくださ

（資9－29－A4統一）

◎ この申出書等の様式は、国税庁ホームページの関東信越国税局コーナーからダウンロードできます。　http://www.nta.go.jp/about/organization/kantoshinetsu/index.htm
◎ この記載例の4枚目「特定路線価評定担当署一覧」をご覧いただき、該当する特定路線価評定担当署に提出（持参又は郵送）してください。
◎ この申出書を提出した場合でも、評価する土地等を、路線価を基に評価することができる場合には、特定路線価を設定しない（回答できない）こととなりますので、ご了承ください。

（元.6）

別紙　特定路線価により評価する土地等及び特定路線価を設定する道路の所在地、状況等の明細書

土地等の所在地 （住居表示）	○○市○○5丁目123番11 及び同所123番13 　　○○5丁目3番4号		特定路線価により評価する土地等の所在地等を評価単位に基づき、画地ごとに記載してください。
土地等の利用者名、 利用状況及び地積	（利用者名）国税三郎 （利用状況）宅地（自用地）	145.5 ㎡	その土地等の利用者名、利用状況及び地積を記載してください。土地等の利用状況については、「宅地（自用地）」、「宅地（貸地）」などと記載してください。
道路の所在地	○○市○○5丁目124番6 及び同所124番7		「特定路線価を設定する道路」の所在地の地番を記載してください。
道路の幅員及び奥行	（幅員）4.2m　（奥行）約25m		「評価する土地等の前面道路の幅員」及び「路線価の設定されている路線からその土地等の最も奥までの奥行距離」を記載してください。
舗装の状況	☑舗装済　・　□未舗装		
道路の連続性	□通抜け可能 　（□車の進入可能・不可能） ☑行止まり 　（☑車の進入可能・□不可能）	□通抜け可能 　（□車の進入可能・□不可能） □行止まり 　（□車の進入可能・□不可能）	
道路のこう配	約3度		特定路線価を設定する道路にこう配がある場合に傾斜度を記載してください。
上水道	☑有 □無（□引込み可能・不可能）		各欄の「引込み可能」とは、「特定路線価を設定する道路」に上下水道、都市ガスが敷設されている場合又は、「特定路線価を設定する道路」に敷設されていないが、引込距離が約50m程度で、容易に引込み可能な場合をいいます。
下水道	☑有 □無（□引込み可能・不可能）		
都市ガス	☑有 □無（□引込み可能・不可能）		
用途地域等の制限	（　　第一種住居　　）地域 建蔽率（　　　60）％ 容積率（　　　200）％		その土地等の存する地域の都市計画法による用途地域、建蔽率及び容積率を記載してください。
その他（参考事項）	建築基準法第42条第1項第5号に該当する道路（○年○月○日に位置指定を受けたもの） 　この道路に接道する土地の所有者6名が同一持分を所有しています。		

上記以外に土地等の価格に影響を及ぼすと認められる事項がある場合に記載してください。
また、「特定路線価設定申出書の提出チェックシート」を併せてご活用ください。

（資9－30－A4統一）

（元.6）

特定路線価設定申出書の提出チェックシート

申出者氏名：　国税　三郎

土地等の所在地：　　○○市○○5丁目123番11ほか1筆

「特定路線価設定申出書」を提出する場合には、次の事項のチェックをお願いします。

1　特定路線価の設定を必要とする理由は、相続税又は贈与税の申告のためのものですか。
→ いいえ → 相続税又は贈与税の申告以外の目的のためには、特定路線価を設定できません。

☑ はい

2　評価する土地等は、「路線価方式」により評価する地域（路線価地域）内にありますか。
※財産評価基準書（路線価図・評価倍率表）でご確認願います。
→ いいえ → 「倍率方式」により評価する地域内にある土地等は、原則として固定資産税評価額に所定の倍率を乗じて評価しますので、特定路線価の設定は不要です。

☑ はい

3　評価する土地等は、路線価の設定されていない道路のみに接している土地等ですか。
→ いいえ → 原則として、既存の路線価を基に画地調整等を行って評価しますので、特定路線価の設定は不要です。

評価方法など不明な点につきましては、税務署にご相談ください。

☑ はい

4　特定路線価の設定が必要な道路は、建築基準法上の道路等（□公道　☑私道（位置指定道路）□その他）ですか。
※　該当するかどうかご不明な場合は、県又は市町村の部署（建築指導課等）で確認できます。
→ いいえ

☑ はい

特定路線価の設定が必要な場合には、「特定路線価設定申出書」を提出してください。
※「特定路線価設定申出書」には、このチェックシートを添付してください。

※1　特定路線価は、原則として「建築基準法上の道路等」に設定しています。
　　なお、「建築基準法上の道路等」とは、建築物の建築に必要とされる道路等であり、次のものをいいます。
　　①　「建築基準法第42条第1項1号～5号又は第2項」に規定する道路
　　②　「建築基準法第43条第2項1号又は2号」に規定する道路等
※2　財産評価基準書（路線価図・評価倍率表）は国税庁ホームページ【www.rosenka.nta.go.jp】で確認できます。
※3　特定路線価の設定には、概ね1か月程度の期間を要します。
※4　このチェックシートについての不明な点につきましては、特定路線価評定担当署（裏面参照）の評価専門官にご相談ください。
※5　税務署での面接による相談は、事前予約制とさせていただいております。あらかじめ税務署に電話で面接日時をご予約ください（自動音声に従って「2」を選択してください。）。

著者紹介

豊岡　清行

昭和26年宮崎県生まれ。東京国税局課税第一部資産税課、調査部門（地価税）、国税訟務官室、税務大学校教授、東京国税不服審判所国税副審判官、東村山税務署副所長、東京国税不服審判所横浜支所国税審判官、東京国税局総務部税務相談室主任相談官、川崎西税務署長などを経て、平成24年7月退職、税理士開業。東京税理士会所属。

山宅　孝道

昭和40年福島県生まれ。東京国税局管内の税務署において管理・徴収部門、法人課税部門、資産課税部門等の事務に従事し、武蔵府中税務署資産課税部上席国税調査官などを経て、平成25年7月退職、税理士開業。関東信越税理士会所属。

著者との契約により検印省略

令和元年12月1日　初　版　発　行　　相続・贈与の58事例でわかる
土地評価の基礎と実務

著　　　者	豊岡清行・山宅孝道
発　行　者	大　坪　克　行
印　刷　所	美研プリンティング株式会社
製　本　所	牧製本印刷株式会社

発 行 所　〒161-0033 東京都新宿区　　株式　税務経理協会
　　　　　下落合2丁目5番13号　　会社

振　替　00190-2-187408　　電話　(03)3953-3301（編集部）
ＦＡＸ　(03)3565-3391　　　　　　(03)3953-3325（営業部）
URL　http://www.zeikei.co.jp/
乱丁・落丁の場合は，お取替えいたします。

© 豊岡清行・山宅孝道　2019　　　　　　　　Printed in Japan

ISBN978-4-419-06644-4　C3032